《中国国家创新生态系统与创新战略研究》
丛书编委会

顾　问　郭传杰
主　编　汤书昆
副主编　徐雁龙
编　委（以姓氏笔画为序）
　　　　王　娟　朱　赟　李建刚　范　琼
　　　　郑　斌　秦　庆　袁　亮　程　曦

"十四五"国家重点出版物出版规划项目

中国国家创新生态系统与创新战略研究(第二辑)

智能媒体的世界
中国语境中的现状与前景

王 娟 著
汤书昆

AI-Driven

Media

in China:

Current Status

and Future

Prospects

中国科学技术大学出版社

内 容 简 介

人工智能技术驱动下的智能媒体从信息采集、编辑、分发、消费、反馈等多个方面深刻变革了传统媒体的运作方式,重构了传媒业的边界与版图,加速了传媒机构的融合转型,催生了全新的传媒生态。本书从中国国家创新生态系统视角切入,刻画了中国语境下的智能媒体发展现状,并立足国际智能媒体发展大趋势,研判中国智能媒体近未来时段的发展前景。

图书在版编目(CIP)数据

智能媒体的世界:中国语境中的现状与前景/王娟,汤书昆著. --合肥:中国科学技术大学出版社,2024.3

(中国国家创新生态系统与创新战略研究.第二辑)

国家出版基金项目

"十四五"国家重点出版物出版规划项目

ISBN 978-7-312-05954-4

Ⅰ.智… Ⅱ.①王…②汤… Ⅲ.智能技术—应用—传播媒介—研究—中国 Ⅳ.G219.2

中国国家版本馆 CIP 数据核字(2024)第 069988 号

智能媒体的世界:中国语境中的现状与前景

ZHINENG MEITI DE SHIJIE: ZHONGGUO YUJING ZHONG DE XIANZHUANG YU QIANJING

出版	中国科学技术大学出版社 安徽省合肥市金寨路96号,230026 http://press.ustc.edu.cn https://zgkxjsdxcbs.tmall.com
印刷	合肥华苑印刷包装有限公司
发行	中国科学技术大学出版社
开本	710 mm×1000 mm 1/16
印张	20.75
字数	317千
版次	2024年3月第1版
印次	2024年3月第1次印刷
定价	98.00元

总 序

PREFACE

21世纪初,移动网络技术与人工智能技术的迭代式发展,引发了多领域创新要素全球性、大尺度的涌现和流动,在知识创新、技术突破与社会形态跃迁深度融合的情境下,创新生态系统作为创新型社会的一种新理论应运而生。

创新生态系统理论从自然生态系统的原理来认识和解析创新,把创新看作一个由创新主体、创新供给、创新机制与创新文化等嵌入式要素协同构成的开放演化系统。这一理论认为,创新主体的多样性、开放性和协同性是生态系统保持旺盛生命力的基础,是创新持续迸发的基本前提。多样性创新主体之间的竞争与合作,为创新系统的发展提供了演化的动力,使系统接近或达到最优目标;开放性的创新文化与制度环境,通过与外界进行信息和物质的交换,实现系统的均衡与可持续发展。这一理论由重点关注创新要素构成的传统创新理论,向关注创新要素之间、系统与环境之间的协同演进转变,体现了对创新活动规律认识的进一步深化,为解析不同国家和地区创新战略及政策的制定提供了全新的角度。

进入21世纪以来,以欧美国家为代表的国际创新型国家,为持续保持国家创新竞争力,在创新理念与创新模式上引领未来的战略话语权,系统性地加强了创新理论及前瞻实践的研究,并在国家与全球竞争层面推出了系列创新战略报告。例如,2004年,美国国家竞争力委员会推出《创新美国》战略报告;2012年,美国商务部发布《美国竞争和创新能力》报告;2020年,欧盟连续发布了《以知识为基础经济中的创新政策》和《以知识为基础经济中的创新》两篇报告;2021年,美国国会参议院通过《美国创新与竞争法案》。

当前,我国已提出到2030年跻身创新型国家前列,2050年建成世界科技创新强国的明确目标。但近期的国际竞争使得逆全球化趋势日趋凸显,这带来了中国社会创新发展在全球战略新格局中的独立思考,并使得适时提炼中国在创新型国家建设进程中的模式设计与制度经验成为非常有意义的工作。研究团队基于自然与社会生态系统可持续演化的理论范式,通过观照当代中国的系统探索,解析丰富多元创新领域和行业的精彩实践,期望形成一系列、具有中国特色的创新生态系统的理论成果,来助推传统创新模式在中国式现代化道路进入新时期的重大转型。

本丛书从建设创新型国家的高度立论,在国际比较视野中阐述具有中国特色的创新生态系统构成体系,围绕国家科学文化与科学传播社会化协同、关键前沿科学领域创新生态构建、重要战略领域产业化与工程化布局三个垂直创新领域,展开对中国创新生态系统构建路径的实证研究。作为提炼和刻画中国国家创新前沿理论应用的专项研究,丛书对于拓展正在进程中的创新生态系统理论的中国实践方案、推进中国国家创新能力高水平建设具有重要参考价值。

2018年，以中国科学技术大学研究人员为主要成员的研究团队完成并出版了国家出版基金资助的该项目的第一辑，团队在此基础上深入研究，持续优化，完成了国家出版基金资助的该项目的第二辑，于2024年陆续出版。

在持续探索的基础上，研究团队希望能越来越清晰地总结出立足人类命运共同体格局的中国国家创新生态系统构建模式，并对一定时期国家创新战略构建的认知提供更扎实的理论基础与分析逻辑。

本人长期关注创新生态系统建设相关工作，2011年曾提出中国科学院要构筑人才"宜居"型创新生态系统。值此丛书出版之际，谨以此文表示祝贺并以为序。

中国科学院院士，中国科学院原院长

前　言

FOREWORD

进入21世纪以来,传媒业正在经历从传统媒体向智能媒体的深刻转型。中国传媒业发展迅速,目前正处于一个重要的历史机遇点。智能媒体以其强大的技术优势,深刻重构传媒生态。基于大数据、云计算、人工智能等新兴技术,智能媒体实现了新闻采写、编辑、分发、监管等核心环节的智能化,媒体机构的工作效率得到显著提升。同时,它打破了传媒业传统的线性传播模式,构建了多向交互的传播网络,催生了以用户为中心的创新商业模式。智能技术的深度嵌入使传媒业进入了一个全新的发展阶段,呈现出非线性、网状化和智能化等特征。

本书着眼于中国语境下智能媒体发展的独特性,全方位描绘其发展脉络、现状特征与未来趋势,以期为业界和学界提供有益的借鉴与参考。

本书首先从理论层面阐释智能媒体崛起的背景,运用涌现理论解析智能媒体作为新兴媒介的生成机理,分析国际国内环境如何推动智能媒体的发展;接着对智能媒体的内涵与特征进行理论梳理,明确其定义,剖析其与传统媒体的异同,探究智能媒体技术演进路径,以及构成当前产业链的各层要素;进而考察智能媒体的发展主体,判断发展特征,分析不同的发展模式,如技术引领模式、多主体协同模式等;再从媒介生态学视角,探讨影响智能媒体演化的各种因素及其作用机制,并借鉴国家创新生态系统理论,把智能媒体放在国家层面的整体创新环境中进行审视,剖析中国构建创新生态对智能媒体发展的正向推动作用。在此基础上,本书研判智能媒体发展面临的伦理、法律、社会接受度等方面的挑战,以及如何构建良性发展生态等问题。最后,本书结合国际经验,对中国语境下智能媒体的发展前景进行研判和预测。

本书共7章,旨在从多学科视角全方位描绘智能媒体的崛起及其对传媒业的深刻影响,并对其发展前景进行理性思考,以期为行业发展和学术研究提供有益的参考。

第1章从理论层面阐释智能媒体的涌现背景,运用涌现理论分析智能媒体的崛起,同时结合国家创新生态系统理论,考察国际国内环境如何"催生"智能媒体。第2章明确智能媒体的内涵和特征,梳理其发展演变路径和产业链构成。第3章剖析中国智能媒体的发展主体与模式,判断发展特征。第4章从媒介生态学视角,运用国家创新生态系统理论,解析中国智能媒体演化的影响因素。第5章研判智能媒体发展过程中所面临的诸多挑战,以及构建良性发展生态的路径。第6章考察国际智能媒体的产业生态和政策发展态势。第7章基于前述分析,预测中国智能媒体的发展前景。

本书主要从界定概念、发展模式、动力机制、产业布局、政策环境、未来展望等不同视角,立体呈现智能媒体这一新兴事物的崛起过程和对产业变革的影响。中国作为当下的世界第二大经济体,一直高度重视科技创新，在国家创新生态体系不断完善的背景下，中国的智能媒体取得较快发展，呈现出与其他国家不同的特色路径。有理由相信，在技术创新与应用实践的双轮驱动下，智能媒体将推动中国传媒业实现从"信息化"走向"智能化"的重大转型，进而构建出中国式现代媒体发展新格局。

目 录

CONTENTS

总序 ……………………………………………………………………（ⅰ）

前言 ……………………………………………………………………（ⅴ）

第 1 章
涌现理论与智能媒体 …………………………………………（1）

1.1 涌现的基本理论 ……………………………………………（1）
    1.1.1 涌现的定义与分类 …………………………………（1）
    1.1.2 关于涌现的基本理论 ………………………………（3）

1.2 智能媒体涌现的背景 ………………………………………（6）
    1.2.1 智能媒体涌现的国际背景 …………………………（6）
    1.2.2 智能媒体涌现的国内背景 …………………………（20）

第 2 章
智能媒体的内涵、特征与构成 ………………………………（26）

2.1 智能媒体界定 ………………………………………………（26）

2.1.1　智能媒体的定义 …………………………………………………（26）
　　2.1.2　智能媒体的分类与特点 …………………………………………（28）
2.2　媒体的发展演变路径 ……………………………………………………（29）
　　2.2.1　前人工智能时代媒体的发展演变路径 …………………………（29）
　　2.2.2　智能媒体的发展演变路径 ………………………………………（30）
2.3　智能媒体全产业链构成 …………………………………………………（34）
　　2.3.1　基础层 ……………………………………………………………（34）
　　2.3.2　技术层 ……………………………………………………………（38）
　　2.3.3　应用层 ……………………………………………………………（40）

第3章
中国智能媒体的发展主体与模式研究 ……………………………（51）

3.1　发展主体分析 ……………………………………………………………（51）
　　3.1.1　传统传媒机构 ……………………………………………………（51）
　　3.1.2　平台型媒体公司 …………………………………………………（59）
　　3.1.3　研究与教育机构 …………………………………………………（63）
　　3.1.4　自媒体 ……………………………………………………………（69）
3.2　发展特征判断 ……………………………………………………………（75）
　　3.2.1　用户理解与洞察能力提升 ………………………………………（75）
　　3.2.2　人机深度协同 ……………………………………………………（77）
　　3.2.3　互动反馈机制智能化 ……………………………………………（79）
　　3.2.4　工作流程智能化升级 ……………………………………………（81）
　　3.2.5　知识体系重构 ……………………………………………………（83）
3.3　发展模式研究 ……………………………………………………………（87）
　　3.3.1　技术引领型模式 …………………………………………………（87）
　　3.3.2　多主体社会化协同发展模式 ……………………………………（90）
　　3.3.3　人机对齐伦理介入型模式 ………………………………………（92）

第4章
中国智能媒体演化的影响因素研究 ……（95）

4.1 媒介演化与国家创新生态系统理论 ……（95）
4.1.1 媒介生态视域下的媒介演化 ……（95）
4.1.2 国家创新生态系统理论 ……（99）

4.2 智能媒体演化的影响因素分析 ……（103）
4.2.1 创新生态环境优化：激发创新活力 ……（103）
4.2.2 技术赋能：提供核心驱动力 ……（108）
4.2.3 机制创新：注入发展动能 ……（112）
4.2.4 产业协同：发展新生态 ……（115）
4.2.5 智力支持：打造人才高地 ……（124）

第5章
智能媒体发展的挑战与应对 ……（130）

5.1 智能媒体发展的挑战 ……（130）
5.1.1 科技议题 ……（130）
5.1.2 伦理议题 ……（141）
5.1.3 法律议题 ……（159）
5.1.4 社会政治文化议题 ……（165）

5.2 构建智能媒体良性发展生态的路径 ……（171）
5.2.1 理论指导 ……（171）
5.2.2 伦理路径 ……（175）
5.2.3 实践治理路径 ……（224）

第 6 章
国际智能媒体的现状与发展态势 (235)

6.1 产业生态 (235)
- 6.1.1 机遇——传媒产业形成良性生态 (235)
- 6.1.2 挑战——传媒机构"马太效应"愈演愈烈 (251)

6.2 政策战略 (254)
- 6.2.1 政府介入,出台支持性政策 (254)
- 6.2.2 监管力度加大,执行层面遭遇前所未有困境 (262)

第 7 章
中国智能媒体发展的前景研判 (265)

7.1 技术与研发 (265)
- 7.1.1 更新迭代,新一代算法崛起 (265)
- 7.1.2 强力支撑,硬件与网络更加完备 (266)
- 7.1.3 技术引领,国际竞争力增强 (267)

7.2 市场与经济 (268)
- 7.2.1 优中求优,消费者需求升级 (268)
- 7.2.2 多点开花,行业格局重塑 (269)
- 7.2.3 用户本位,商业模式多元转向 (271)

7.3 政策与法规 (272)
- 7.3.1 政策先行,驱动产业腾飞 (272)
- 7.3.2 法规守护,确保健康发展 (273)

7.4 文化与社会 (275)
- 7.4.1 伦理观瞻,主流价值观引领智能媒体发展 (275)
- 7.4.2 又破又立,人才培养模式迎来颠覆性变革 (276)

  7.4.3 多元共生，文化发展进入新纪元 ……………………………（277）
7.5 **产业链与创新生态** …………………………………………………（278）
  7.5.1 产业联动，共创共赢 ………………………………………（278）
  7.5.2 行业交融，释放多元价值 …………………………………（279）
  7.5.3 创新生态，塑造未来 ………………………………………（280）

参考文献 ………………………………………………………………（282）

后记 ……………………………………………………………………（312）

第 1 章
涌现理论与智能媒体

1.1 涌现的基本理论

1.1.1 涌现的定义与分类

1.1.1.1 涌现的内涵

当某一实体呈现出其各构成部分本身未曾具备的属性或行为时,即产生了所谓的涌现现象(emergence)。这些特质或行为并非独立显现,而是在更高层次的整体中各个组成部分相互作用时才显现出来。例如,人类通过与独轮自行车的互动,实现了平稳前行的行为,而这一行为人或车无法单独实现。

涌现现象是子系统间相互作用的产物,经过新的组合、搭配、构造而产生了子系统本身并不具有的属性或特征。它们并非子系统功能或属性的简单叠加,而是触发了一种"质的转变"(腾讯研究院,2021)。此概念涵盖了局部与整体、系统与环境的复杂关系。

从词源角度探讨,"emergence"源于拉丁语"emerge",最初含义为从液体中浮出,后演化出生成、显现等多重引申义。涌现思想可以追溯到古希腊的亚里士多德(Aristotle),他认为整体优先于部分而存在,并具备部分所不具备的特性(魏屹东,苏圆娟,2021)。1875年,哲学家乔治·刘易斯(George Lewes)首次提出"涌现"(emergent)一词,并将其区别于合力,强调其是化学反应式相互作用的结果,而非单一要素的物理组合。涌现事物的整体特征并不能简约为其组成部分的属性,显示出不可通约性(魏屹东,苏圆娟,2021)。建构论观点进一步强调,涌现非特定属性或某些部分相互作用的结果,而在动态变化中所构建(苏鑫,2019)。

1999年,经济学家杰弗里·戈尔茨坦(Jeffrey Goldstein)在期刊《涌现》(Emergence)中将该概念界定为复杂系统自组织过程中产生的新颖而连贯的结构、模式和性质(腾讯研究院,2021)。2002年,系统科学家彼得·康宁(Peter Corning)在总结先前理论的基础上,进一步丰富了该概念,提出涌现具有新颖性、持续性、全局性、动态性和显著性等特征。

新颖性:涌现具有系统之前并没有的特征。

持续性:涌现并不会转瞬即逝,而是能够持续一定的时间。

全局性:涌现能够产生整体的各个组成部分没有的特性。

动态性:涌现是动力学过程的产物,处于动态演进中。

显著性:涌现能够被明显感知(腾讯研究院,2021)。

1.1.1.2 涌现的分类

哲学家马克·贝道(Mark Bedau)将涌现现象细分为弱涌现与强涌现两类。弱涌现指的是由元素或个体间的相互作用引发,使整体表现出某些新的特性。举例来说,海底的鱼群或夜空中的星系,虽然个体与个体间相互独立,却在集合状态下涌现出新特性。弱涌现可以借助计算机模拟,或通过事后分析来观察,具备一定的规律性。相对应地,强涌现则描述的是个体之间失去独立性、融为一体所构成的新实体,如在化学反应中,多种反应物合并,无法通过模拟或简单逆向分析来解构。此分类引发了康宁的反对,他主张许多效应不仅是部分与部分、整体与整体间的互动,更是整体及其环境间相互作用的产物。自然界的进化深受整体与环境间的协同作用影响(腾讯研究院,2021)。

综合考量学界观点,涌现可以被视作局部与整体、整体与环境,以及局部整体与环境三种相互作用类型的综合体现。其中,局部与整体的视角强调整体内部涌现现象的内在机制;整体与环境的视角则聚焦整体与外部环境相互作用所产生的影响;而局部整体与环境的视角则反映了一种生态系统观,联结了局部、整体与更广阔环境之间的相互影响与协同作用。这一理解为涌现现象的研究提供了一个更为全面、深入的理论框架,有助于揭示涌现现象在自然界、社会科学以及人工系统中普遍存在,并具有重要作用。

1.1.2 关于涌现的基本理论

从历史发展的视角,涌现理论的多样化演进可被归纳为六个主要类别:进化涌现论、机体涌现论、系统生成涌现论、社会涌现论、量子涌现论、认知涌现论。

1.1.2.1 进化涌现论

19世纪20年代,随着"灾变论"与"点断平衡论"等理论的提出,地质学步入快速发展期,该理论思潮对当时处于主流地位的达尔文渐进进化论提出了巨大挑战。进化涌现论综合了两种思潮的精髓,承认突变式进化与渐进式进化可以共时且历时存在。该理论提出,高层级现象可以来自低层级组成部分的相互作用,但是鉴于涌现具有不可预测性、不可还原性、突变性等特征,无法通过对低层级组成部分的观察研究而推测出高层级现象(魏屹东,苏圆娟,2021)。

1.1.2.2 机体涌现论

20世纪30年代,生物学家提出,自然界并不是个体机械僵化式存在,而应该被看作一个有机体。该思潮使进化涌现论获得了新的发展,阿弗烈·怀海德(Alfred Whitehead)基于此提出了"事件论"的观点,即自然的基本构成单元并不是具体的物质,而是事件。他认为,物质强调的是静止与不变,而事件与之相反,是不断被创造、生成出来的,处于动态变化之中。机体涌现论的基本思想是部分能够通过整体进行表达,而整体相对于更高层级的整体,也是作为其部分存在,以此类推(魏屹东,苏圆娟,2021)。

1.1.2.3 系统生成涌现论

20世纪50年代,受到系统科学理论思潮的影响,涌现论开始侧重系统生成观。该理论认为,有机体是一个系统,其属性受到组成成分结构及成分之间相互作用的影响,当成分结构与顺序等发生变化,系统的属性也随之改变。复杂理论和非线性科学的先驱约翰·霍兰德(John Holland)提出,涌现现象出现在生成系统中,各部分之间相互作用是非线性的,表现出整体大于部分之和(魏屹东,苏圆娟,2021)。

1.1.2.4 社会涌现论

社会涌现论的代表人物是凯斯·索耶(Keith Sawyer),他提出社会实在可分为五个层级:个体→相互作用→瞬时涌现→稳定涌现→社会结构,即社会涌现的基本单元是个体,个体之间相互作用是产生涌现现象的根本原因,虽然每个较高层级是建立在较低层级之上的,但是不能被还原为较低层级的简单相加,其涌现属性具有不可还原性。社会涌现秩序理论的提出者弗里德里希·奥古斯特·冯·哈耶克(Friedrich August von Hayek)认为,社会文化因素包括伦理道德、社会习俗、法律法规等,这些构成了一种自发秩序,该秩序来自微观个体之间相互作用进而产生的涌现属性,且无法用较低层次的规律来进行解释。换言之,涌现秩序不能使用统计规律来进行解释,其并不满足涌现的不可预测性特征。总的来说,社会涌现论关注的是集体现象如何通过个体行为之间的相互作用以及人与社会环境的交互过程而产生(魏屹东,苏圆娟,2021)。

1.1.2.5 量子涌现论

涌现现象在量子世界非常常见。量子纠缠展现了量子系统如何进行相互作用,且量子具有不可分割性,因而量子纠缠会产生诸如"薛定谔的猫"的多种中间态,以至于诸多量子现象无法用宏观世界的科学理论进行解释。20 世纪 90 年代,汉弗莱斯(Humphreys)基于量子纠缠提出聚变突现论,认为纠缠对组分间的相互作用产生了聚变涌现现象。不过也有专家认为,上述观点过于侧重量子纠缠的结果,其实涌现现象部分也来自组分间相互纠缠作用的过程持续性(沈健,2007)。

1.1.2.6 认知涌现论

随着神经科学、认知科学等学科的蓬勃发展,认知涌现论逐渐成形。不同范式,如符号主义、联结主义、具身认知、生成认知和延展认知,对认知涌现论的作用机制有着不同的解释。例如,符号主义,又称计算主义,认为计算机可以通过各种符号计算来表征、模拟人的智能,即人类思维是符号之间的相互作用而涌现出来的。联结主义则通过人工神经网络技术来模拟人的认知。具身认知反对离身认知,主张认知是身体与环境的交互作用而涌现出来的。生成认知与延展认知则分别以生命自组织动力系统机制,以及将神经系统扩展到身体、工具与周遭环境中去的方式来解释认知涌现现象。这些范式从不同角度提供了对认知涌现现象的深入理解(魏屹东,苏圆娟,2021)。

1.2 智能媒体涌现的背景

从涌现理论的视角进行审视,智能媒体不是孤立的现象,而是在技术、社会、媒介等多个要素的相互交织与协同作用下涌现形成的复杂系统。人工智能(Artificial Intelligence,AI)技术对新闻生产和传播的整体格局产生了深远影响。例如,2017年美国联合通讯社(以下简称"美联社")发布的《增强新闻业的未来:智能机器时代的新闻编辑室指南》对此进行了深入剖析。该指南强调了如何通过AI技术简化工作流程、减轻工作负担、处理庞大数据、深入挖掘事件背后的真相等,这些仅是尝试运用智能机器为新闻工作创造卓越价值的部分例证。

综合而言,人工智能对新闻业的改造不仅在速度、准确度、规模和报道多样性方面实现了显著提升(Marconi,Siegman,2017)[1],而且算法驱动的人工智能系统正在迅速渗透到传媒业的各个领域。巴西通信与信息系统专家普里莫·亚历克斯(Primo Alex)与扎戈·加布里埃拉(Zago Gabriela)提出,当前传媒业应被理解为人类记者与技术工具的互动,而不仅仅是人类的独立活动(Alex,Gabriela,2015)。这种观点反映了涌现的典型特征,智能媒体并非智能技术与媒体的简单结合,而是一种新的传媒生态系统,它是在社会技术大背景下通过各组成部分的相互作用和整合而涌现出来的。

1.2.1 智能媒体涌现的国际背景

人工智能技术的发展引发了整个社会系统的变革,简化了诸多工作流程,大大提高了生产效率,实现了多个领域的自动化运作,极大地推动了社会的进步。人工智能发展史大致可以分为六个阶段：

第一个阶段是萌芽期(1956年以前)。

1956年之前是人工智能技术的萌芽期。古代神话里就已经有了关于机器人的传说(公元前850年古希腊的制造机器人传说与公元前900年中国有关歌舞机器人的传说)，这反映出"古代人就有人工智能的幻想"(林尧瑞，马少平，1999)[3]。亚里士多德的"三段论"、弗朗西斯·培根(Francis Bacon)的"知识就是力量"、戈特弗里德·莱布尼茨(Gottfried Leibniz)的数学思想，以及托马斯·霍布斯(Thomas Hobbes)和勒内·笛卡儿(René Descartes)提出形式符号系统假设，为人工智能的研究奠定了理论基础。20世纪，乔治·布尔(George Boole)的《思维规律的研究》、戈特洛布·弗雷格(Gottlob Frege)的《概念文字》、伯特兰·罗素(Bertrand Russell)和阿尔弗雷德·怀特海(Alfred Whitehead)的《数学原理》等著作在数理逻辑研究上取得了重大突破。艾伦·图灵(Alan Turing)是人工智能史上一位举足轻重的人物：1936年，图灵提出图灵机模型；1945年论述电子计算机设计思想；1950年又提出"机器能够思维"论断。1945年美国科学家约翰·莫奇利(John Mauchly)等制造出世界上第一台电子计算机ENIAC。1951年，乔治·戴沃尔(George Devol)设计出世界上第一台可编程机器人。同时期，诺伯特·维纳(Norbert Wiener)提出"控制论"概念，克劳德·香农(Claude Shannon)创立"信息论"等，这些都为人工智能的诞生做出了理论与实践上巨大的贡献。

第二个阶段是形成繁荣时期(20世纪50—70年代)。

1956年，约翰·麦卡锡(John McCarthy)、马文·明斯基(Marvin Minsky)、香农等人在达特茅斯大学聚会上提出"人工智能"一词，至此正式拉开人工智能研究序幕。此后十多年间，人工智能在机器学习、模式识别、专家系统等领域取得重要进展。人工智能技术受到了越来越多的重视，从而进入了快速发展期。1966—1972年，美国斯坦福国际研究所研制出世界上首台采用人工智能学的移动式机器人Shakey；1966年，约瑟夫·维泽堡(Joseph Weizenbaum)和肯尼斯·科尔比(Kenneth Colby)打造出世界上第一个聊天机器人 Eliza;1968 年,道格拉斯·恩格尔巴特(Douglas Engelbart)发明了计算机鼠标,并首次提出"超文本链接"概念;1972 年,特瑞·维诺格拉德(Terry Winograd)设计的 SHRDLU 系统用自然语言指挥机器人活动,并与人交流,作出决策并执行。由于该项技术对工程、医学、生物学等多个领域产生巨大影响,故而被称为继哥白尼革命、达尔文革命、神经科学革命之后的"第四次革命"(Floridi,2016a)。

第三个阶段是人工智能第一次寒冬期(20 世纪 70 年代)。

20 世纪 70 年代初,由于当时的计算机内存有限,处理速度过慢,无法解决很多实际问题,美国与英国政府开始削减研究经费。1980 年,约翰·塞尔(John Searle)提出"中文屋"实验,认为程序可以使用符号但并不需要"理解"它们的意思,也就是说,机器并不具有"意向性",是不能思考的。这一时期,人工智能遭遇第一次寒冬。

第四个阶段是人工智能大繁荣时期(1981—1986 年)。

1981 年,日本经济产业省拨款 8.5 亿美元,用以支持第五代计算机项目,目标是制造出能够与人对话、像人一样推理的机器。随后其他国家纷纷做出响应,人工智能研究呈现竞争态势。美国国防部高级研究计划局(Defense Advanced Research Project Agency,DARPA)也行动起来,组织成立战略计算促进会,大幅提高对人工智能的投资。之后,约翰·霍普菲尔德(John Hopfield)和大卫·鲁姆哈特(David Rumelhart)提出神经网络理论,为人工智能突破瓶颈提供了理论基础。1986 年,美国关于人工智能的软硬件销售已经高达 4.25 亿美元。

第五个阶段是人工智能第二次寒冬期(1987—1993 年)。

20 世纪 80 年代中期,由于人工智能研发难度大、周期长,商业机构对人工智能的态度开始从追捧转向冷落。20 世纪 80 年代末期,美国战略计算促进会大幅削减对人工智能的研究经费,人工智能遭遇第二次寒冬。

第六个阶段是人工智能之春(1993 年至今)。

大数据获取的便利化、神经网络算法的优化以及并行计算的廉价化促使人工智能突破技术瓶颈,开始在产业界被普遍使用,从工业机器人、物流、语音识别、人脸识别、远程医疗诊断、无人驾驶到搜索引擎等,人工智能的重要地位日益凸显。2017年5月,AlphaGO以3∶0击败世界围棋冠军柯洁。关于人工智能的研究文献也呈井喷态势,人工智能迎来新的重要发展期。

当下,人工智能技术正处于飞速发展的黄金时期。从深度学习、神经网络到计算机视觉和自然语言处理,各种前沿技术不断刷新我们对可能性的认知。基于这一技术的势头,国际主要经济体纷纷布局人工智能,视其为智能社会融合发展的新引擎。同时,国际知名媒体也加速其智能化转型的步伐,深化对这一领域的探索和实践。

1.2.1.1 国际主要经济体布局人工智能技术

作为一项战略性新兴技术,人工智能在全球范围内受到主要经济体的高度重视,美国、欧盟、英国、日本、韩国、印度等国家和地区纷纷出台相关政策(表1.1),从政府层面对人工智能技术进行战略布局和支持,以期在全球竞争中抢占先机。这一布局不仅涉及科学研究和技术创新,还关乎国家安全、经济发展和社会进步的全局战略。

表1.1 国外人工智能主要政策文件

国家/地区	年份	文件名	内容
美国	2016年	《国家人工智能研发战略计划》	提出优先发展的人工智能七大研发战略及两大建议
	2019年	《维护美国在人工智能领域领导地位》《国家人工智能研发战略计划》《美国人工智能时代:行动蓝图》	启动美国人工智能倡议行动,标志着美国正式将人工智能上升为国家战略

续表

国家/地区	年份	文件名	内容
美国	2021年	《国家人工智能倡议法》	在科学技术政策局下设立了美国国家AI倡议办公室。该组织被定位为研发和人工智能政策制定的中心枢纽，并促进工业、政府和学术界的人工智能合作
	2021年	《AI国家安全委员会最终建议报告》	为美国人工智能领域的发展设定2025年目标，以实现"军事人工智能准备就绪"，大力培养技能人才等
	2022年	《美国国防部负责任的人工智能战略和实施途径》	通过六项基本原则来帮助美国国防部执行人工智能伦理审查。六项原则分别为：RAI治理、战士信任、AI产品采办生命周期、需求验证、负责任的人工智能生态系统和人工智能人才培养
	2023年	《美国人工智能创新生态系统的加强和民主化：国家人工智能研究资源的实施计划》	以保护隐私、公民权利和公民自由的方式，加强美国的人工智能创新生态系统并使之民主化
欧盟	2018年	《欧洲的AI》《数字欧洲计划》《人工智能合作宣言》	加大人工智能领域的研发支持和投资，并解决道德和法律问题
	2019年	《可信人工智能伦理指南》	提出人工智能基本伦理原则
	2020年	《走向卓越与信任：欧盟人工智能监管新路径》《塑造欧洲的数字未来》《欧洲数据战略》	确保欧洲成为数字化转型的全球领导者
	2021年	《人工智能监管法案》	人工智能监管的相关法案

续表

国家/地区	年份	文件名	内容
欧盟	2021年	《AI协作计划(2021年修订版)》	加强人工智能的开发、传播与监管
	2022年	《人工智能责任指令(提案)》	为受害者(无论是个人还是企业)建立更广泛的保护,并通过增加担保来促进人工智能的发展
	2023年	《欧盟人工智能法案》	世界范围内首部广泛适用于各类AI技术的法案
英国	2018年	《人工智能行业协议》	从创意、人才、基础设施、商业环境、地域/社区的观点,提出了具体措施
	2020年	《人工智能采购指南》	
	2021年	《国家人工智能战略》	英国第一个专门用于长期提高机器学习技术能力的计划
	2022年	《构建一个有利于创新的AI监管框架》	提出了诸如"应规范人工智能的应用而不是技术本身""监管以风险性为基础,按相称性进行"等观点,并给出了实践建议
	2023年	《创新型人工智能监管白皮书》	概述了监管机构应该考虑的五条明确原则,以最大限度地促进人工智能在相关行业中的安全和创新使用
日本	2017年	《人工智能研发目标和产业化路线图》《人工智能技术战略》《未来投资战略2017》	对人工智能、机器人等领域进行持续性战略部署

续表

国家/地区	年份	文件名	内容
日本	2019年	《以人为中心的人工智能社会原则》	在整个日本社会中实施的人工智能的原则,即以人为中心、教育应用、隐私保护、安全保障、公平竞争、问责和透明、创新等七项原则
	2021年	《实施人工智能原则的治理指南》	由拟实施的行动目标、实施实例、差距分析实例等部分组成
	2022年	《人工智能战略2022》	利用人工智能克服日本的社会难题,并在尊重人权、多样性和可持续发展这三项原则下提高工业竞争力
韩国	2018年	《人工智能研发战略》	推广人工智能技术进步,并加快AI在各领域的创新发展,打造世界领先的人工智能研发生态,构建可持续的人工智能技术能力
	2019年	《人工智能国家战略》	以2030年为节点,明确提出了韩国发展人工智能的三大领域、九项战略和百项主要战略任务,以及配套实施推进方案
	2020年	《人工智能半导体产业发展战略》	围绕AI半导体产业提出了技术、人才、工业生态系统相关的创新战略
	2023年	《基于人工智能的专利行政改革实施计划(2023—2027)》	以"构建全球领先的人工智能审查审判体系"为核心目标,制定了四大推进战略和十二大主要任务

　　各国高度重视人工智能发展所带来的经济社会效应,从国际竞争与国家重大需求层面锚定重点发展方向。美国从研发生态、人才战略、消除AI

创新障碍和行业应用四大方面布局互联网、芯片与操作系统等计算机软硬件、金融领域、军事以及能源等领域的人工智能技术。此外,美国也是全球第一个在财政预算中优先考虑人工智能、自主和无人系统研发的国家。为了保持全球领导者的地位,美国国防部及其下属机构美国国防高级研究计划局积极部署AI的军事应用,如在军事场景中试验面部识别技术、外骨骼装置等可穿戴系统、无人机等(张宇,宫学源,2021)。欧洲国家关注人工智能对人类社会的全方位影响,而不仅仅追求技术层面的快速发展,强调对人工智能技术的负责任使用,积极制定人工智能伦理框架与相关法规法律、规章制度,以期在全球范围内获得标准制定的话语权。

英国在人工智能研究和创新方面着力于实际应用,并且着眼于人才的培养。例如,英国政府已经启动了人工智能技能和才能投资计划,以鼓励和培养下一代的人工智能人才。此外,英国政府还鼓励企业和学术界的合作,以推动人工智能技术在医疗保健、金融服务、制造业和其他关键领域的应用。

日本的人工智能战略也同样引人注目,特别是在制造、健康和福利等领域。日本政府已经启动了一项旨在推动人工智能在工业制造中的应用的计划,以改善生产效率和质量控制。此外,日本还通过跨部门的合作推动了人工智能在医疗和护理服务中的应用,旨在满足日益老龄化的人口需求。

韩国也是人工智能的主要竞争者之一,强调创新和商业化。韩国政府已经承诺在未来几年内投入数十亿美元推动人工智能的研究和开发,并鼓励大学、研究机构和企业之间的合作。重点领域包括半导体技术、机器人、自动驾驶汽车和医疗诊断等。

印度作为一个拥有庞大人口的数字经济体,也在积极布局人工智能领域。印度的AI战略聚焦于推动人工智能在教育、卫生、农业和交通等社会关键领域的应用。政府和私营部门正在共同努力推动人工智能创新生态系统的发展,并着重于对本土人工智能人才的培训和教育。

总的来说,全球主要经济体对人工智能技术的战略布局涉及各种复杂和多样化的方向。有些国家强调技术和商业化,有些国家关注社会影响和伦理问题,还有些国家则侧重于特定行业和应用。而它们的共同关注点是全球主要经济体对人工智能作为未来发展关键驱动力的认识,以及对于在全球舞台上保持或增强其竞争地位的承诺。

人工智能作为下一代产业革命的关键驱动因素,正受到国际商业巨头的高度关注。例如,科技行业领袖谷歌、Facebook、微软等积极开展人工智能应用领域的战略规划与投资。谷歌在云服务、自动驾驶、虚拟现实以及无人机等方面展开了多元化的尝试;Facebook针对其社交平台的特定需求,着手研发深度学习框架、人脸识别技术,以及虚假新闻监测技术等;而微软则致力于智能助手的研究和开发,例如小冰聊天机器人、Skype即时翻译等应用(前瞻产业研究院,2022)。

另外,在全球范围内,人工智能专业研发机构的数量正在快速增长。2021年,美国国家科学基金会(National Science Foundation,NSF)宣布投资2.2亿美元用于成立11个国家级研究院所,这些新成立的机构将在人机交互、增强学习,以及与诸如农业、食品等行业相结合的领域开展深入研究。此外,美国还建立了多个全国层面的人工智能发展协调机构,包括隶属于美国商务部的国家人工智能咨询委员会,以及隶属于白宫科技政策办公室的国家人工智能研究资源工作组。2021年,英国政府与IBM共同成立哈特里国家数字创新中心,计划五年内投资2.1亿英镑,以助力人工智能等多个产业的发展。此外,澳大利亚政府亦启动了诸如"下一代人工智能毕业生计划"和"区域人工智能计划"等项目,建立了多个人工智能研究中心(国务院发展研究中心国际技术经济研究所,2022)。

人工智能标准的研究与制定也逐渐成为全球范围内的重要议题。2021年1月,美国国家标准协会发布了《美国标准化战略2020》,以期通过先发优势主导标准的制定。同年,欧盟亦发布了《欧洲标准化战略2030》《人工智能标准化格局——进展情况及与人工智能监管框架提案的关系》,旨在通过标准化的手段加强监管。此外,国际标准化组织和国际电工委员会也在人工智能的基础共性、关键通用技术、伦理与安全以及多场景应用方面积极开展标准化工作(国务院发展研究中心国际技术经济研究所,2022)。

1.2.1.2 人工智能成为智能社会融合发展新引擎

与人类历史上前几次技术革命相比,人工智能对人类社会发展的影响最具颠覆性与革命性。人类社会由信息社会迈向智能社会,前者的技术支持来自计算机、互联网、大数据等,后者的关键支撑为以人工智能技术为代表的智能技术集群。人工智能被看作一项战略性新兴技术,能够驱动新一轮科技革命与产业变革,是助推经济发展的新引擎,在重塑国际竞争新格局、推动社会进步等方面发挥关键性作用。

世界各国都充分认识到加快发展新一代人工智能的重大意义,目前已通过制定政策,推出鼓励措施力促人工智能技术同经济社会发展深度融合。人工智能在制造、物流、医疗、安防、零售、金融等领域实现了多场景落地应用,"智能+"新技术、新模式、新应用、新业态不断涌现,辐射溢出效应不断增强(罗凯,邓聪,2018)。

相比人工智能,人类在一些方面更容易犯错误,如在抄写文本和预测天气等任务中,人工智能按照特定的程序运行,因而出错概率较小。此外,人工智能不受巨大压力或疲劳的困扰,因此相较于人类可以避免因身心不适而做出错误判断的情况。该技术还有助于提高生产效率、增强安全性、减少时间消耗。人工智能还能检测欺诈行为,通过识别异常情况及时发现问题。虽然有人担心人工智能技术会引发失业问题,甚至危及社会稳定,但事实证明,人工智能推动了新的就业市场的形成,创造出的岗位远多于其替代的人类岗位,进而创造了更大的价值。

以智能搜索为例,人工智能技术能够通过分析用户历史数据,精准推送用户感兴趣的信息,从而提升用户体验感和重复访问的频率。此外,人工智能还可以根据客户的先前订单向买家推荐类似的产品。在医疗领域,人工智能已经广泛应用于疾病预测、医疗影像分析、医药研发和健康管理等环节,智能健康设备通过监测身体指标,有助于及早发现健康问题。

教育领域也同样受益,人工智能技术能够根据学生的个性化需求量身定制课程,优化信息呈现与互动方式,从而促进学生对知识点的掌握。此外,人工智能在作业批改和辅助教学等方面展现出巨大优势。在诸如智慧交通、智慧金融等领域,人工智能已深刻地改变了当今社会的面貌。

2022年11月,当ChatGPT作为一款先进的人工智能聊天工具亮相时,凭借其卓越的技术性能和人性化的交互方式,迅速俘获了超过1亿用户的心。连比尔·盖茨都直言,ChatGPT的出现在数字通信领域所产生的影响,堪比互联网和个人电脑的革命性创新。这样的评价并非空穴来风,ChatGPT所代表的生成式AI(AI Generated Content,AIGC)技术,标志着我们可能正在进入一个由AI主导内容创作的新时代。

其中,大型语言模型扮演了关键角色,它融合了深度学习算法来解读和生成自然语言。从技术演进的角度看,自然语言处理的历程可以被划分为三大阶段:早期的基于规则的初级模型,后来的基于统计的模型,以及当前的基于深度神经网络的模型。而ChatGPT正是后一进程中的代表。

当前,大语言模型技术正处于快速发展期,主要呈现以下四个特点:第一,模型规模不断扩大。从百亿参数到千亿参数,持续推进模型的理解和生成能力。近年来,Google、OpenAI、百度等相继推出了参数规模越来越大的语言模型。第二,多语言能力不断提升。从最初的英语模型,发展到可支持汉语、日语等多种语言的预训练模型,这降低了非英语国家应用语言模型的门槛。第三,应用场景不断拓展。从最初的单一文本生成,发展到可以支持对话、翻译、创作等多种任务的语言模型,这使得语言模型的应用范围不断扩大。第四,商业化进程不断加速。越来越多的科技公司推出了基于大语言模型的商业产品。可以预见,大模型会向多模态、常识推理、多任务统一等方向发展,并与其他AI技术进行深度整合,提升交互智能的整体水平。

大模型代表了一个深刻的转折点,标志着我们不仅可以与机器交流,而且可以利用机器来模拟、优化,甚至产生在某些情境下超越人类的沟通模式。这种深度的技术整合不仅正在推动社交媒体、数字营销、电子商务和新闻报道等领域的进步,更重要的是,它为未来的人类交流和创造方式带来了新的想象和可能性。例如,在教育革新方面,教育领域正经历一场由AI技术驱动的革命。大型语言模型能够提供个性化的学习路径,协助学生按照自己的进度和节奏解决学术难题。更进一步说,教师可以通过这些 AI 工具来监控和评估学生的学习进度,从而为学生提供更具针对性的辅导和支持。在跨文化交流方面,大型语言模型的多语种处理能力正在打破传统的语言障碍,从而为跨文化交流创造前所未有的可能性。这意味着,来自任何地域和文化背景的人们都能够轻松地沟通、分享知识,共同推动全球合作。在创意方面,AI 已成为艺术和创意写作领域一个不可或缺的合作伙伴。它能够协助创作者生成新的构想、情节或角色设定,甚至为现有作品的解读提供全新的视角。这不仅加速了创作过程,也极大地扩展了创意的边界。在业务决策辅助方面,在快速变化的商业世界中,公司和企业正逐渐依赖于用语言模型来预测市场动态、消费者行为和潜在风险。这种数据驱动的决策方法让企业能够更加敏捷和精确地应对各种市场挑战。在增强社交媒体互动方面,社交媒体上的互动正逐渐为自动生成的回应和评论所主导。这些模型可以理解和响应各种社交媒体平台上的讨论,为用户创造更为丰富和有深度的互动体验。在无障碍沟通方面,对于有沟通障碍的人群,如聋哑人或语言障碍者,大型语言模型目前已经可以作为他们与外界沟通的桥梁,帮助他们更自由和流畅地表达自己。

综上所述,人工智能已然成为推动智能社会融合发展的新引擎。

1.2.1.3　国际知名媒体深入布局智能化转型

近年来,传统媒体的受众正在经历一个前所未有的转变。数字技术的快速发展和人工智能的兴起为新闻的生产和消费带来了巨大的机遇和挑战。在这样的背景下,多家国际知名媒体机构开始探索智能化转型的道路,希望通过技术的引领和创新,满足现代受众的需求,提高新闻生产和传播的效率。

根据《新闻、媒体和技术趋势与预测》的内容,多家国际知名媒体已经成功实现了智能化转向。美联社是最早尝试新闻自动化生成的主流媒体之一,早在 2014 年就与自动化公司 Automated Insights 达成合作意向。通过自动化平台 Wordsmith,美联社实现了体育、财经等新闻的自动编写和发布。2015 年,美联社进一步扩大新闻自动化规模。在商业方面,美联社通过算法分析用户数据,为企业客户提供更具针对性的新闻服务。在新技术方面,美联社与 DataMinr 公司合作,利用人工智能进行数据新闻的挖掘和生产。美联社还和多个自动驾驶公司合作,应用 AI 生成自动化新闻来报道无人驾驶技术的发展,未来美联社计划通过 Voice News 等方式提供个性化新闻产品和服务。美联社的这些举措推动了其数字化、智能化的转型进程,也对整个新闻行业产生了重要推动作用。

《纽约时报》(New York Times)从 2016 年启动智能化转型计划,投资上亿美元用于人工智能技术的研发和应用。在内容生产方面,《纽约时报》开发了一个名为 Heliograf 的自动化新闻编写系统,可以自动生成体育、商业等高频重复性新闻的文字。在新闻推荐方面,《纽约时报》利用机器学习算法,根据用户的浏览历史和偏好进行个性化的新闻推荐。在商业方面,《纽约时报》开发算法分析用户数据,为广告商提供精准营销解决方案。《纽约时报》还开发了评论分析系统 Perspective API,并基于机器学习判断网上言论的不当程度,进一步开源了部分智能化技术。《纽约时报》在智能化转型方面的探索已成为全球媒体的典范,特别是它在算法透明度方面的尝试,比如推出的第 4 代 Down Bot,这种机器人在处理美国国家橄榄球大联盟的数据时,不仅能够有效地生成相关内容,而且它的局限性和偏见都得到了明确的解释和展示,增强了公众对它的信任度。

为了进一步推动智能化转型,多家知名媒体还建立了自己的研发团队,汤森路透和法国新闻社(以下简称"法新社")就是其中的佼佼者。2016 年,汤森路透设立了专门的人工智能实验室 Thomson Reuters Labs。该实验室的目标是进行人工智能等前沿技术的研发应用,以推动汤森路透新闻、数据产品的升级和创新。研发方向包括自动化新闻编写、新闻个性化推荐、语音识别、图像识别等。实验室与 IBM 建立战略合作关系,引入 IBM 的 Watson 人工智能平台来丰富产品应用,还与加拿大多伦多大学等高校开展合作，推动人工智能在新闻领域的理论和技术创新。部分研发成果已经应用于汤森路透的新闻产品中，如自动化财经新闻编写等(《智能时代：媒体重塑》课题组，2020)[139-140]。

与此同时，法新社也在积极探索智能化转型的解决方案，2000年成立AFP Media Lab，目标是进行新闻自动化、个性化推荐，机器翻译，语音识别等新媒体技术的研发。AFP Media Lab开发了可以自动生成简单体育新闻报道的自然语言处理工具GETR(Generating Text for Reporters)，还研发了基于深度学习的自动英法机器翻译系统FAST(Factual Automatic Summarization Tool)。该实验室探索新闻自动化技术已有20余年历史，在法国乃至全球范围内具有一定知名度和影响力(《智能时代：媒体重塑》课题组，2020)[140]。

在现代媒体生态中，多语言和多文化是不可忽视的元素，智能化转型为媒体提供了处理这些问题的新工具。路透社推出的语音转文本技术为新闻报道提供了一个全新的视角，而加拿大《环球邮报》的"苏菲"人工智能工具则展示了AI在不同语言编辑功能上的潜力。后者基于机器学习和自然语言处理技术，可以辅助记者修改文章，如分析文章语法、语句结构、词汇使用等，指出可能的语法错误；分析文章语调和风格，给出优化建议，提高文章流畅度。"苏菲"支持英语和法语两种语言，这代表了其在跨语言编辑功能上的特色。

一些前瞻性的媒体机构已经开始使用智能工具对性别和种族偏见进行监测，并为编辑提供实时反馈，确保报道的公正性和客观性。例如，英国广播公司(British Broadcasting Corporation，BBC)从2018年开始，与伦敦大学合作，使用人工智能来检测其新闻文章中的性别偏见，该系统可以分析文章对男性和女性的描写方式，指出可能存在的偏见，BBC会根据系统生成的反馈，提醒编辑注意避免潜在的性别歧视。

美联社在2020年启动"偏见打击"项目，利用算法来检测稿件中的潜在偏见，如种族、性别等，编辑可以看到文章中可能带有偏见的词语被系统标注出来，并据此对文章进行修改。该项目帮助美联社提高了稿件的公正性和客观性。

1.2.2 智能媒体涌现的国内背景

1.2.2.1 中国人工智能技术迎来发展拐点

中国将人工智能技术列入战略性新兴产业,制定了多项支持性、引导性政策,聚焦基础研究、重大原始创新与产业转移转化,鼓励人工智能在农业、金融、制造、交通、医疗、商务、教育、环境等领域的多场景应用。

在顶层设计方面,自2015年中国的产业政策首次提出"人工智能"技术以来,人工智能政策经历了四个发展调整阶段,具体如表1.2所示。

表1.2 中国人工智能主要产业政策

阶 段	核心内容	代表性政策	备 注
第一阶段: 2015—2016年	夯实技术积累,制定智能相关标准	2015年7月,国务院印发《关于积极推进"互联网+"行动的指导意见》	将人工智能纳入发展的重点任务之一,标志着人工智能专项产业政策的诞生
		2016年5月,国家发改委印发《"互联网+"人工智能三年行动实施方案》	提出打造人工智能基础资源与创新平台,建立人工智能产业体系、创新服务体系和标准化体系,突破基础核心技术,在重点领域培育若干全球领先的人工智能骨干企业等任务
		2016年8月,国务院印发《"十三五"国家技术创新规划》	明确把人工智能作为体现国家战略意图的重大科技项目

续表

阶 段	核心内容	代 表 性 政 策	备 注
第二阶段：2017—2018年	发展智能产业,拓展智能生活	2017年3月,人工智能首次被写入《政府工作报告》	
		2017年7月,国务院印发《新一代人工智能发展规划》	人工智能全面上升为国家战略,规划明确提出"三步走"的战略目标
		2017年10月,人工智能被写入党的十九大报告	推动互联网、大数据、人工智能和实体经济深度融合
		2018年1月,《人工智能标准化白皮书(2018版)》	标准化工作进入全面统筹规划和协调管理阶段
		2018年3月,人工智能再次被写入《政府工作报告》	强调"产业级的人工智能应用",在医疗、养老、教育、文化、体育等多领域推进"互联网＋",发展智能产业、拓展智能生活
		2018年11月,工信部办公厅印发《新一代人工智能产业创新重点任务揭榜工作方案》	聚集"培育智能产品、突破核心基础、深化发展智能制造、构建支撑体系"等重点方向,征集并遴选一批掌握关键核心技术、具备较强创新能力的单位集中攻关

续表

阶 段	核心内容	代表性政策	备 注
第三阶段：2019年	"互联网＋"升级到"智能＋"，强调与实体经济深度融合	2019年，人工智能第三次出现在《政府工作报告》中	要打造工业互联网平台，拓展"智能＋"，为智能制造业转型升级赋能。促进新兴产业加快发展，深化大数据、人工智能等研发应用
		2019年3月，中央全面深化改革委员会第七次会议中，审议通过了《关于促进人工智能和实体经济深度融合的指导意见》	着重强调市场导向与产业应用，打造智能经济形态
		2019年8月，科技部印发《国家新一代人工智能创新发展试验区建设工作指引》	到2023年，布局建设20个左右试验区。北京、上海、天津、合肥等地相继获批建设国家新一代人工智能创新发展试验区
第四阶段：2020年至今	纳入"新基建"范畴，全面加速智能普及	2020年5月，人工智能第四次出现在《政府工作报告》中	要加强新型基础设施建设，发展新一代信息网络，拓展5G应用，建设数据中心，激发新消费需求，助力产业升级
		2023年4月，中国网信办发布《生成式人工智能服务管理办法（征求意见稿）》	对生成式人工智能进行专项监管，逐步完善中国人工智能法律体系

2020年，人工智能被列入新基建范畴，成为产业智能化升级的重要助力。新基建与人工智能的互动主要体现在基础设施支撑和应用场景拓展两个方面。

首先，新基建为人工智能提供了基础设施支撑，尤其是在数据、算力和算法方面。随着 5G 网络和互联网技术的发展,大数据将爆发式增长。工信部数据显示,截至 2020 年 12 月中旬,中国累计建成 71.8 万个 5G 基站,数量位居全球第一。全国各地建立数据中心、云技术快速发展等因素共同提升了数据处理能力,降低了数据托管成本,推动了 AI 算力的提升。新基建政策鼓励高科技自立自强,将促进中国建设发展自己的算法支撑体系(爱分析,2021)。

其次,新基建将大大拓展人工智能的应用场景。5G、特高压、城际高速铁路和轨道交通、新能源汽车充电桩、工业互联网、大数据中心等领域,都需要人工智能技术对其进行智能化改造。

相较其他国家,中国发展人工智能技术有着独特的优势。庞大的人口基数、多样化的应用场景、全产业链式规模发展等因素共同推动了人工智能产业的繁荣。在技术进展方面,中国已成为美国的强劲对手。2021 年,中国的核心产业规模达到 1300 亿元,同比增加了 38.90%(智研咨询,2022);中国研究者有关人工智能的期刊论文的引用数量首次超过美国(刘玉书,2022);中国的人工智能企业数占世界人工智能企业总数的 14.80%,仅次于美国(中国新一代人工智能发展战略研究院,2020)。

中国的人工智能企业发展迅速,已经涌现出一批具有全球影响力的头部企业。这些企业主要集中在北京、上海、广州等一线城市。科大讯飞专注于智能语音与自然语言处理技术,是行业领军企业之一。2023 年,科大讯飞推出自主研发的大规模预训练语言模型"讯飞星火",实现了语言理解和生成的重要突破。阿里巴巴则凭借其丰富的数据资源优势,通过知识图谱、智能语音等技术服务企业用户,在智能商业化应用方面占据优势。2022年,阿里巴巴推出自然语言处理预训练模型"通义千问",实现了语言理解和生成的重要进展,被视为国内对标 GPT 的典型模型。腾讯依托海量社交用户数据支撑起强大的人工智能技术实力,推出了图片、音乐相关智能产品。百度凭借多年技术积累,可以为企业用户提供从研发到产品部署的一站式人工智能解决方案,其自主研发的大语言模型"文心一言"被视为中国版 ChatGPT。字节跳动突出视频和移动传播应用,持续通过 TikTok 等产品拓展全球化布局。TikTok凭借其强大的视频内容推荐算法,已经成为全球最大的短视频平台之一,截至2022年,其月活跃用户规模超过15亿。字节跳动还推出面向新兴市场的类TikTok音乐流媒体应用Resso创新产品。通过这些移动应用,字节跳动正在重塑全球新的内容传播和消费方式。综上可以看出,中国头部人工智能企业具备数据、算法、场景应用综合优势。在语音、图像、文本等多个领域,中国企业正在通过自主创新,推动人工智能技术产业化进程。

借助新基建的支撑,结合国内外多元化场景的应用,人工智能在中国得到了迅速的发展和广泛的应用。

1.2.2.2　中国主要媒体加速智能化转型进程

近年来,中国媒体机构纷纷发力,借助人工智能技术,实现智能化转型。中央级媒体反应最为迅速,持续发力。以人民日报社、新华社、中央广播电视总台为代表的中央级媒体通过机制体制创新,引入甚至参与研发新技术、新设备,探索媒体深度融合、智能化升级。例如,人民日报社率先提出打造全媒体"中央厨房",即"一鱼多吃"策略,设立总编调度中心,采编联动,一次采集、多种生产、多渠道传播,实现新闻素材的最大化利用。而助推该策略的力量之一就是人工智能。智能化设备实现新闻的实时生成、实时报道、自动化分发,具有语音、文字、视频等多种呈现方式。人民日报社在2019年还成立了智慧媒体研究院,随后推出了手机客户端、AI实验室、全媒体智慧云等项目。

作为国家级媒体,新华社除了利用智能技术进行自我"造血"与升级,还向外"输血",带动整个行业的智能化发展。2013年,新华社成为较早成立新媒体中心的主流媒体之一;2019年,该中心设立智能化编辑部门,利用AI技术打造融媒体产品,改进新闻生产与分发流程。新华社还推出全球首位AI合成女主播"新小微",率先使用虚拟主播播报新闻。随后AI合成男主播也上线播报,新华社成为国内乃至全世界成功进行虚拟主播尝试的媒体之一。此外,新华社还发布了中国第一个短视频智能生产平台——"媒体大脑·MAGIC 短视频智能生产平台",该平台集纳了自然语言处理、计算机视觉、音频语义理解等多种人工智能技术。2020 年全国"两会"期间,新华社推出"两会"机器人以及多款视频制作智能移动端产品,如剪贝 App、新华智会小程序、定制化微专题 H5 等。

中央广播电视总台积极与头部科技企业,如百度、腾讯、阿里、网易、京东等展开深入合作,推动 AI 技术在广播与电视领域的广泛应用。在新闻报道和节目中,智能机器人、虚拟演播室、AI 主播得到了创新运用。2021 年,央视新闻频道更是推出 AI 手语新闻主播,率先在 2022 北京冬奥会为听障人士提供服务。此外,春节联欢晚会上人机交互的红包互动、虚拟主持人和"人工智能+全景裸眼 3D"等新技术也得到了广泛的应用和推广。

中央广播电视总台亦在不断寻求创新。例如,央视网与科大讯飞合作推出"讯飞智能笔记本青春版"。央视网丰富的融媒体资源与科大讯飞在智能语音方面的领先技术结合,扩大了内容分发的广泛性与精准性,促进了传统媒体内容与 AI 智能终端的深度融合。央视网还推出 AI 频道,赋能产业发展,展示和推广中国的 AI 力量。

与此同时,省级媒体也纷纷发力,使用智能技术促进传统业务升级。上海报业集团、四川日报报业集团、安徽广播电视台等一批传播机构已经试水智能媒体,并且取得了良好的社会反响。

2023 年 4 月,随着生成式人工智能时代的到来,国内首个 AIGC 智能新闻编辑部——"上游新闻 AIGC 创作中心"在重庆上线。它旨在推动传媒机构数字化转型,打造全新的上游链媒体平台,重塑传媒内容生态,构建一个高效化、智能化的传播体系。

截至目前,中国主要媒体基本完成了智能化转型,正致力于探索转型之后的新业务和新商业模式,展示出中国媒体行业在智能化进程中的创新力和引领力。

第 2 章
智能媒体的内涵、特征与构成

2.1 智能媒体界定

2.1.1 智能媒体的定义

以算法为核心的"智能化媒体"在中西方新闻界的称谓并不统一,在英文文献中,有 smart media, intelligent media, algorithmic media, hybrid media(混合媒体)等多种说法(Diakopoulos,2019),而在中国学界,则常见"智媒体"(郭全中,2016)、"智媒"和"智慧新媒体"等提法。然而,在近一两年中,"智能媒体"已逐渐成为主流表达式。

关于智能媒体的概念,当前主要有三种定义路径。首先,从技术视角出发,基于人工智能、大数据、云计算等智能技术对其进行界定。其次,从满足用户需求的视角出发,探讨智能媒体概念。最后,从创新系统角度出发,将智能化媒体产业分为硬件、网络、平台和内容四个子部分进行界定(蔡霖,任锦鸾,2021)。

从技术层面分析,《中国智能媒体发展报告(2019—2020)》将智能媒体分为基础层、技术层和应用层三个层面。其中,基础层、技术层与其他智能人工物相似，差异主要在应用层。智能媒体的应用层依托技术层的核心技术，集成了多种 AI 基础应用技术，提供了满足媒体行业应用场景和需求的软硬件解决方案，包括但不限于信息采集、内容生产、内容分发、媒资管理、内容风控、效果检测、舆情分析、媒体经营与版权保护等，最常见的产品形态有新闻机器人、社交机器人等(张洪忠 等,2019)。

从用户视角来看，智能媒体的定义可以看作通过人工智能技术重构新闻信息生产与传播的全过程(李鹏,2020)。这一重构使得媒体在技术的助力下能够更加精准地理解和满足人类的信息需求，从而发展成一种更为高效的信息服务介质或机制(卿清,2021)。在这个层面上，技术驱动被认为是智能媒体的本质特征，人机协同成为其重要标志，而满足用户需求则是其最终追求。

从生态系统层面分析，智能媒体则呈现出更为复杂的结构和功能。郭全中(2016)提出，智能媒体是一种基于移动互联、大数据、人机交互、人工智能等新技术构建的智能化生态系统。该系统不仅充分挖掘、利用社会群体中每个人的认知盈余，实现了信息与用户需求的智能匹配，进而形成了多元化、可持续的商业模式和盈利模式。此外，它还具有自强化和正反馈的特点。武汉大学教授程明和程阳(2020)则将智能媒体定义为一种借助多种技术形成的具有强连通性和强交互性的智能化媒体系统，这一系统旨在最大化人类在内容生产和传播中的价值，实现人类智能与机器智能的协同融合。

本书将从国家生态系统视角来探讨智能媒体的发展，采用系统论的理论框架进行定义。这一视角强调了智能媒体不仅是一个技术产品，更是一个动态演化的，与多个社会、经济和技术因素相互作用的复杂系统。这种复杂性要求我们不仅要理解智能媒体的内部工作机制，还要关注其与外部环境之间的相互作用和影响，从而为智能媒体的健康、可持续发展提供有力的理论支撑。

2.1.2 智能媒体的分类与特点

在当前时代,智能媒体主要可以分为两大类。第一类是基于传统媒体转型发展而来的智能媒体,这些媒体通过融合报纸、广播、电视等传统渠道,升级为包括专业 App、传媒大脑、中央厨房等在内的智能化设备与程序。第二类是由互联网科技公司运营的智能媒体,以资讯、社交、服务为主,并可进一步细分为单一性与综合性两个亚类(廖秉宜 等,2021)。单一性媒体指如今日头条、优酷、YouTube 等特定于某一领域的智能媒体,综合性媒体指如百度、微信等具有多样化功能的智能媒体。

此外,智能媒体产品的分类也可以从多个维度进行。例如,按照服务对象分为面向用户、客户和家庭的产品;按照运行载体分为 PC 端产品、移动端产品、大屏智能终端产品、可穿戴设备端产品;按照用户需求功能分为资讯类产品、社交类产品、社群类产品与娱乐类产品。这一多元化的分类逻辑反映了智能媒体的复杂性和多样性。

从技术视角看,智能媒体的核心是算法驱动,基于大数据实现自动化和智能化。它的基本特征是能动性,表现为自主性、适应性和交互性,即拥有智能、智慧与智力的融合(郭全中,2016)。这使得智能媒体具有永久迭代性,其性能在不断提升和调整。智能媒体不仅是一种人工智能与人类智能协同的在线社会信息传播系统,更是一种共生生态,涵盖智能媒体、技术生产者、运营者、算法、平台、用户等多个方面(吕尚彬,刘奕夫,2016)。

值得注意的是,智能媒体与新媒体、全媒体、融媒体之间有着区别。新媒体自 20 世纪 80 年代起成为研究热点,而全媒体和融媒体分别强调媒体形态的全面性和融合性。与之不同,智能媒体代表了技术的进一步发展,即目前认知水平上媒体融合的最终形态。从 Web 1.0 到 Web 3.0,在技术的不同发展阶段,新媒体有不同的指向。智能媒体作为"第六媒介"(林升梁,叶立,2019),是当前以 AI 技术为代表的智能技术下媒体进化的必然趋势,它不仅不断压缩传统媒体的生存空间,还通过不断的自我迭代和融合,重新构造了传播生态,展示了强大的生命力和融合力。

2.2 媒体的发展演变路径

2.2.1 前人工智能时代媒体的发展演变路径

为了更好地理解智能媒体的发展,需要追溯以报纸、广播、电视与网络媒体为代表的前人工智能时代媒体的发展轨迹。这一演变路线有三个主要的特征,分别与技术进步、功能完善以及所有权与控制权的转变有关。

首先,前人工智能时代媒体的发展与技术进步密切相关。在古罗马时代,人们用手将信息抄在木板上,作为印刷媒体的雏形。随着印刷技术的普及,信息开始大量生产和存储,催生了文艺复兴的思潮。19世纪中期,电报的发明极大地加快了信息传播速度;20世纪中叶,电视的发明及广泛使用导致报纸发行量下降;而21世纪,随着人们越来越依赖互联网获取信息,报纸的发行量也跳水式下降。此外,广播与电视以其即时性、生动性、现场感和社区性等特点,强化了社会规范与价值观,更强化了其在传播市场中的地位。进入21世纪以来,在移动互联网和社交媒体的冲击下,传统媒体面临着前所未有的挑战。数字技术与互联网为信息传播提供了更为便捷、即时的渠道,使得传统的印刷媒体、广播和电视的边缘化愈发明显,智能手机的普及,使得人们可以随时随地接收信息,极大增强了媒体的互动性。

人工智能和大数据技术的发展为新闻媒体带来了更深刻的改变,自动化新闻生产、用户个性化推荐,以及基于算法的新闻筛选等技术开始在媒体行业中得到广泛应用。这种智能化的转型不仅提高了新闻的生产和传播效率,而且使媒体内容更加满足读者和观众的需求。同时,社交媒体平台如Facebook、Twitter和微信等的快速发展,使得传统媒体的权威性和影响力开始受到新兴的个人博主、意见领袖和社交媒体红人的挑战。

其次,随着新型媒体的发展,媒体功能也不断完善。从单一的阅读,到包括听觉、视听同步甚至多感官体验的互动交流,每一种新型媒体的出现都丰富了旧媒体的形式。新媒体,尤其是网络媒体和社交媒体,集成了旧媒体的诸多优点,同时衍生出了海量信息、实时互动、精准推送、多媒体呈现等新特点。这些新的属性赋予了新媒体强大的生命力,并使其具有更高的用户参与度和自主权。此外,技术的不断创新,如虚拟现实、增强现实等为媒体内容提供了更为沉浸式的体验,打破了时间和空间的界限,使得用户可以更深入地参与和互动。

最后,所有权与控制权的转变也是智能媒体演变的一个显著特点。旧式媒体通常由政府和垄断型机构控制,而新式媒体呈现出多点开花、非中心化的特征。这意味着,现代的媒体生态更加丰富和多元,为内容创作者和普通用户提供了更多的机会和空间表达自己的声音。值得一提的是,新式媒体的出现并不是将旧式媒体替代,而是对其功能与形式进行完善和补充,新旧媒体在现代社会中是共存的。但是,这种共存并不是平静的,两者之间还存在着竞争与融合,这种动态的平衡持续塑造着当今的媒体景观。

总的来说,前人工智能时代媒体的发展演变路径展示了一种从单一功能到多功能、从中心化控制到非中心化、从技术依赖到技术创新的演化过程。这一演化过程不仅反映了技术和社会的相互作用,还揭示了新旧媒体之间相互补充和共生的关系。

2.2.2 智能媒体的发展演变路径

智能媒体与前人工智能时代媒体的最大区别在于是否具有"智能、智慧、智力"的特征。换言之,智能媒体与前人工智能时代媒体并没有具体形态上的明显划分,如人工智能技术与广播、电视相结合的形态也能被称为智能媒体,社交媒体与网络媒体能够利用算法进行用户画像从而实现信息的精准推送,也是智能媒体的一种。

依据黄升明在《重新定义智能媒体》一文中对智能媒体的探讨,可以将智能媒体发展分为三个阶段。

2.2.2.1 第一个阶段:智能媒体1.0

在智能媒体1.0阶段,智能媒体实现了从基础的认知能力到更为复杂的理解力的转变。该阶段的核心目标是通过人工智能技术,让计算机能够具备"看懂""听懂"和"可沟通"的技能。在现今的传播生态环境下,智能媒体的理解能力延伸到内容、用户及场景三个方面。

首先,智能媒体理解内容的能力是在数据挖掘与信息采集阶段依据既定标准筛选有价值的数据与信息。这一过程不仅考虑到特定的价值观,而且超越了纯粹的文字集合,变成了一种按照嵌入其中的价值观进行信息加工和传送的过程。例如,字节跳动公司通过采取一系列智能化措施,如提高算法透明度等,确保内容不存在低俗等信息。该公司的反低俗工具"灵犬3.0"借助先进的技术高效识别文字、图像与视频,并以93%的准确率进行内容优化和推送。

其次,理解用户则意味着智能媒体可以通过用户画像来明确其兴趣和需求,以实现针对性的信息推送,这确保了所推送的信息能精确满足用户的个人喜好和需求。

最后,理解场景则是智能媒体识别用户所处不同场景并依据场景进行不同信息匹配的能力。上海申通德高地铁广告有限公司开发的名为VIOOH的广告投放系统就是一例,该系统可以依据天气、时间、温度、人群特点等动态化投放广告,如在地面温度达到38 ℃时会展示某防晒产品的广告。

总体而言,智能媒体 1.0 阶段的理解能力不仅仅体现在对信息的认知上,还深入到对内容、用户和场景的理解,这一转变为信息的生成、分发和推送提供了新的可能性和维度,同时也引入了与主流价值观相一致的社会责任和道德要求(黄升民,刘珊,2022)。

2.2.2.2　第二个阶段:智能媒体 2.0

在智能媒体 2.0 阶段,智能媒体的能力从理解力扩展到了决策力,这一转变表现在从相对静态的理解方式进阶到关系理解与动态理解。与 1.0 阶段的内容、用户和场景理解不同,2.0 阶段不仅要识别这些要素,还要深入挖掘它们之间的本质关系和动态关联,从而在不同场景和时空中实现最合适的信息与服务的适配。

以百度的知识图谱技术为例,该技术的整体发展可以分为四个阶段。第一阶段集中于定制化、结构化数据的生产,以服务百度的搜索引擎。随后的第二阶段,知识图谱架构逐渐成形,并开始用于垂直领域,如在百度第一代智能助理产品中的应用。第三阶段标志着通用知识图谱架构、算法和机制的确立,使得知识图谱能够用于多个领域,如汉语和娱乐,进而应用于智能搜索问答和内容推荐。第四阶段则是知识图谱的异构互联和多元化阶段,其中应用领域不仅拓展到了金融、法律、医疗等行业,而且服务规模也扩大了近千倍。

更重要的是,智能媒体 2.0 阶段的关系理解与动态理解能力还赋予了知识图谱一项新功能:通过分析不同信息之间的关联来发现事实的真伪,从而有效打击虚假新闻。这体现了智能媒体的能力从单一的信息处理扩展到了复杂的逻辑分析和决策制定,同时也显示了智能媒体在社会责任和道德层面的进一步深化。

总体而言,智能媒体 2.0 阶段的发展突破了传统的信息处理范畴,将理解和决策能力结合在一起,形成了更为复杂和动态的信息处理机制。这一转变不仅为信息的生成、分发和推送提供了新的可能性和维度,还为信息的真实性和可信度提供了更为坚实的保障(黄升民,刘珊,2022)。

2.2.2.3 第三个阶段:智能媒体 3.0

智能媒体 3.0 阶段标志着从决策力到创造力的演进,此过程体现了智能媒体从"专用"到"通用",以及从"学习"到"创造"的转变(黄升民,刘珊,2022)。该阶段的典型代表是 AIGC,但在此阶段的创造力中,存在一些核心的限制和特征。

首先,即使被赋予了"创造力"这一标签,3.0 阶段的智能媒体也并不完全等同于真正意义上的创新机器。以 AIGC 模型为例,其运作模式主要是利用大量已存储的数据作为"原料",经过特定处理后输送到模型中。模型的学习机制允许它从这些数据中提取有用的信息,并根据设定的参数生成相关的输出(腾讯研究院,2023)。但这种生成通常仍是对现有数据的一种再利用或变种,并没有为我们带来真正独创的视角或观点。

其次,AIGC 模型虽然展现了一定的创新能力,但这种能力仍受限于其接收的训练数据(腾讯研究院,2023)。换言之,模型的输出很大程度上反映了输入数据的特性和偏见。然而,随着研究的深入和技术的进步,我们有理由期待模型在未来会具备更深入、广泛的自主创新能力。

但是,我们也要认识到,媒体的创造力并不仅仅是技术层面的进步,社会、文化和经济背景都对智能媒体的发展和运用产生影响。例如,社会的接受度、法律的约束和伦理的考量都会影响智能媒体的应用范围和实际效果。随着科技的日新月异,我们可以预见在更高层次上具备创造力的智能媒体时代终将到来。

本书讨论的背景设定在当前的弱人工智能发展阶段,智能媒体尚未实现完全自主意义上的创造性。

2.3 智能媒体全产业链构成

2.3.1 基础层

基础层分为硬件和软件。硬件即具备储存、运算能力的芯片,以及获取外部数据信息的传感器;软件则为用于计算的大数据,以及处理大数据信息的云计算。

2.3.1.1 智能芯片

从技术架构的角度来看,智能芯片可以按其特点和用途分为几个主要类型:通用类芯片(例如 CPU、GPU 和 FPGA)、基于 FPGA 的半定制化芯片、全定制化 ASIC 芯片,以及专门用于类脑计算的芯片(如 IBM 的 TureNorth)。与传统计算机相比,智能芯片具有成本低、功耗低、体积小且运行速度快的优点,因此被广泛应用于深度学习领域。在功能方面,智能芯片主要可分为三大类,一类用于深度学习模型的训练,另外两类则分别用于深度学习的云侧推断和端侧推断(智能计算芯世界,2020)。

2.3.1.2 智能传感器

智能传感器内置了微处理机,具备采集、处理和交换信息的能力。与传统传感器相比,它们的性能更强大。例如,智能传感器能够以较低的成本实现信息的高精度和高密度采集,支持自动化编程,并可根据应用场景的需要设置不同的功能。

此外，智能传感器具备存储大量数据信息的能力，并能做出相应的决策判断和加工处理，从而筛选出更有价值的数据并挖掘有效信息。在不同的传感器之间，也可以根据实际需求实现信息的交换。

在新闻报道方面，智能传感器极大地拓展了领域的可能性。例如，它们可以通过收集信息来判断地震发生的概率，监测人类难以到达的地方的数据，从而实现对该区域相关信息的报道；还可以通过捕获和分析用户的各种生理反应来评估艺术作品的受欢迎程度。这些特点使得一些原先无法预测或不便报道的事件和现象得以被报道，丰富了新闻报道的内容和形式。

2.3.1.3 大数据

简言之，大数据指的是庞大而复杂的数据集，其规模之大超出了传统数据处理软件的管理能力。这些海量数据可以用来解决一些以前无法解决的问题。

大数据具有"3V"特性，即 Volume（大数据量）、Velocity（高速度）和 Variety（多样化）。具体来说，大数据的数据量极大，可以实现对数据的实时处理和评估，且数据类型多样化。

大数据主要有三种类型：结构化数据、非结构化数据和半结构化数据。结构化数据包括一组定量数据，如年龄、地址、联系方式等，可以通过设定程序对其进行查询、排序等处理。非结构化数据由无组织的数据构成，分析困难，需通过程序转化为结构化数据或增加可读性、可解释性。半结构化数据则介于两者之间，如邮件的发送时间、接收时间等，尽管不完全结构化，但可以转化为结构化数据使用(Goel,2022)。

随着大数据的兴起，非结构化和半结构化数据类型，如文本、音频和视频，也日益增多，它们需要额外的预处理来派生含义并支持元数据。

大数据作为概念来说相对较新，但其起源可追溯到 20 世纪 60—70 年代的数据中心和关系数据库发展初期。2005 年左右，人们开始意识到 Facebook、YouTube 等在线服务产生了海量数据，同年 Hadoop 框架也被开发出来,有效降低了大数据处理的难度和存储成本。随后,大数据的数据量飞速增长,物联网的出现和机器学习的发展进一步推动了数据量的增长。云计算的推进为大数据分析提供了更强的可伸缩性,而图形数据库的重要性也日益凸显,它们能以一种快速全面的方式呈现大量数据。

2.3.1.4 云计算

云计算是通过互联网按需访问计算资源——应用程序、服务器(物理服务器和虚拟服务器)、数据存储、开发工具、网络功能,以及由云服务提供商(或 CSP)管理的远程数据中心。

与传统的内部部署 IT 相比,云计算可以帮助实现以下功能:

(1) 降低 IT 成本。降低和减轻了用户购买、安装、配置和管理自己的内部基础设施的部分或大部分成本与工作量。

(2) 提高敏捷性和时间价值。使用云计算,可以在几分钟内开始使用企业应用程序,而不是等待 IT 响应请求、购买和配置支持的硬件,并安装软件。它还允许授权某些用户,特别是开发人员和数据科学家,自行使用软件和基础设施。

(3) 更容易、更经济地进行扩展。云计算具有很大的弹性,可以根据流量的尖峰和低谷向上或向下扩展容量,不需在流量较少时购买闲置的多余容量。

云计算这个术语也指使用云工作的技术。这包括某种形式的虚拟化 IT 基础设施——服务器、操作系统软件、网络和其他抽象的基础设施,这些基础设施使用特殊的软件,可以不受物理硬件边界的限制而进行池化和分割。例如,一个硬件服务器可以分成多个虚拟服务器。

云计算一般分为公有云、私有云、混合云和多云。公有云资源可以免费访问,也可以根据订阅或按使用付费的定价模式出售。它能够提供高带宽网络连接,以确保高性能和对应用程序与数据的快速访问。公有云是一种多租户环境——云提供商的数据中心基础设施由所有公有云客户共享。在领先的公有云——亚马逊网络服务(AWS)、谷歌云、IBM 云、微软 Azure 和甲骨文云中，这些客户的数量可以达到数百万。私有云的云基础设施和计算资源都专用于一个客户，并且只能由一个客户访问。私有云结合了云计算的许多优点，包括弹性、可伸缩性和服务交付的便利性，以及内部基础设施的访问控制、安全性和资源定制。私有云通常驻留在客户的数据中心内，也可以托管在独立的云提供商的基础设施上，或者构建在租来的位于异地数据中心的基础设施上。混合云是公有云和私有云的结合。混合云通过组合公有云和私有云，并在它们之间进行一定程度的编排，使组织能够灵活地为每个应用程序或工作负载选择最佳的云，并随着环境的变化在两种云之间自由切换。这使得组织能够比单独使用公共云或私有云更高效、更经济地满足其技术和业务目标。多云是使用来自两个或多个不同云提供商的云。

虚拟化使云提供商能够最大限度地利用他们的数据中心资源。许多公司已经为他们的本地基础设施采用了云交付模型，以此实现最大的利用率，同时节约成本。

SaaS (Software as a Service，软件即服务)、PaaS (Platform as a Service，平台即服务)和 IaaS (Infrastructure as a Service，基础设施即服务)是三种最常见的云服务模型。

SaaS 也被称为基于云的软件或云应用程序，是托管在云中的应用程序软件，可以通过 Web 浏览器、专用桌面客户端或与桌面或移动操作系统集成的 API 访问和使用。SaaS 能够自动升级，防止数据丢失。

PaaS 为软件开发人员提供了随需应变的平台——硬件、完整的软件堆栈、基础设施，甚至开发工具，用于运行、开发和管理应用程序。通过使用 PaaS，云提供商将所有东西——服务器、网络、存储、操作系统软件、中间件、数据库——托管在他们的数据中心。

IaaS 以即付即用的方式通过网络提供对基本计算资源(物理和虚拟服务器、网络和存储)的按需访问。IaaS 使终端用户能够按需付费，减少了高昂的前期资本支出，避免了为适应周期性使用量高峰而过度购买资源。

2.3.2 技术层

2.3.2.1 计算机视觉

基于深度学习进行大规模数据训练,实现对图片、视频中物体的类别、位置等信息的识别。图像主体检测可以识别图像的场景、图像中主体的位置、物体的标签等。人工智能视频技术则能够提供视频内容分析的功能,对视频中的物体和场景进行识别并输出结构化标签。图像和视频技术在媒体中应用十分广泛,如内容分析、质量检测、内容提取、内容审核等。

2.3.2.2 智能语音

人工智能语音技术主要包括自动语音识别技术和语音合成技术,它是一种"感知"的智能。自动语音识别(ASR/AVR)是基于训练的自动语音识别系统,将物理概念上的音频信息转换为机器可以识别并进行处理的目标信息,如文本等。语音合成技术是通过深度学习框架进行数据训练,从而使得机器能够仿真发声。随着语音转换技术的日渐成熟,"语音—文本"双向转换技术在媒体中的应用成为可能。例如,将语音识别技术应用于采编环节,生成文本稿件并进行二次编辑。

2.3.2.3 自然语言处理

自然语言处理(Natural Language Processing,NLP)可以分析语言模式,从文本中提取出表达意义,其终极目标是使计算机能像人类一样"理解"语言。基于内容理解和NLP的写作机器人为记者赋能,可以模拟人的智能和认知行为,提高机器的"创造力",经过对大量数据的分析和学习,形成"创作"的模板,用人机结合的方式来强化记者的写作能力。

2.3.2.4 知识图谱

知识图谱,也称语义网络,旨在描述现实世界中存在的对象、事件、情况、概念,以及对象、事件、情况、概念之间的关系,这些信息通常存储在一个图形数据库中,并以图形结构的形式显示出来。2012年,知识图谱由谷歌率先提出,最初主要是为了提高搜索引擎的能力,改善用户搜索体验,随着技术的发展,如今已被广泛应用于智能搜索、个性化推荐、内容分发等领域(CSDN,2018)。

知识图谱由三个主要组件组成:节点、边(edge)和标签。任何对象、地点或人都可以是节点。边定义了节点之间的关系。知识图谱在人工智能领域有着广泛的应用,尤其是对智能媒体产生了巨大影响。通过提供与实体相关的信息,智能媒体可以高效地进行信息搜索、挖掘、处理,并为用户提供较为个性化的信息推荐与服务。

2.3.2.5 机器学习

机器学习(Machine Learning,ML)是一种自动建立分析模型的数据分析方法。它是人工智能的一个分支,其理念是:系统可以从数据中学习、识别模式,并在最小的人工干预下做出决定。随着可用于学习的样本数量的增加,算法的性能得到自适应的提高。

人工智能通过处理数据来做出决定和预测。机器学习算法使人工智能不仅可以处理这些数据,还可以利用这些数据学习并变得更加智能。机器学习主要有三种:监督学习、非监督学习和半监督学习。

三者划分的标准是训练样本中有无标签,若均有标签,则为监督学习;若均无标签,则为无监督学习;若有的样本带有不确定性,介于两者之间,则为半监督学习。例如,数据分类过程中,如果所有输入的数据均带有标签,则是监督学习。

2.3.3 应用层

2.3.3.1 信息采集

在前人工智能时代，新闻机构投入了大量的人力来收集、核实和理解信息，并进行新闻线索挖掘。

智能媒体则使用数据挖掘技术从数据中发现新的、有价值的重要信息。数据挖掘是以统计学、机器学习和数据库为基础，从数据中生产知识的过程，包括数据收集、数据清理、统计模型学习，以及模型的解释和应用，主要包括分类、回归、聚类、总结、依赖建模，以及变更和偏差检测。分类包括将数据项分配给一组预定义的类，如"有新闻价值"或"无新闻价值"。回归需要将一个数据项映射成一个预测的数值变量，如社交媒体中的某张图片的真实性与清晰性分数。聚类是根据数据的特点将其划分为一组类别。例如，今日头条会根据用户的兴趣来对内容进行分组。总结是以更紧凑的形式对一组数据进行描述。依赖建模则是指在不同的变量之间找到其内在的关联，发掘有新闻价值的信息。变更和偏差检测是对数据的质量进行评估(Diakopoulos, 2019)[37-49]。

数据挖掘通常是由机器学习技术来实现的。分类、回归、聚类、总结、依赖建模，以及变更和偏差检测大大提高了信息采集与新闻线索挖掘的效率。尤其是在类似社交网站产生的海量数据中发现和报道有价值的新闻事件。基于自动分析的触发器、警报和引导可以帮助记者将注意力转向可能具有新闻价值的事件。贯穿整个过程的是大量的编辑评估，包括对新闻价值、真实性和可信度的判断，不仅有助于记者发现新闻，而且还确保新闻的真实性。数据挖掘算法可以帮助编辑定位和评估，发现故事、检测和监控事件、做出预测、发现真相和策划内容(Diakopoulos, 2019)[37-51]。

在智能媒体时代,新闻已经不再仅仅局限于"狗咬人"的猎奇性,它取决于一系列因素,如个人爱好、组织定位、意识形态、文化、经济和技术力量等。即便如此,新闻也有一些共性要素,如时效性、重要性、显著性、接近性、趣味性等。不同的报道领域,如调查性新闻或突发新闻,在选择报道时可能会以不同的方式权衡这些价值观的重要性。此外,故事需要符合传媒机构的定位和报道重点,且满足受众的需求。不同传媒机构与从业人员的报道倾向,可以使用不同的方式进行数据挖掘。例如,如果是调查性新闻,可以在数据中寻找关联,发掘人与事物之间的内在联系;如果追求爆炸性新闻,可以使用分类法。总的来说,数据挖掘使新闻具有"排他性"的价值,因为它允许记者以更多的方式发现和披露新闻报道,它还放大了"量级"的新闻价值,因为它寻找范围更大的故事的能力也提升了。

路透社推出一款名为"追踪器"(Tracer)的社交监控工具,它能够帮助记者大范围追踪社交媒体。Tracer 提供了一套数据挖掘算法,为记者提供了一个交互式用户界面。该算法监控和过滤来自 Twitter 的推文样本,通过对可能与同一件事有关的推文进行分组和事件检测,使用文本摘要对这些聚类进行标记,根据新闻价值预测为事件打分,然后对事件的准确性进行评级。记者也可以有针对性地操作该工具,如记者可以设置该工具来监测与"俄乌冲突"主题相关的事件,一旦有最新信息,该工具将向记者发出信号。记者可以对事件进行进一步核实,以决定是否发表。Tracer 能够处理大量的推文,每天过滤大约 1200 万条推文,将这些推文聚集到大约 16000 个事件中,然后根据新闻价值预测进一步筛选约 6600 条推文。在速度方面,该工具具有竞争优势,它比当地媒体早 2 分钟检测到 2016 年布鲁塞尔机场的爆炸案,比路透社发出标准警报的时间早 8 分钟,比 BBC 报道此事的时间早 10 分钟。对 31 个事件的评估发现,该工具能在 84% 的案例中加快路透社新闻抢发的速度。这一工具引导路透社记者关注突发新闻事件,通常让他们在报道中抢先一步,并提供有关事件真实性的有利提示。不过,Tracer 程序是有漏洞的,鉴于针对新闻价值的判断带有很强的主观性以及统计上的不确定性,Tracer 并不能确保百分百筛选出高质量新闻

(Diakopoulos,2019)[52-53]。

数据挖掘为新闻发现、事件检测、预测、验证和管理提供了机会。路透社的 Tracer 在 84% 的事件中提高了新闻预警速度,它在突发新闻信息方面的竞争优势很有价值。《华盛顿邮报》特意部署了 Modbot 来管理文章评论,让记者有更多时间去挖掘、采访更有价值的新闻(Diakopoulos,2019)[65-68]。

2.3.3.2 内容生产

2016 年,瑞典本土传媒公司 Östgöta media 推出一个名为"Klackspark"的网站,使用自动化软件编写算法,获取关于足球比赛的结构化数据,然后自动编写并发布球赛信息。其主要构成要素有谁进了多少球、这些球队的发展史和联赛排名。这种自动化操作使得该网站的新闻发布速度快于当地媒体。

自动文本生成的基本前提是获取数据库或电子表格中的结构化数据,并使用一种算法将该数据转换为书面文本,这个过程称为自然语言生成(Natural Language Generation,NLG)。自然语言生成较简单的一端是基于规则的技术,也就是说,有预先编写的模板,其中根据手工制作的规则从数据集中动态插入数字。例如,地震新闻机器人可以提前预设好新闻模板,当其检测到地震信息时,能以最短时间填充好数据,发布地震信息。《洛杉矶时报》的地震机器人 Quakebot 可以自动报道地震,并快速生成和发布预警。更高级的模板包含很多规则集,这些规则集结合了语言知识,促进了更复杂和动态的文本生成。

自动化内容生产不仅限于书写文本,还可以处理结构化数据之外的各种输入,包括在线激增的各种非结构化文本、照片和视频。然而,在进行处理前,这些素材通常必须先被转换为更结构化的数据。算法提取语义、标记或注释,然后用于构造和指导内容生产。对于文本,这涉及自然语言理解(Natural Language Understanding,NLU);对于图像或视频,这涉及计算机视觉。例如,Wibbitz 是一个半自动视频制作系统,它使用计算机视觉来识别输入的照片和视频中的人脸,并对其进行裁剪。德国《明镜》周刊和路透社等传媒机构均已尝试使用数据可视化技术,以增强文章的可读性(Diakopoulos,2019)[90-100]。

截至目前,在天气预报制作方面,自动化机器人介入已有 20 多年,在金融分析与市场趋势预测方面,彭博社也已经进行了 10 多年的尝试。2011年,《福布斯》推出了使用叙事科学技术的企业盈利报表。2014 年,美联社也开始发布企业盈利报表。2015 年,法国《世界报》采用了自动化写作技术来帮助报道法国的选举结果。2016 年美国大选之前,选举预测网站 PollyVote 使用了自动化技术,对选举投票进行报道。现如今,传媒机构已经或正在金融和体育等多个领域使用人工智能技术。ProPublica 和《洛杉矶时报》开始在教育、犯罪和地震报道等领域做了成功尝试。瑞典的 MittMedia 自动撰写有关当地房地产交易的文章。《华盛顿邮报》和今日头条等已经实现常态化文章的标题自动化写作(Diakopoulos,2019)[90-100]。

无论是加快生产速度、提高准确性,还是实现新型的个性化、自动化内容生产在新闻领域都有着巨大的潜力。《华盛顿邮报》发现,自动生成的文章可以带来大量的点击量(Diakopoulos,2019)[96-97]。在中国,新华网创建了一个自动足球视频亮点系统,并在 2018 年世界杯期间部署了该系统。其制作的 37581 个视频,包括进球亮点和教练反应等内容,总点击量超过1.2 亿。

2.3.3.3 内容分发与互动

以算法为核心的智能推荐系统,重构了媒体内容分发的模式。通过对用户画像的精准分析,算法能够从海量内容中过滤出用户喜欢的内容,实现用户与信息的高效连接,满足用户的多元化、个性化需求(周开拓 等,2020)。今日头条的算法能够根据用户的喜好,快速推荐相关内容。凤凰新媒体客户端在使用智能推荐技术后,每天的曝光内容从 5000 条飙升至 120

万条;知乎也通过智能推荐技术将内容分发量提升200%,人均停留时长提升45%,点击率提升25%(周开拓 等,2020)。推荐算法是整个智能推荐系统中最核心的部分,大致可分为基于流行度的算法、基于内容的算法、协同过滤算法和基于模型的算法(表2.1)。

表2.1 推荐算法的主要类型

类 型	原 理	备 注
基于流行度的算法	根据用户浏览量、活跃度、分享率等热度来排序,将内容推荐给用户	知乎热榜、微博热榜、新闻热榜,适合新用户,无法给用户提供个性化推荐
基于内容的算法	根据用户过去的喜好,给用户推荐	可以很好地解决冷启动问题,但可能会失去推荐内容的多样性
协同过滤算法	通过用户的浏览、消费等记录、分析各个用户对物品的评价,据此计算出所有用户之间的相似度,选出与当前用户最相似的N个用户,将这N个用户评价较高且当前用户未浏览过的物品,推荐给当前用户	可分为基于用户的协同过滤和基于物品的协同过滤
基于模型的算法	包含有关联算法、聚类算法、分类算法、矩阵分解和神经网络	基于模型的算法快速、准确,适用于新闻、广告等实时性要求较高的业务

在互动方面,机器人通常以高效的社交代理的形式在聊天应用程序和社交网络平台(如Twitter、Facebook)中出现,并催化新的互动。当然,社交机器人也有不好的一面,如可能被用来制造垃圾邮件,进行虚假的政治宣传,影响竞选活动等。

聊天机器人(chatbot)指的是一种计算机算法,它能使用自然语言和人类进行对话,并提供比其他方式更丰富的对话体验。新闻机器人拥有用户界面，人们能够通过自然语言对话访问内部信息或向其提问、委派任务。这些机器人可以通过对话互动提供天气、交通及其他信息服务。为了在用户会话界面中保持持续的流畅交互，机器人必须在分析能力（如推理、交流处理或分析知识）和内容制作能力（如创建适当和有意义的提示或响应）方面表现出高度的自主性，部分机器人甚至会主动对话，促使用户进行信息咨询。

在人机混合系统中，人类负责复杂的沟通、专家思维和微妙的上下文判断，因此也常常能够克服机器的局限性。但是，机器人不应该仅仅被认为是面向任务的接口。事实上，对于许多任务来说，图形用户界面可能更高效，或者由于各种原因更可取，包括较低的记忆需求、易于指向和点击以及即时的视觉反馈。另外，非任务导向的机器人也可以被视为一种内容形式，为互动媒体体验提供一种全新的模式。它们可以娱乐，帮助打发时间，回应和回答问题，并提供一定程度的社交互动，超越了典型的人机界面的任务导向。例如，《卫报》的脸书助理厨师机器人会向用户推荐食谱，英国《时尚》（Vogue）杂志时装周的机器人会向用户提供用户最喜欢的服装品牌的个性化信息。从识别和分享有新闻价值的事件，到在危机期间传播信息，新闻机器人已经被证明在许多新闻场景中有用。不过社交机器人也常常被用来塑造用户看法、散布虚假评论、误导注意力等（Diakopoulos，2019）[129-140]。

在新闻领域，最直接的机器人应用是作为传播信息内容的渠道。用户可以将社交机器人视为可信的信息来源，使它们成为新闻机构可信内容的潜在有用载体。在社交媒体 Twitter 上，大约有四分之三的机器人是信息传播者。同样，在 Facebook 上，2016 年初出现的首批机器人基本上被用来聚合信息。

除了传播内容和信息，机器人的对话功能也为以交互方式向用户通报新闻提供了新的可能性。机器人作为"一对一"体验的聊天界面，提供了个性化并单独调整传递给每个对话者信息。新闻机构正在积极部署应用于政治领域的聊天机器人。例如，2017 年初《得克萨斯论坛报》推出了一个名为"佩奇"的 Facebook 聊天机器人，旨在让用户更容易关注美国得克萨斯州的政治。近年来，ChatGPT等大型对话AI系统的出现，为媒体应用对话机器人带来了新的契机。ChatGPT可以根据用户需求，生成符合语言习惯的回复，实现更加人性化的交互。一些媒体已经开始探索与ChatGPT的结合。例如，英国大型报业集团《每日镜报》和《每日快报》的出版商Reach正在探索如何利用ChatGPT帮助记者撰写短篇新闻报道，并进行精准分发。依托清华大学研发团队成立的智谱AI亦在寻求与新闻机构的合作，实现大语言模型在该领域的落地。可以预见，未来会有更多媒体与ChatGPT等对话AI合作，通过语音对话的方式，为用户提供个性化的新闻服务和交互体验。

2.3.3.4 媒资管理

随着技术的进步与业务领域的不断拓展，广播电视机构拥有海量的视频、音频、图片、文字等素材。这些累积的资源是传媒机构的核心竞争力与生存之基。然而，如何科学管理、使用这些素材成为一个难题。首先，物理存储空间太大；其次，人工编辑审核效率低，素材检索不方便。面对这些问题，现代传媒机构纷纷选择引入人工智能技术，建立现代化的媒体资产管理系统，便于视音频、图片、文字的采集、存储、检索和再利用。主要内容包括媒资入库智能编目、智能出库审核和基于标签的节目检索等业务。

在媒资入库智能编目方面，主要使用的是人脸识别技术、语音识别技术、光学字符识别技术和自然语言处理技术。

人脸识别技术能够识别并标记输入图像、视频中的特定人物、时码位置等，完成人物的聚合展现、时码排序和敏感类型的标记，可快速、准确地识别出敏感人物及事件，精准定位素材片段，准确度可以高达98%，节约了大量人力成本。

语音识别技术能够将纯音频、视频内嵌音频转化成文字，提高发稿速度，文本内容也能快速转化为音频。

光学字符识别技术能够对多种格式的图片和视频中的多语言文字、标点符号进行识别、提取,转换为文本信息。

自然语言处理技术可以处理文档类资源、音视频节目的语音转译文本内容、光学字符识别技术识别的内容,将上述人工智能处理后的数据文本,按照预设的分类体系进行自动分类,同时可将文本内容进行分析处理,形成人物标签、时间标签、地点标签、内容标签及摘要,并对标签内容进行去重、排序及分类,对海量碎片数据进行清理与治理,将其作为入库节目的元数据进行自动化填充(廉士勇 等,2022)。在媒资出库智能审核方面,主要是使用人工智能技术对敏感词和敏感人物进行检测,自动匹配敏感词库,并发出预警。在智能检索方面,系统会提供一些预设好的标签作为检索条件供用户使用。

2.3.3.5　内容风控

技术的赋能使得新闻的制作与传播的门槛大大降低,信息的数量级也呈爆炸式增长,对输出内容的管控变得尤为重要。近年来,从中央到地方都颁发了诸多制度措施,强化对网络内容的监管和对平台内容发布的审核。内容风控在前人工智能时代主要以人工审核为主,现在的通用做法是引入人工智能技术,进行文本内容检测、涉政敏感检测、视频内容审核、图片内容检测、图像反黄检测等。以澎湃新闻为例,从2013年上线并飞速发展到现在,人工审核体系已经不能满足每天成千上万条内容产出的需求。通过自主研发,澎湃新闻推出具有24小时7天不间断的智能监控平台,配合人工审核团队,实现对内容的实时管控与处理。澎湃新闻依据近十年在时政新闻方面的积累,充实并不断更新专业敏感词样本库。此外,澎湃新闻还与头部企业、科研机构合作,对内容风控智能平台进行持续升级优化。当然,尽管人工智能技术在其中发挥着重要作用,澎湃新闻还是保留了一支专业化、经验丰富的审核团队,对内容进行复核。

2.3.3.6 效果反馈

使用人工智能技术,收集涉及用户行为的海量数据,通过追踪传播路径,分析数据内容,进而调整传播内容与方式,提升传播效果。

最初,传媒机构通过填日记卡、问卷调查与电话调查的方式来获取收视率、收听率等信息,进而对传播效果进行分析。这样做存在的问题有:一是必须确保样本在地域、年龄、教育层次分布等各方面具有代表性,否则将影响调查结果;二是被访者必须完全配合调查,如果随意勾选选项,或带着某些主观情绪回答问题,则会使调查有一定的偏向性;三是某些客观原因可能影响调查结果,譬如用户记性不好,无法每天坚持填涂日记卡,只能凭借感觉补充信息等。

智能效果反馈机制则克服了上述缺点。当下的很多平台媒体,如今日头条、百家号等,能够根据话题量的热度、文章的阅读量、用户的观看时间等来判断信息的受欢迎度。这种效果反馈不受主客观因素影响,能够较为准确、真实地反映结果。智能传感设备能够更进一步,通过捕捉面部表情、身体数据,深入人的生理层面进行效果监测。例如,Affectiva 是一家研究 AI 情感识别技术的科技公司,能够对用户的面部表情进行扫描,通过建立的多个识别点扫描面部状态,来了解用户的情绪。

2.3.3.7 舆情分析

舆情指的是在特定的时空背景下,大众对特定人物的行动或社会事件的发展和转变所表现出的总体态度。能够引发舆情的事件一般为社会热点,与民生息息相关,能够在短时间内大范围、高强度发酵,关乎社会稳定,因而,对舆情进行监测、分析,进行预测、预警、研判,并及时处理,显得尤为重要。以网络舆情监测为例,主要分为两种——人工搜索和智能搜索。随着网络信息的爆炸式增长,单纯依靠人工搜索存在很大的困难,而且无法对信息追根溯源,对舆情危机也无法及时应对。智能搜索通过语义分析、关键词句识别等智能技术,对信息进行全天候监测;能够实时地采集敏感词、敏感句、收集信息的转发量、点击率、评论量等,提供全方位舆情动态。

人民网舆情数据中心是中国最早从事互联网舆情监测与研究的机构之一,其前身是人民网舆情监测室,于 2008 年成立,目前与很多互联网企业以及地方媒体合作,开展大数据舆情研究业务。新浪舆情利用人工智能技术,根据用户需要,全天候进行全网数据的获取、清洗、监测、分析与预警。相较于人工模式,AI 舆情系统的优势在于:一是对文本类信息进行快速分析,进行话题分类、内容识别,甚至是情感分析;二是对音视频与图片类信息进行人脸识别、物体识别、文字识别等。

2.3.3.8　媒体经营

智能技术的助推,使得传媒业开始建构多元商业模式。除了对内容方面的拓展以外,智能技术还助力建立健全智能营销服务体系,以 AI 匹配、效果数据监测、舆情分析、海量媒体资源等维度为支撑,挖掘更多的流量变现与商业机会。尤其是在广告投放方面,它能够找到潜在客户,进行精准匹配。例如,《华盛顿邮报》推出的一款名为 Own 的广告产品,能够帮助客户推广、投放广告。该项服务主要是针对那些不想付高昂的广告费给媒体,但想进行品牌推广的商家。因为减少了前期投入成本,又提高了广告投放率,增加了品牌知名度,该项服务获得了很多商家的青睐。百度全意识整合营销数字平台(Baidu Omni Marketing)是专门为代理商和品牌主提供定制化服务的营销平台,于 2018 年在戛纳广告节上重磅推出。它能够利用人工智能技术与大数据,刻画用户画像,识别用户意图,进行精准营销。

2.3.3.9　版权保护

利用 AI 技术可以实现对新闻内容的全平台全链路版权保护,通过全网内容识别、对比,实时计算出内容相似度,进行版权保护。其内容包括文字、图片、视频等多种形式。早在 2009 年,美联社就宣布成立新闻注册系统。

该系统对美联社的新闻报道进行标记并跟踪,确保其版权不受侵犯,保护其合法权益。2017年,阿里巴巴文化娱乐集团联合阿里巴巴达摩院共同成立"鲸观"视频版权服务平台。该平台可以全网扫描视频内容,利用人脸、物体、场景、语音等智能识别技术,提取视频内容中的有效信息,快速定位侵权视频,解决视频领域的维权问题。

第 3 章
中国智能媒体的发展主体与模式研究

3.1 发展主体分析

当下智能媒体在中国的发展主体主要有传统传媒机构、平台型媒体、研究与教育机构、自媒体等。智能媒体作为技术手段、实践工具,助力媒体融合及传媒生态重构。

3.1.1 传统传媒机构

3.1.1.1 顶层设计引领,四级媒体融合纵深布局

"十四五"规划明确指出当前媒体深度融合战略的方向和目标,即"推进媒体深度融合,实施全媒体传播工程,做强新型主流媒体,建强用好县级融媒体中心"。加快推进全媒体传播体系建设,事关媒体融合事业的高质量发展,改革发展的重心正逐步由产品创新转向业态转型、体系与生态建构。

2020 年,中共中央办公厅、国务院办公厅印发的《关于加快推进媒体深度融合发展的意见》提出媒体深度融合发展的总体要求,完整提出要建立以

内容建设为根本、先进技术为支撑、创新管理为保障的全媒体传播体系,"推进媒体深度融合"被纳入《中共中央关于制定国民经济和社会发展第十四个五年规划和二〇三五年远景目标的建议》(曾祥敏 等,2022)。

1. 央媒引领,省媒深耕,市媒跟进,县媒发力

(1)央媒引领。在与省媒的联动方面:一是央媒加强与省媒在内容资源共享、技术共融、传播平台和渠道互通中的联系,如新华网客户端与闪电新闻客户端深度合作,协同构建四级融媒体一体化智能媒体资源平台,联合发起"百年百城·建党百年寻声"项目等;二是央媒不断加强地方站建设,如中央广播电视总台计划在全国各省(自治区、直辖市)均设立地方总站以加强融合联动,在2021年4月至7月间,重庆、浙江、河北、北京、山东、天津6处地方总站陆续揭牌,甘肃总站、河南总站等在建设中。在与县媒联动方面,人民日报社、中央广播电视总台等央媒通过搭建平台,邀请县媒入驻矩阵号、使用云平台、打造全国县级融媒体智慧平台等路径,实现与部分县媒的点对点联动(曾祥敏 等,2022)。

(2)省媒深耕。省媒基于省级云平台加强与内部各市、县、乡镇、社区的"花式联动",包括一体调度、内容共享、数据互联、技术互通、政务服务矩阵聚合、文明实践平台服务、举办线下活动等。如山东闪电云平台构建了省市县三级媒体共用的"媒体大脑""指挥中心"和"内容中台";新甘肃云省级指挥平台建立覆盖全省的指挥调度地图,以实时掌控市县扶贫新闻和动态;湖北长江云按照省、市、县、乡、村五级架构开发长江云新时代文明实践平台;浙江天目新闻通过举办温州龙湾区拍客大会、建立天目融媒体学院台州(黄岩)学院等线下活动加强市县融媒联动、宣传与培训(曾祥敏 等,2022)。2023年初,由浙江日报报业集团、浙江广播电视集团、浙江出版联合集团、浙江省文化产业投资集团四大省属文化集团共同发起的传播大脑科技公司亦是省媒旨在通过技术驱动媒体融合的创新实践。

(3)市媒跟进。作为连接央省市县全媒体传播体系的中间一环,市级媒体的融合之路在政策支持、机制建构、融合生产、人才技术、平台合作上都

处于弱势。市媒的破局之道主要是聚焦自身的优势和差异发展,并通过优势省县资源的两头带动,在技术接入、机制借鉴、内容联动上加速进入全媒体传播体系建设。例如,成都广电神鸟知讯客户端围绕时政社交党媒定位,在新闻、政务、文创产业发力,吸引超过 1500 个成都社区集体入驻;长沙市不断升级聚合政务、公共和社会服务、融媒体资讯于一体的"我的长沙"客户端;芜湖市整合《芜湖日报》、芜湖广播电视台新媒体资源打造"今日芜湖"客户端,下载量超 150 万;鄂州市融媒体中心纳入湖北省市级融媒体中心建设样板工程等(曾祥敏 等,2022)。

（4）县媒发力。自 2018 年的全国宣传思想工作会议提出要建设县级融媒体中心以来,县级融媒体中心的建设持续有序推进,2020 年底基本实现县级融媒体中心在全国的全覆盖。为了打通媒体融合纵深发展的"最后一公里",党中央不断加强县级融媒体中心顶层设计和战略规划,出台了一系列文件政策规范县级融媒体中心及省级平台建设。2020 年 9 月,中共中央办公厅、国务院办公厅印发的《关于加快推进媒体深度融合发展的意见》提出,要从体制机制、政策措施、流程管理、人才技术等方面推动媒体融合并向纵深化发展的要求;同年 11 月,国家广播电视总局发布《关于加快推进广播电视媒体深度融合发展的意见》。两项有关媒体深度融合顶层设计的政策,成为指引中国主流媒体融合转型的基本方向与典范。

至 2022 年底,全国已有 2500 多家县级融媒体中心完成中宣部的验收并挂牌运行,其中近 80% 获得了广播电视部门颁发的行政许可。广播电视播出机构和信息网络传播视听节目许可的获批让县融媒体中心有了资质,确保其在合法的轨道上充分发挥新闻媒体作为党和政府联系群众的桥梁纽带作用。县级融媒体中心建设发展阶段,涌现出诸多典型案例(表 3.1),如安吉模式、寿光模式、昆山模式、蒙城模式等(赵珊珊 等,2022)。

表 3.1　县级融媒体发展模式典型

模式	战　略	具　体　举　措
安吉模式	浙江安吉县于 2014 年开启了一项领先的媒体融合项目。通过联手县新闻宣传中心（即当地的报社）和县政府机关信息中心，共同创办了安吉新闻集团。这一集团汇集了县内广泛的媒体资源，涵盖了广播、电视、内部刊物、官方网站、楼宇广告、大型城乡屏幕、官方社交媒体平台以及自主研发的移动应用等	安吉新闻集团以"媒体＋互联网＋"为核心，积极推进智慧信息产业的发展。其中，安吉新闻集团与应急管理部门合作，为县公共危机应急指挥中心提供技术支持，使得如"村村通"数据光网、"村村用"信息平台等多种数据资源得以整合。其目标是为安吉县打造一个高效、智慧的应急响应体系，确保在各种紧急情况下，都能够为民众提供准确、及时的信息和服务
寿光模式	为更好地服务菜农，寿光市融媒体中心巧妙地采用了"菜为媒"的策略，构建了一个结合线上线下、广播电视与纸质及数字媒体的综合性融媒体平台	创立蔬菜专业报纸《北方蔬菜报》，并率先在县级电视台开设了专注于蔬菜的电视频道，其中涵盖了 4 档与农业密切相关的节目以及各类线下活动。创建了 1 个视频云学校，每年邀请超过 20 位农业专家在线直播，与农民分享专业知识和经验
昆山模式	昆山市融媒体中心（昆山传媒集团）是昆山日报社与昆山市广播电视台的集合体，目标是为本地搭建一个统一而全面的媒体平台。为了确保有效的整合和运作，该中心建立了高层次的协调领导小组，制定了一系列的创新政策，并对组织架构进行了重构和优化，把"第一昆山"App 作为昆山本地新闻和资讯的首要发布渠道	充分利用其平台优势，成功举办了一系列具有影响力的活动和项目，如"昆山之路"、政协问政、消费券发放，以及中国与东欧国家合作的新春晚会和"'双十二'苏州购物节"，承办昆山市作风建设表彰大会、市民文明 12 条推广活动、党员教育公开课等项目

续表

模式	战略	具体举措
蒙城模式	采取"媒体＋政务＋服务＋商务"的运营策略,将"广电＋乡村治理"综合服务平台作为融合发展的核心驱动力	承担蒙城县的视频数据传输工作,而且为全县的8470个视频监控摄像头提供了网络租赁服务;与多个政府部门合作,为"雪亮工程"、城乡环保监控以及省道智慧交通项目等提供了稳定且高效的网络服务;在与安徽省统一的政务服务移动App"皖事通"对接后,蒙城县融媒体中心提供一系列的政务服务,如出入境、就业创业、行政缴费、户籍办理等,真正做到了"一站式"为民服务

2. 智能技术推动媒体融合横向到边与纵向到底

(1) 技术赋能一直是媒体转型升级的支撑和探索重点。以5G、人工智能为代表的媒体"新基建"重塑了传媒生态,移动直播、全息成像、机器人生产、"云连线"等新样态新模式不断涌现,并且成为常态。在近年的全国两会报道中,5G与人工智能技术成为各大媒体标配,贯穿两会报道各环节,体现了媒体以先进技术为支撑的深入贯彻与切实转型。《人民日报》通过5G云连线打造系列节目,新华社、中央广播电视总台采用5G快传技术传输现场信号。地方媒体也紧跟步伐,黑龙江广播电视台搭建5G、AI远程交互式虚拟演播室,首次采用异地同场景虚拟访谈形式;《四川日报》推出"川观新闻·5G消息两会通",基于5G、AI技术,以原生短信为入口,支持发送包括文本、图片、音视频、小程序、服务交互等在内的多媒体内容;《河南日报》开启两会5G云直播进行融媒报道等(曾祥敏 等,2022)。

(2) 智能技术重构用户体验。主流媒体在新媒体内容生产中逐渐尝试将智媒技术"混搭"起来,实现场景化的沉浸体验。例如,新华网短视频创意MR艺术舞台秀《舞动"十四五"》,通过运用混合现实(Mixed Reality,MR)实时渲染虚拟引擎、动态捕捉、运动控制系统、分身克隆等技术,使舞蹈演员与一组组数据一同在音乐声中翩翩起舞,开创了数字视觉呈现的新表达模式;中央广播电视总台 2022 年 6 月推出的大型沉浸式数字交互空间《三星堆奇幻之旅》,创新性地将三星堆考古发掘大棚、三星堆数字博物馆以及古蜀王国等场景,通过实时云渲染技术,为用户提供全新的沉浸式体验,实现"大屏小屏与 AI"实时融合(曾祥敏 等,2022)。从《唐宫夜宴》出圈开始,河南卫视又陆续推出《元宵奇妙夜》《端午奇妙游》《七夕奇妙游》《中秋奇妙游》等系列节目。在这些特别策划中,河南卫视使用了 5G、AR、AI 等技术,让虚拟场景和现实舞台结合,给观众一种身临其境的感觉。人民日报社新媒体中心推出的互动体验馆"复兴大道 100 号"以场景化、沉浸式体验展现中国共产党的初心使命,线上稿件和产品总阅读量超过 10 亿人次(人民网,2022)。

(3) 智能技术推动媒体"大"融合。智能技术在传媒领域的广泛应用使得媒体融合已经不仅仅局限于层面,而是省市县大融合、区域性大融合。在该方面最早进行探索的是浙江省。如前所述,传播大脑科技公司围绕浙江省市县媒体技术一体化发展战略,整合文化传媒机构间数据、技术、运营等资源,尝试建立浙江省内"横向到边、纵向到底"的传播体系(中国新闻网,2023)。该种技术驱动型创新尝试将推动中国的媒体融合进入新的阶段。

3.1.1.2　多路并进构建智能传播生态

1. 搭建 AI 中台系统

搭建 AI 中台系统,实现一体高效管理。近年来,智能中台是媒体行业进行数字化转型的"新基建",主流媒体纷纷入局,尝试打造技术中台、业务中台、数据中台、AI 中台等,全面优化媒资生产、管理、消费等环节。

例如,央视网近年就在进行数据中台、安全中台建设;湖南广播电视台则借助集团整体数字化建设主导组织变革,通过搭建数字中台管理系统,推动企业资产财务、人力资源、产权管理、版权管理、审计分析等集团管控信息系统的集成应用;四川封面传媒基于智媒云搭建了双中台——业务中台与数据中台,共同支撑起智媒云上层的应用和产品矩阵;山东闪电新闻则将闪电云平台作为全台的技术后台、内容中台和外联总台,实现一体化运作;浙江日报报业集团重点建设具备"1+6+39+X"能力体系(即1个基础数据能力体系、6类智能体系、39项智能服务能力和X项个性化扩展能力)的全媒体智能中台等(曾祥敏 等,2022)。

2. 尝试"新闻+政务/公共服务/商务"多样化运营模式

(1)新闻+政务方面。随着媒体区域云平台建设的不断完善,地方媒体接入或与政府共建政务垂直内容成为主流媒体参与社会治理的主要表现形式。提供新闻信息的主流媒体新闻客户端基本参与了政务功能建设。其核心板块有政务公开(如发布最新政策)、政府专栏(如对接政府官网)、政府信箱(如提出行政管理建议)、问政投诉、接诉即办等(曾祥敏 等,2022)。例如,人民日报新媒体推出"红色旅游景点预约平台",让游客在便捷服务中感受红色旅游魅力;联合教育部高校学生司、国资委新闻中心推出第二季"筑梦青春"高校毕业生云招聘系列活动,以行业专场招聘直播形式为毕业生提供校招岗位投递渠道与求职指导(人民网,2022)。广州市广播电视台与广州市公安局交通警察支队达成合作意向,与广州市车管所合作开发"网上车管所"服务,在"花城+"App首页设立"广州车管"专属页卡,将广州市车管所30多项高频业务的办理指引、视频材料、信息共享链接、业务办理链接等信息重新进行媒体化呈现,引流全市580万汽车在册等级用户在"花城+"App办理业务。2021年,广州番禺融媒体中心联合区委组织部开发党员线上课程直播系统,开通"两新"党建直播间,全年举办直播党课10场,全区有超过8万人次党员、群众在线观看了活动直播(方晴,2021)。

(2)新闻+公共服务方面。疫情促进了数字医疗、在线教育等快速发展,其也成为主流媒体公共服务功能布局的重点(曾祥敏 等,2022)。2021年,广州市广播电视台联合市教育局开设教育服务项目"广州电视课堂",通过提供课程录制、平台搭建、宣传推广、网络运维服务,让广州广播电视台视频客户端"花城+"成为"另一个课堂"。"广州电视课堂"共录制播发基础学科课程3614节,观课量达12.64亿人次。今年,双方在"广州电视课堂"的基础上继续深耕,联合打造了"广州空中课堂",提供学习交互、学情分析等服务,同时还为西藏波密5000多名中小学生开设"波密空中课堂",推动信息技术与教育教学工作的深度融合(方晴,2021)。

(3)新闻+商务方面。主流媒体积极尝试多种商务模式。当下,直播带货异常火爆,但是主流媒体在该领域还是多以公益为主,并未与商家联盟,而是集合多方力量进行互动。从传统的电视购物转向直播带货,改变的不仅仅是规则,主流媒体还需要注重社会责任。2022年4月至5月期间,沈阳日报社成功举办了三次5G在线直播活动。从深入通用技术沈阳机床的实地探访到线上招聘会,再到沈阳市的"金融助企融资"专题直播,它们不仅仅是通过直播推介商品和提供就业机会,更在一定程度上推动了企业的复工复产。这些直播活动吸引了超过300万人次的观众,除了为沈阳日报社带来了直接的经济回报,更是证明了主流媒体在探索新商务模式时,依然能够为社会做出有益的贡献(詹德华,2022)。

3. 创新组织模式,探索融媒新形式

(1)传媒机构正积极探索创新的组织模式,专业化的融媒体工作室应运而生,覆盖各个垂直领域,呈现出百花齐放的态势。如人民日报社已经设立了46个融媒体工作室,其中不乏以时政新闻为主题的"侠客岛"、专注财经报道的"麻辣财经"等知名品牌。这些融媒体工作室不仅丰富了人民日报社的内容体系,也加强了与读者之间的互动与连接。另一个具有代表性的是安徽广播电视台。从2019年4月开始,该台积极筹建融媒体工作室,仅在短短几年时间内,通过严格的年度评估和动态管理,成功孵化出110家融媒体工作室。这些工作室涵盖了从健康领域的"医道健康工作室"到直播电商的"嘻哈搜货工作室",再到利用主持人的知名度打造的"安徽卫视明星主播工作室",展现出了省级媒体在新媒体时代的多元化发展和创新精神。

(2)发力多频道网络(Multi-Channel Network,MCN)实现公司化转型。2020年中国短视频市场规模达1408.3亿元,2021年为2916.4亿元,近年短视频平台不断探索商业模式,也刺激着主流媒体的市场化转型。MCN即多频道网络,被定义为一种向视频内容创作者与广告商提供订阅用户增长、内容规划运营、商业变现的营利机构(王宇明,2020)。MCN有助于传统传媒机构实现、应用、产品的全方位智能化升级,在内容端推进供给侧改革、在渠道端实施全渠道战略、在消费端以用户为核心。例如,山东广播电视台与抖音合作共建省级媒体MCN平台"Lightning TV",通过聚合全台各频道、栏目、主持人资源,深耕垂直IP内容,实现多渠道智能分发,精准服务多平台用户。基于人工智能技术,MCN能够掌握用户的喜好与个性化需求,结合不同传播渠道的特点,推出定制化内容(王宇明,2020)。继达人型、垂直型、共建型、产业型等广电MCN业态后,安徽广播电视台的"AH SPACE"构建了场景型广电MCN。AH SPACE不仅是网红基地,也是一个与产业、市场、平台嫁接的连接器(曾祥敏 等,2022)。

3.1.2 平台型媒体公司

平台型媒体这一概念来源于美国。2014年2月7日美国人乔纳森·格里克在《平台型媒体的崛起》(Rise of the Platishers)一文中,正式提出了"Platisher"这一概念,该词由"Platform"(平台商)和"Publisher"(出版商)两词组合而成,与传统传媒机构相对应,由新闻业外部力量开发(王斌,张雪,2022)。平台型媒体既拥有媒体专业属性,又是面向用户开放的数字内容实体。这种平台型的媒介打造了一个良性的平台,向所有的内容提供者、服务提供者开放,无论是组织机构还是个人,均能够在平台上发挥出最大价值(马立德 等,2021)。

平台媒体可以分为两类:一是由互联网科技公司转型而来的衍生型平台媒体(王斌,张雪,2022)。例如,门户网站具有强新闻属性,原本就主打内容为王,依靠提供优质的新闻内容生存。进入智能媒体时代,门户网站纷纷引入智能写作技术、算法推荐机制、内容审核机制等,实现了从传统新闻平台向智能平台的转变,新浪新闻、网易新闻是其中的典型代表。二是互联网科技公司打造的原生型平台媒体(王斌,张雪,2022),如今日头条、抖音。该类平台具有弱新闻属性,更强调互动、服务与社交。科技企业主导的互联网平台型媒体属于民媒(表3.2),与党媒有着本质的不同,其运作的主要目的是追求经济效益(马立德 等,2021)。

表3.2 科技企业主导的互联网平台型媒体发展历程

阶 段	时 间	特 征 及 案 例
第一阶段	2008年之前	互动性相对较低。代表案例如天涯社区、猫扑、西祠胡同等的BBS类型产品,以及例如新浪博客、网易博客这样的博客平台
第二阶段	2008—2016年	在移动通信方面获得了显著的进展。2009年,新浪推出了微博服务;2012年,腾讯发布了微信。这些平台基于社交网络,使得人们可以通过移动设备随时随地地保持联系,消除了时间和地点的界限,允许众多用户同时在线交互
第三阶段	2016年至今	人工智能和大数据技术开始在多种平台型媒体中得到广泛的应用。例如,今日头条和抖音在用户市场的飞速崛起,标志着算法推荐技术已经成为许多应用程序的核心功能。随着5G技术的推广,视频和娱乐内容在互联网平台上的表现也日益显著,趋势变得越来越清晰

3.1.2.1 市场逻辑为主导推进媒体融合

平台型媒体一般由互联网科技企业给予强大的技术支持,这是传统传媒机构无法比拟的。换言之,平台型媒体具有先天的技术优势,并且在市场逻辑的驱动下,它们超越了传统媒体在新闻专业主义方面的某些限制,展现出了非凡的活力,成为智能媒体发展的主战场之一。

在移动互联网时代,传媒业形成了以移动互联网为中心的传播格局,竞争更加激烈,进一步演化成党媒、民媒和自媒体三足鼎立的格局。非公资本的进入为传媒市场带来了更多生产者,受众获取新闻的渠道进一步呈现出多样化趋势。除了门户网站,以今日头条、一点资讯和澎湃新闻等为代表的App,以及"两微一端一抖"等成为人们获取信息的新方式;百度、阿里巴巴、腾讯等互联网巨头也开始积极布局传媒市场,如淘宝的"内容开放计划"、阿里的"媒体赋能计划"等,这些都为满足用户的不同信息需求提供了渠道(廖秉宜,谢雪婷,2020)。

百度作为中国具有互联网基础的 AI 公司,一直以来结合人工智能、云计算等技术进行相关业务的优化和升级。根据百度的技术实力、对行业发展的敏锐洞察以及与其他公司的合作情况,百度智能云团队致力于"以云计算为基础"支撑企业转型,"以人工智能为引擎"加速产业智能化升级。百度智能云的优势是 AI 技术的场景落地。例如,百度智能云推出的基于 AI 技术打造的全流程、全场景的智能媒体解决方案,全面推进媒体行业进行智能化转型。2021 年下半年,百度智能云发布了"云智一体"架构 2.0,依托媒体技术打造了各种中台,并设计出了各种智能媒体解决方案(图 3.1)。

图 3.1 百度云智能媒体解决方案

阿里巴巴在"云计算""大数据"等技术创新的基础上,对企业的业务数据和技术能力进行了整合,实现了数据技术的融合。在这种整合的基础上,阿里巴巴不仅对阿里旗下的传媒业务进行了智能化的转型,而且通过阿里云将这些技术整合到了一起,为媒体企业提供了新的业务。阿里巴巴主要是以资本运作为主，并将阿里影业、优酷土豆、UC 浏览器等旗下的业务进行了私有化，组建了阿里娱乐集团（阿里娱乐），负责阿里的传媒业务。阿里巴巴整合数据技术的能力，为阿里传媒业务的全过程提供了全方位的赋能，尤其是阿里的 AI 技术在各个领域的应用，为优酷、阿里等阿里大文娱旗下的各大传媒公司提供了深入了解信息的渠道，为其媒体服务提供了全方位的智能转型支持。

3.1.2.2 双向融合促进新的共生与博弈

在平台型媒体中，除了传统媒体提供专业的新闻内容，还有用户生产内容（User Generate Content，UGC）、专业生产内容（Professional Generated Content，PGC）、AIGC 等，多种内容生产方式共同促进了平台新闻信息供给侧的繁荣，平台的内容量远超报纸、广播、电视所能容纳的范畴（马立德 等，2021）。

平台型媒体通过搜集用户的个人特征及浏览习惯，利用算法推荐技术，将信息精准地推送给用户，不仅可以海量地提供即时性、泛众化的新闻信息，还可以满足分众化、个性化、差异化的受众个人偏好。此外，平台型媒体交互性社交模式提升了受众的参与感、沉浸感（马立德 等，2021）。

平台型媒体在崛起过程中对主流话语体系构成挑战。第一，平台型媒体垄断了传播渠道。今日头条、抖音等平台型媒体由于其自身技术特性，会聚了海量用户，传统媒体不得不与之合作，成为内容提供者，话语权从强势走向弱化。第二，新闻信息的"把关人"从编辑变成了算法。在前人工智能时代，编辑根据一定的新闻价值、传媒机构定位、主流价值观和自身的经验积累对信息进行筛选，然而，平台型媒体算法通过算法逻辑对信息进行过滤、排序，引发了人们对"算法霸权"的担忧（马立德 等，2021）。

在媒体融合大背景下，平台型媒体与传统媒体呈现出双向融合的特征，即出现平台媒体化与媒体平台化趋势。平台型媒体开始越来越重视媒体属性的发挥，吸引用户，争取流量；传统媒体开始利用智能技术实现业务转型升级，一方面搭建自有的传播矩阵平台，另一方面与平台型媒体合作，拓展传播范围。

二者在媒介形态、内容价值判断、社会功能方面呈现出趋同态势，但内在逻辑方面，平台型媒体与传统媒体处于不断博弈之中（王斌，张雪，2022）。一方面，平台型媒体凭借强大的技术实力与传统媒体争夺流量，制定游戏规则使之"寄生"于平台，从而限制了传统媒体的发展；另一方面，传统媒体借助行政力量与文化资本，如内容与版权，来争取生存空间。平台型媒体与传统媒体之间的双向融合具有不对等性，而政府发挥着居间协调作用（王斌，张雪，2022）。

3.1.3 研究与教育机构

3.1.3.1 研究机构技术研发与实践应用双轮驱动

随着智能媒体的快速发展，与之相关的研究机构应运而生。根据成立主体来进行划分，可以将之分为媒体研究院、企业研究院与高校研究院，前者由主流媒体、科技企业主导成立，后者由高等教育机构推动。

1. 媒体与企业研究院

主流媒体与互联网企业纷纷设立媒体研究院，跟进智能媒体的最新动态，进行技术研发、产业实践与人才培养。

2019年，人民日报社成立智慧媒体研究院。人民日报社在新闻采集、生产、分发、接收、反馈等各个环节应用人工智能等新技术，促进信息的传播和信息的融合、共享；通过与企业、机构的合作，加快资源、技术、项目、人才的整合，促进融合的发生。该院是在人民日报社名下登记设立的，是人民日报社新媒体中心的一项业务。

人民日报社智慧媒体研究院有几项重点项目，如能够体现主流算法的人民日报客户端7.0版本。这个客户端注重品质和内容，受智能算法驱动，通过主流算法推进人民日报客户端从传统媒体向智能媒体转型。"人民日报＋"是由普通用户和专业用户制作的短视频综合平台，以"人民问政"为特色，通过对内容、产品、技术、内容、运营等全方位的把控，打造具有主流价值与创新活力的短视频内容生态。除此之外，还有融媒体创新产品研发与孵化项目。这个项目通过构建通用型"智能化＋大数据＋云服务"的PaaS平台，向媒体行业输出融媒体智能化一站式解决方案，做到了将人民日报社新媒体积累的大量技术和经验资产，与媒体行业特定的一些应用场景和服务需求进行对接，以期通过技术输出与合作，营造一个开放共赢的媒体技术生态圈。人民日报社智慧媒体研究院还打造了人工智能媒体实验室，这个实验室以人民日报社新媒体的业务发展需求为基础，与百度大脑AI开放平台的视觉、自然语言处理等技术结合，致力于研究关键性、前沿性的媒体技术服务。

央视网智慧媒体学院成立于2020年，是央视网依托"人工智能编辑部"核心资源，联合高校、科研机构及互联网行业内领先企业开设、创办的国内第一家主流媒体建设的智慧媒体学院。央视网积极布局"云、数、智"服务产品线，拓展"内容＋平台＋技术"全媒体综合服务，全面推动央视网战略转型与升级。学院下设有专家团队和课程组。这些团队负责研究智慧媒体话题、构建课程结构等任务，采用线上与线下结合的教育方式。学院旨在为学员提供全方位服务，课程内容包罗万象，涉及人工智能基础知识、视听专业培训、面向政企的实践应用等；学院还设立了在线实验室，为学员打造一个尖端的实践平台。学院的最终目标是培育出一批精通全媒体，并能在媒体行业中将人工智能技术发挥到极致的专才（央广网，2020）。

新华社研究院成立于2018年，是新华社下属的战略研究机构。新华社研究院高度重视智能媒体技术的研究和应用，积极开展新闻自动化编写、个性化推荐等核心技术的研究，以推动新华社实现从传统媒体到智能媒体的转型。研究院还与清华大学等高校开展计算传播学方面的合作研究，进行智能媒体技术和理论创新的交叉探索，加强了研究院的学术研究实力。在技术应用上,研究院参与开发了新华社面向移动互联网的融媒体产品"快笔小新"。该产品使用自然语言处理技术实现了新闻的自动化生成,是智能媒体应用的一个成功案例。此外,研究院还培养了一批熟悉智能媒体技术的应用人才,并发布相关技术报告,为新华社智能化转型提供理论支撑和技术保障。

当前,包括江苏智能媒体产业研究院等在内的一些研究机构,均致力于打造面向智能媒体行业的科技创新平台,主要是建立在内容理解、个性化推荐等方面持续改进的基础上,进一步研究主流算法,促进其在智能媒体行业的应用。

2023年4月,中国新闻技术工作者联合会成立了自己的AIGC应用研究中心,标志着国内首个专注于媒体AIGC的全国研究机构的诞生。该中心的宗旨是推进媒体行业引入"智能感知设备、AIGC内容制作和AIGC效果评价"的新科技,旨在建设自动化内容生产的智能媒体新模式。研究中心将专注于AIGC与信息采集、数字人、元宇宙、资讯生成、内容分发、内容审核和效益评估等领域的创新研究(澎湃新闻,2023)。

新浪AI媒体研究院成立于2019年,是新浪集团内设研究智库,重点在于与学术界结合,促进研究成果的转化和实践应用,通过产学研一体化推动媒体行业全面化、智能化的升级。其与国内多所知名高校、科研院所合作,开发了一系列智能化媒体工具,如智能写作、智能推荐、智能编辑等,为媒体提供了更加高效和精准的内容生产和分发方式。自2019年起,新浪AI媒体研究院与中国传媒大学新媒体研究院联合启动了中国智能媒体发展研究系列课题,每年发布《中国智能媒体发展报告》成果,解析中国智媒发展突围之路,深入挖掘中国智媒案例经验,在学界与业界形成了一定的影响力。

2. 高校研究院

高校研究院主要以中国传媒大学媒体融合与传播国家重点实验室新媒体研究院、中国传媒大学脑科学与智能媒体研究院、复旦-今日头条智媒先锋实验室为代表。

中国传媒大学媒体融合与传播国家重点实验室新媒体研究院是专注于数字化、信息化和全球化背景下的新媒体综合发展研究的专业性教学、科研机构，致力于新媒体产业研究、新媒体内容研究、新媒体技术研究，以"移动媒体""数字电视""国际互联网传播""媒体融合""大数据""新媒体"和"一带一路""军民融合"及"新媒体人才培养"等为核心，持续开展深入的新媒体理论研究、行业应用研究和产品创新研发。

中国传媒大学脑科学与智能媒体研究院成立于 2013 年，是中国传媒大学实施创新工程，全面综合理、工、艺术所创立的研究院，拥有速度快和准确率高的大脑模拟算法。该研究院将脑科学与人工智能融合，进行媒体的相关转型。脑是人体最复杂的器官，主导着人类的所有行为。如今，关于脑科学与人工智能交叉融合的研究越来越纵深化。此研究院设立类脑计算的理论和实践平台，加快相关领域的技术进步，推进大脑科学和智能媒体技术的基础性研究，促进研究工作向实践界转化。

复旦-今日头条智媒先锋实验室于 2017 年底成立，是复旦大学为推进新闻传播的教学与科研首次和科技互联网公司进行的跨界合作。今日头条的人工智能技术无论是在内容分发还是辅助创作的方面，都对高校在智能媒体方向的研究大有帮助。此外，二者结合国内国际当前的行业发展趋势，开展智能媒体评价体系的研究，进一步引导了智能媒体的发展。双方将科研与实践进行了结合，今日头条和复旦大学新闻学院共同设计课程，培养学生在如短视频、媒体直播等方面的智能生产能力；复旦大学新闻学院还借助今日头条旗下产品进行实操训练，与实践结合，避免理论研究与现实脱节。

3.1.3.2 教育机构人才培养体系改革

中国新闻教育人才培养体系改革是为了适应快速发展的媒体行业和社会需求，培养具备全面素质和能力的新闻人才。近年来，国内许多知名高校,如清华大学、复旦大学、中国人民大学、中国传媒大学等,都在新闻教育领域积极探索改革和创新。

1. 改革创新实践

一是教育理念更新。复旦大学新闻学院提出"大新闻"理念,旨在培养具有全球视野、文化素养和媒体职业技能的新闻人才。学院加强通识教育,打通了文、史、哲等人文学科与政、经、法等社会科学的教育,同时加强对新兴媒体技术、数字化传播技能的培养。清华大学新闻与传播学院提出"通识教育+专业教育"的教育模式,加强人文社科类课程的设置,注重培养学生的综合素质和跨学科能力。中国人民大学新闻学院注重培养学生的新闻职业素养和道德意识,提出"新闻伦理、职业素养与媒体实践"的教育理念,强调实践性和职业性。中国传媒大学提出"艺术素养+媒体职业技能"的教育理念,注重培养学生的艺术素养和媒体职业技能,以适应全媒体时代的媒体行业需求。

二是课程设置改革。头部高校在课程设置方面,不仅注重传统新闻学知识和采编技能的培养,还加强新兴媒体技术、数字化传播技能的培养,以及对社会热点问题的深入研究和分析能力。例如,复旦大学新闻学院开设"数据新闻""新媒体研究"等课程,以适应数字化时代的需求;清华大学新闻与传播学院开设"媒介批评""传播学研究方法"等课程,以提高学生的媒介素养和传播学研究能力;中国人民大学新闻学院在课程设置上注重实践性和职业性,开设"新闻采访与写作""新闻编辑与评论"等课程,以培养学生的新闻职业技能;中国传媒大学在课程设置上注重艺术素养和媒体职业技能的结合,开设"影视艺术""媒体策划与运营"等课程,以适应全媒体时代的媒体行业需求。

三是实践教学强化。头部高校强调实践教学,加强学生实践能力的培养。例如,复旦大学新闻学院建立多个实践基地,开设"新闻实践"课程,让学生在实践中深入了解媒体行业和职业技能;清华大学新闻与传播学院开展"媒体实习"项目,让学生在实习中深入了解媒体行业和职业技能;中国人民大学新闻学院开展多种实践教学活动,如"新闻采访实习""媒体策划与运营实习"等,以提高学生的实践能力和职业素养;中国传媒大学加强实践教学环节,开展"影视制作实习""网络媒体实习"等项目,让学生在实践中深入了解全媒体时代的媒体行业和职业技能。

2. 人才培养体系的不足

虽然中国高校新闻教育体系改革已经取得较好成绩,但是在新闻人才培养方面仍然存在一些不足。

首先,新闻教育未能充分适应智能媒体的发展。智能媒体以其高度交互性、个性化、大数据等特点,改变了新闻传播的方式。然而,一些高校的新闻教育仍然偏重于传统的新闻制作和传播方式,缺乏对新兴智能媒体的深入理解和实践。这导致学生毕业后难以适应新闻行业的需求,缺乏在智能媒体环境下的核心竞争力。

其次,新闻教育缺乏技术素养的培养。在智能媒体时代,技术素养变得尤为重要,新闻工作者需要掌握如数据分析、人工智能、网络安全等技术工具,以便更好地进行新闻报道和传播。然而,一些高校的新闻教育在这方面相对薄弱,未能提供足够的技术培训和实践机会。

最后,新闻教育未能有效培养学生的创新思维和判断力。智能媒体时代要求新闻工作者具备独特的创新思维和准确的判断力,以应对复杂多变的信息环境。然而,一些高校的新闻教育过于注重传统新闻理论和规范的传授,而忽视了对学生的创新思维和判断力的培养。这导致学生在面对实际问题时,缺乏独立思考和解决问题的能力。

总体来看,当前高校新闻教育正处在理论与实践、传统与变革的融合调适期,需要进一步明确专业定位,优化课程结构,建立教学内容与行业需求的紧密对接。

3.1.4 自媒体

自媒体利用数字技术将普通人与全球的知识网络联系起来,成为他们分享个人观点、事实和新闻的平台。它代表了个性化、民主化、广泛化和独立的信息传播方式,使用现代电子手段,向广大群众或特定个体传递各种信息。其中,抖音、快手等平台是我国目前典型的自媒体代表。随着这些平台的崛起,视频创作的技术门槛变得越来越低,出现了众多自媒体创作者。他们在抖音、哔哩哔哩等平台上,利用大数据和人工智能技术进行内容分析、算法推荐和用户互动(罗自文 等,2021;宁鹏莉,王苑丞,2021)。

3.1.4.1 自媒体人成长为传播生态中的一极

中国自媒体行业正在迅速发展。据统计,目前从事自媒体全职的人数已经超过370万,加上超过600万的兼职人群,总人数已超970万。其中涵盖了众多行业和领域的从业者,包括高中生、大学生、年轻白领、专家学者、医务工作者、文学爱好者、中学教师、大学教授,以及许多自由职业者(张博,2022)。

1. 微博博主

随着互联网的普及,大量人群选择通过微博来关注热点事件和探索有趣的内容。微博这一平台让每一个用户都有机会分享文字、图片、视频等各式内容,并实时搜索国内外热点。每天更新的微博热搜榜成为许多用户关注的焦点,吸引着巨大的流量。

其中,部分博主成功地通过微博吸引了众多粉丝,逐步崭露头角,从普通博主蜕变为微博"大V"(指在平台上获得个人认证,拥有大量关注者、具有强大影响力的账号或个人)。他们拥有着高频次的互动,如点赞、评论和转发,进而凭借强大的个人影响力吸引广告商的注意。这些自媒体人物便利用广告植入的方式,从微博盈利。

在当前的智能媒体时代,众多微博博主得以利用算法推送和大数据分析技术找到他们的目标受众,并据此发布有针对性的内容。智能诊断系统进一步帮助他们精准锁定潜在粉丝群体,提高广告效益。今天,微博博主的任务已经不再仅仅专注于粉丝数量的增长,他们还必须确保其发布的内容是有质量的、能引起共鸣的。结合大数据的分析,微博博主需要了解粉丝的阅读习惯,选择既符合品牌特色又受到粉丝喜爱的内容。如此,当粉丝浏览这些内容时,他们更容易产生情感共鸣,进一步激发分享和传播,从而最大化其影响力。

2. 微信公众号大V

微信不仅是一个日常通信工具,还渗透到人们的日常生活的方方面面。尤其是微信公众号的出现,为个人与组织提供了一个内容创作、分享和互动的平台,进而诞生了"微信公众号大V"这一特殊群体(鲁玉,2019)。

微信公众号大V通常具备独特的创作风格、敏锐的行业洞察力或丰富的经验分享。通过长时间的内容积累和与粉丝互动,大V们成功地建立了自己的品牌和声誉。

对于这些微信公众号大V来说,公众号不仅仅是一个发布内容的工具。他们利用这个平台与粉丝进行深度互动,推送图文、视频或音频内容,甚至还能通过原创声明保护自己的创作成果。通过留言和赞赏功能,大V能直接收到读者的反馈,并从中获得一定的收入。

技术的进步使得微信公众号变得更加智能化。例如,现在的公众号可以通过AI技术进行智能推送、自动回复,提高与用户的互动效率。而微信公众号大V则充分利用这些技术优势,为自己的品牌和内容创作带来更高的曝光率和互动性。

在智能媒体时代,微信公众号大V不再只关注粉丝数量,而是更注重内容的质量和与粉丝的深度互动。他们深知只有提供有价值的内容,才能在瞬息万变的网络世界中持续吸引用户关注和建立自己的品牌影响力。

3. UP 主

在数字时代,弹幕视频平台如哔哩哔哩成为青少年和年轻人的文化圣地。在这样的平台上,有一群特殊的内容创作者被亲切地称为"UP 主"("UP"是"upload"的缩写,"UP 主"指在视频网站、论坛、ftp 站点上传视频、音频文件的人)。这些 UP 主不同于传统的网络红人或名人,往往以其真实、有创意的内容而受到粉丝的喜爱。

UP 主创作的内容多种多样,如搞笑、科普、游戏、音乐、舞蹈、旅行等,涵盖了各个领域。他们或是通过自己拍摄、剪辑视频,或是通过转载、二次创作等方式,将这些内容呈现给观众。观众则以点赞、评论、发送弹幕或打赏的方式来回应这些内容,为创作者带来了直接的反馈与鼓励。这样的直接互动让 UP 主和粉丝之间建立起了深厚的情感纽带,形成了一种特殊的社群文化。

随着某些 UP 主的受欢迎度上升,他们的影响力也随之扩大。这不仅仅表现在拥有的粉丝数量,更多的是他们对于某一群体、某一领域甚至是整个网络文化的影响。因此,很多品牌和商家开始与这些具有高流量的 UP 主合作,希望能够结合其原创内容,以更自然且接地气的方式进行品牌推广。这样的合作不仅仅提高了广告的传播效果,同时也为 UP 主带来了稳定的经济收益。

4. 抖音达人

"抖音达人"(短视频达人)是指在抖音平台上拥有大量粉丝的用户,他们通过创作优质、有趣、具有影响力的内容,吸引了广大的粉丝群体。这些抖音达人涵盖了各个领域,包括音乐、舞蹈、美食、旅行、时尚等。

抖音达人的创作内容具有很高的流量价值,他们可以通过广告合作、品牌推广、直播打赏等方式获取经济收益。一些抖音达人还会开设自己的抖音小店,将电商产品融入视频内容中,实现流量变现。

成为抖音达人需要具备一定的技能和素质。首先,他们需要具备创新的思维和敏锐的感知能力,创作出独具特色的内容,以吸引粉丝的关注。其次,他们需要具备熟练的拍摄、剪辑技能,将内容以最佳的方式呈现给观众。此外,他们还需要具备良好的沟通、互动能力,与粉丝进行紧密的联系和互动,维护自己的粉丝群体。

抖音达人的影响力不仅局限于抖音平台,他们还会通过社交媒体、传统媒体等渠道进行传播,扩大自己的影响力和品牌价值。一些抖音达人还会通过成立自己的工作室、培养新人等方式,拓展自己的事业版图,实现个人价值的最大化。

3.1.4.2　自媒体平台向纵深领域拓展

随着互联网技术的不断发展,自媒体平台的不断兴起,当前的自媒体平台可以分为以下 4 种:

1. 图文自媒体平台

图文自媒体平台是以文字形式展现内容,主要包括文章类、图集类、问答类,如知乎、微信公众号等。文章类主要通过发布文章来获得粉丝的关注,从而实现粉丝增长并且获得收益;图集类是图片多于文字的一种类型,普遍用于商品文;问答类主要通过回答问题实现粉丝的增长和曝光度的增加。例如,微头条就是典型的图文自媒体平台,自媒体人可以通过类似朋友圈的形式来展示自己的内容,获得曝光度,还可以通过商品销售的方式获得收入。然而,当前图文自媒体平台现状堪忧,主要是因为视频自媒体平台的兴起与流行,使得图文自媒体平台失去了流量红利,其原因并不在于内容过时,只是与大数据算法推送、人工智能技术驱动的视频自媒体平台相比,图文自媒体平台获取信息的速度较慢,传播价值相对低。

2. 视频自媒体平台

首先是长视频自媒体,包括像西瓜视频、爱奇艺、优酷、哔哩哔哩等平台。长视频平台属于老牌智能媒体平台,一般以横版视频为主;其次是短视频平台,内容具有短、平、快的特点,以推荐算法为主,如抖音、快手、微信视频号等;最后是小视频平台。当下,短视频平台最为火爆,因此这里着重介绍短视频平台。

短视频是指在各种短视频平台上播放的、适合在移动状态和短时休闲状态下观看的、高频推送的视频内容,时长从几秒到几分钟不等(江海蓉,2020)。在智能媒体时代,作为一种新型的内容创造与传播平台,短视频在传播模式、传播主体和视频重新组织等方面都有其独特的优越性。算法、大数据、人工智能等前沿技术已经成为短视频的重要载体,同时也促进了其内容和技术的革新。短视频具有视频时长较短、可移动观看、创作门槛较低、制作效率高等特点。

例如,作为字节跳动旗下的短视频音乐社交软件,抖音短视频曾在全国各大应用商店中位列第一名,是目前国内颇为火爆的短视频平台,其成功之道在于算法的推动。当用户登录短视频账号进行浏览的时候,平台会根据使用者的权限、其浏览习惯及在短视频中逗留的时间进行智能分析,实现短视频内容的精准推送,从而提高自身竞争力。

3. 音频自媒体平台

音频自媒体平台是通过声音来展现其内容,如喜马拉雅、企鹅FM,主要是通过分享付费或者免费音频获得收益与粉丝流量。音频自媒体平台具有门槛较低、制作时间短等特点,因此逐渐成为越来越多的自媒体人的选择。

例如,喜马拉雅是一款专业的音频分享软件,在音频自媒体平台中有显著优势,用户规模较大。喜马拉雅主要提供有声读物产品,有声读物先前大多以广播作为载体,而在当前互联网背景下,更多地以互联网、移动终端、电信运营商网络为传播渠道。在智媒时代下,喜马拉雅平台在数字媒介的基础上为了满足消费者的不同需求,向个性化和定制化的方向发展,以增加用户的黏性(江晓,2021)。平台可以根据用户的搜索记录和听书历史记录、掌握用户偏好的内容方向,从而进行相关的内容推送。此外,平台还设有直播、交友等功能,增加了平台的社交属性,提升了用户的活跃度。在用户互动方面,喜马拉雅平台通过人机互动和人际互动提升用户活跃度。例如,用户可以在有声作品下发表自己的评论,与其他用户一起交流,还可以在直播交友板块点赞、送礼物给主播。只要用户点开相应的按钮,平台便会给予反应,形成人机互动,实现智能化双向互动,增加了用户的黏性。

4. 直播自媒体平台

直播是比较新兴的内容形式,具体可以分为电商直播、游戏直播和娱乐直播等。常见的平台有百度直播(YY 直播)、淘宝直播、京东直播、快手直播和抖音直播等。在智能媒体时代,由于网络直播传播主体的多样化、普泛化,直播的形式越来越多样,内容也越来越丰富。尤其是自新冠疫情暴发以来,"宅经济"兴起,进一步推动了直播的发展,尤其是直播带货的发展。

以淘宝直播为例。在技术层面,直播的兴起离不开互联网公司技术的发展,如人工智能的兴起让网络直播更容易实现,大数据也使得网络直播的针对性有所增强(秦丽娟,2021)。淘宝通过对大数据的整合利用,为用户提供个性化的服务和推荐,并根据用户的不同喜好进行更加精准的广告推送,提高直播效率。此外,随着人工智能、虚拟成像等技术的发展,淘宝也推出了虚拟主播。人物形象一般设置为二次元,包含视觉、语言等多模态融合算法。如"手心好物"的虚拟主播,来自以虚拟 IP 为原型的虚拟动画制作工作室,在拍摄的过程中,通过捕捉真人的声音、表情、身体的运动,以将其转化为一个虚拟的人物。虚拟主播能够比真人主播进一步增强用户的新颖感和趣味感,并且可以 24 小时不间断地直播,因此虚拟主播具有自身独特的一些优势。

自媒体是智能媒体时代的产物,颠覆了过去传统媒体的传播模式,具有个性化、交互化等特点。未来在"互联网+"、大数据的背景下,自媒体会结合智能媒体优势使自己的发展更加便捷化、个性化、多样化。

3.2 发展特征判断

3.2.1 用户理解与洞察能力提升

在大数据支持下,智能媒体可以进行跨平台、跨场景的用户数据整合,实现对不同场景下用户需求的精准洞察,其内容也可通过算法推荐等方式实现个性化传播,提高了用户的信息获取能力和对事件的理解能力。

3.2.1.1 不同场景用户数据的联通

智能媒体的发展根基在于多种技术的深度融合,如 5G、大数据等。这些技术增进了用户数据在多种场景中的互通性,促进了用户数据在不同平台和场景中的整合能力。

在如今的互联网环境中,用户分布在众多的平台上,产生了大量、多样化的数据。这些数据既包括结构化的,如企业数据库,也有大量非结构化数据,如社交媒体上的文本内容和用户互动记录。数据的巨大体量和复杂性,使得数据处理和分析的任务变得异常繁重,不同媒体平台间的数据孤岛效应也限制了数据的有效利用。在媒体去中心化的大背景下,有必要拆除这些数据壁垒。

在早期 4G 时代,大部分媒体平台用户数据的产生主要基于智能手机。数据在各个平台之间相对孤立,形成了各自独立的数据体系。这意味着当用户在多个场景中切换时,智能媒体难以实时提供精准的内容服务。但是,随着 5G 和大数据技术的迅速发展,智能媒体得以突破这一限制,提供更为个性化的服务。

以抖音为例,其推荐算法能够感知用户在不同场景中的需求变化,实时调整内容推荐。当用户的位置、时间或行为模式发生变化时,抖音能够迅速调整推送内容,确保其始终与用户当前的需求和状态相匹配。这种对场景的敏感度,极大提升了用户的信息消费体验。

随着5G和大数据等技术的不断进步和融合,智能媒体正在变得更为高效和个性化。这不仅为用户带来了前所未有的便利,也为媒体产业开启了新的发展机遇。

3.2.1.2 精准的信息传播与用户服务

传统媒体受限于技术,无法深入地挖掘和理解用户的具体需求和偏好。随着现代智能媒体的崛起,这一局面发生了翻天覆地的变化。借助大量的用户数据,智能媒体能够深刻把握用户的行为模式和喜好,为用户提供更精准和贴心的内容推荐。智能媒体的出现,使得信息传播从原本的"以平台为核心"转向了"以用户为中心",进一步加强了用户的信息消费和理解体验。

用户画像的构建成为智能媒体的核心工作之一。通过收集用户的行为数据、浏览历史、购买习惯等信息,媒体可以绘制出每位用户的详细画像,进而推测其潜在的需求和兴趣点。这不仅仅需要关注用户喜欢什么内容或产品,还要更进一步挖掘其背后的生活习惯、价值观、情感状态等深层次信息。基于这些精细化的用户画像,智能媒体可以实现更个性化的内容推荐。智能媒体所提供的不再是"大众化"的信息洪流,而是"私人订制"的精准信息推送。例如,对于一个健身爱好者,除了推送与健身相关的内容,还可以提供其所在城市的健身中心优惠信息、与健身相关的健康饮食建议等,从而实现全方位的用户服务。

在智能媒体的时代,无论是通过智能手机还是其他设备,用户都可以随时随地地获取大量信息,这无疑极大地丰富了用户的信息获取途径。但同时这也带来了一个问题：众多的信息中，真假难辨，可能对用户的判断力造成干扰。为此，智能媒体需利用大数据技术，高效地筛选和过滤信息，确保提供给用户的内容具有较高的真实性和可信度。此外，大数据技术还可以整合分散的信息，使用户能够更系统、全面地理解新闻或事件，从而增强他们的理解力和洞察力。

3.2.2 人机深度协同

在人与技术深度协同的背景下，新闻行业正在经历一场前所未有的革命。基于大数据和智能算法，人与机器不断加强合作，共同推动新闻的产生、发展和传播。

3.2.2.1 新闻的采集协同

随着科技的日新月异，机器人和无人机已经成为新闻采集的得力助手。对于那些难以到达的地方，如地震、洪水、火灾等灾难现场，机器人和无人机的使用降低了人类记者的风险，同时还确保他们得到安全、准确和及时的第一手资料。此外，这些机器设备通过特殊的技术配置，能够捕捉到人类难以观察和记录的瞬间，为新闻报道提供更多元、更丰富的视角。例如，无人机从空中拍摄的灾难现场全景，可以帮助观众更直观地理解事件的严重性和影响范围。

尽管机器帮助我们获得了前所未有的新闻素材，但人类记者的角色和价值绝不仅仅是信息的收集者，记者拥有的人文素养、敏锐的观察力和对事物背后深层含义的探索，是任何机器都无法复制的。当记者与事件的当事人或目击者交谈时，他们不仅获取信息，还能深入人心，捕捉到情感、情绪和事件背后的人类故事。这种深度的挖掘和情感的共鸣，为新闻报道赋予了灵魂和温度。

此外，记者的职责也包括对事实进行验证、对信息进行筛选和结构化，以及确保报道的公正性和准确性。在这一过程中，他们的经验、直觉和职业伦理起到了至关重要的作用。

3.2.2.2 新闻的生产协同

通过使用大数据和智能算法，机器可以自动筛选、整理和编写新闻稿件，极大提高了新闻写作的效率，还可以帮助记者进行新闻内容的校对和编辑，提升内容的准确性。新华社的快笔小新、腾讯的 Dreamwriter 等都是能够辅助新闻内容生产的写作机器人(张菲菲，2019)。以封面新闻的机器辅助写作为例，封面新闻推出的机器人小封被植入封面新闻的智媒体写稿平台，成为记者、编辑的写稿助手。它能够提供关键词提取、敏感词检测、文章标签抽取、摘要自动生成、频道归类等功能，可以在采编人员的写作过程中给予智能协助，从写作习惯、关联资料推荐、文章核查等环节帮助提升采编人员的写作质量和效率。智能工具还能够帮助人工进行新闻内容的补充和校对。例如，在 2021 年全国两会的新闻报道中，人民日报社的"智能创作机器人"对新闻进行的 AI 识别字幕、AI 添加片头片尾等功能都被多次使用，借助这些智能工具，有效提高了新闻编写的速度和效率，使得两会新闻报道能够在直播结束 1 小时后就在多个平台上发布。

尽管机器可以自动编写新闻稿件，但仍存在很多缺陷，如观点和事实的逻辑错位、信息的简单复制与粘贴、模板痕迹明显等不足，需要记者对稿件进行审查和修改，以确保内容的深度和广度。记者不仅需要为机器提供原始数据，还需要对机器编写的稿件进行深度加工，使其更符合读者的阅读习惯和喜好。

3.2.2.3 新闻的传播协同

在智能媒体时代，新闻传播不仅仅是信息的一对多传递，还是一个多维度、高度个性化的交互过程。随着用户需求日益多样化，传统的新闻传播模式已难以满足。为了实现更加精准的信息匹配和传播,机器智能技术逐渐成为不可或缺的助手。

机器通过对海量数据的快速抓取、分析和处理,能够对用户群体进行细致的分类和标签化。这种分类不仅基于用户的浏览历史或喜好,还可以融合时间、地点、热点事件等外部环境因素,为每位用户提供量身定制的新闻内容。这样,媒体平台不仅提高了用户的活跃度和满意度,也增强了用户的忠诚度和留存率。以今日头条 App 为例,其高度发展的算法系统能够深度解读用户行为,确保每条推送新闻都与用户的兴趣和需求紧密相关。

但是,机器的高效和精准并不意味着它可以完全替代人类在新闻传播中的角色。机器智能的决策基于算法和数据,但新闻传播涉及情感、价值观和文化背景,这些都是纯粹的技术无法涉及的领域。机器智能可能存在伦理风险,如过度推送、信息匹配或隐私泄露,都需要人类进行监督和干预。

因此,在智能媒体时代,我们看到的不是机器取代人类,而是一种新型的"人机协同"。在这种模式下,机器提供高效和精准,人则负责创意、情感与伦理监督。

3.2.3 互动反馈机制智能化

在智能媒体时代,各种智能设备成为新闻接收的终端从而为用户提供无所不在的信息,相对于传统媒体形式,智能媒体更多的是通过大数据、AR/VR 等技术,为人们塑造全新的新闻临场感,增强用户与平台之间的互动化与反馈。例如,用户在信息消费的过程中的生理反应,将通过传感器直接呈现,用户反馈将进行到生理层面,从而使得平台与用户之间形成更加良好的互动与反馈。

3.2.3.1　新闻内容的反馈与调整

智能媒体的发展,使得新闻内容能够与用户之间进一步形成及时的反馈与互动。智能媒体能够从当前大量的信息中,通过大数据等技术进行挖掘和整理,从而寻找出真正有价值的信息,同时结合标签化的用户信息,根据用户的偏好和需求对新闻内容进行针对化生产,加强新闻内容生产的智能化。

例如,媒体能够运用智能技术对媒体平台某一新闻内容的可理解力和受众范围进行分析。通过关键词的获取,媒体平台能对新闻内容进行观点、立场等方面的分析和总结(李康跃 等,2022),或者通过分析媒体平台上用户的评论、发帖、点赞等信息,来分析在一定时期内,用户对于新闻信息的反馈,从而更加精准地了解到用户对某一新闻内容的反馈和建议。媒体平台还能够通过识别人脸的生物数据或者表情数据,更好地获取用户对于平台提供的信息内容的反馈,如旷视 Face++平台能够识别用户的愤怒、厌恶、喜爱等 7 种情绪,从而了解到用户对于新闻内容的反应,有针对性地对内容做出相应的调整。

3.2.3.2　个性化的推荐互动反馈

大数据、算法等技术让当前新闻的推送呈现出个性化的趋势。过去是媒体平台单纯地对新闻信息进行发放,现在转变为平台针对用户进行个性化信息分发,然后用户对信息类型进行及时的反馈,进一步优化智能媒体平台推送机制。

例如,当前智能短视频平台对于用户的个性化算法推荐的应用。视频平台会根据用户在不同客户端搜索过的关键词,对视频的内容推送做出相应的调整,之后再根据用户浏览过程中的反馈,结合个人的偏好和需求,对推荐的内容类型做出相应的调整,不断提高平台推荐机制的准确度和匹配度。从本质上来看,这就是通过用户与媒体平台之间基于场景化的互动,增强两者之间的互动与反馈。以字节跳动旗下的抖音短视频平台为例,当用户刷到短视频内容的时候,能够针对视频内容做出观看、点赞、评论、转发等不同选择,平台可以根据这些反馈,了解用户对于内容推荐是抱有正向的还是负向的情绪,然后再结合该用户的历史数据对用户偏好与需求进行更加精准的分析,从而更好地为用户提供感兴趣的内容,逐渐形成了一种良好的互动反馈机制。

智能媒体的发展,潜移默化地影响了平台与用户之间的互动关系,让新闻传播更加智能化和便捷化,从过去的单向互动型转向两者之间形成良好反馈的双向互动型,进一步提升用户的体验,使得智能媒体平台能够实现更加长远的发展。

3.2.4　工作流程智能化升级

从最初的素材搜集、筛选、整理到最终的内容发布,以及从新闻线索获取到写作,再到事实验证,都是通过深度整合人工智能技术,达到新闻制作流程的全面智能化。

3.2.4.1　传播内容变革

目前,人工智能技术不仅在文字领域得到广泛应用,更向图片和音视频编辑、生产及处理等领域迈进。例如,在视频制作中,利用 AI 技术筛选镜头,减少多轨剪辑的复杂性,极大地简化了后期工作量。此外,AI 在修复纪录片、老电影等资料时也扮演着不可或缺的角色,借助 AI 技术,在短时间内即可将老电影修复为高清画质,这在以前是无法想象的。

例如,新华社的媒体大脑,仅用了 15 秒就制作了 2018 年全国两会的数据可视化视频;而在中国国际进口博览会,视频生产的平均时间也只有 16 秒,这种高效率主要得益于 MAGIC 技术。新华社还在 2020 年全国两会上推出了"两会机器人",通过 AI 和大数据技术,使得智能剪辑短视频超过 2500 条。

封面新闻也积极利用"AI＋媒体应用",打造了智能媒体平台,其推出的 AI 写作机器人小封,在 2018 年世界杯期间发挥了巨大作用。除了写作,小封还能自行制图,显示出其高效、有趣且专业的特点。结合 AI 技术,媒体可以进行大量的视频上传和审核,既高效又省时。

3.2.4.2 传播渠道拓展

在当前的互联网时代,新闻传播渠道的多样性已是大势所趋。传统媒体很难全面覆盖所有目标受众,智能媒体的优势由此凸显出来。例如,2019年上海电影节的"5G＋4K＋AI"策略,为观众带来了沉浸式体验。

AI 合成主播现在也越来越受到各大媒体的欢迎。AI 合成主播以人工智能技术为基础,通过人脸识别、唇语识别、智能语音等技术进行建模,创造出与真人几乎无差别的 AI 主播。AI 主播的发展大致可以分为语音助手形式、虚拟化的真人分身、高水平 AI 合成主播三个阶段。如今 AI 主播基本上与真人无异,甚至在新闻播报的时候,AI 主播能够呈现出更优越的逻辑性、交互性和沉浸性。2018 年,新华社与搜狗公司联合开发的 AI 主播首次展出,这个 AI 主播可以通过模仿真人主播的形象和声音朗读文本的内容,可以做到像职业新闻主播一样播报新闻。在新闻传播报道中,AI 主播不仅能够提高新闻播报的效率(孙硕,2020),而且能够创造多元化的应用场景,如运用 VR、AR 等技术,创造出多元化、沉浸式的新闻播报环境,从而加强与观众之间的互动性,保证新闻报道的准确性和及时性。

从央媒到省媒都开始运用虚拟主持人。例如,人民日报社首款 AI 虚拟主播果果、新华社全国首个 AI 合成女主播新小萌和站立式 AI 合成主播新小浩,以及央视网以撒贝宁为原型的虚拟主持人小小撒都陆续开始上岗。省级媒体中,如封面新闻推出的第一位 AI 虚拟主持人小封,在《小封观天下》上的发稿量超过 6000 篇,涉及财经、娱乐等多个领域。基于人工智能的

AI主播具有很强的自主学习能力,因此可以运用自身优势,帮助开展国际传播工作,提高中国的国际地位和舆论引导力。例如,在2019年全国两会期间,全球首个多语种AI主播小晴使用中、英、日等多种语言进行新闻播报,显著扩大了新闻传播的受众范围。

3.2.4.3 传播对象刻画

当前移动互联网技术将数十亿的潜在客户和重要AI技术相联系,创造了互联网体系。

用户画像,也就是对使用者的个人资料进行标记,通过对消费者社会属性、生活习惯、消费行为等方面的数据进行分析,将用户标签化。用户画像可以为平台提供充分的资讯基础,可以迅速地发现准确的使用者,明确使用者的需求,由此获得更多的反馈。例如,字节跳动旗下于2016年推出的西瓜视频,首先进行用户的引流;同年底推出的火山小视频,通过算法的深度打造来获得流量;接着推出的抖音App,在短视频App榜单占据榜首,通过用户画像,增加用户黏性;2019年推出的悟空问答、图虫等多个社交领域App,利用当前用户的社交属性来进行流量的吸引。

从写稿机器人等媒体大脑到可视、可听、可动的AI主播,从根据兴趣进行个性化推荐到大数据分析、智能场景分发,完整、高效、精确的智能媒体行业全自动生产流程正在向着全智能化的方向发展。

3.2.5 知识体系重构

新闻传播学,作为一个历史悠久且在社会中起到至关重要作用的学科,已经见证了多次的知识体系重构。从最早的古典时代的公共场所演讲,到工业化时代的报纸、广播和电视,再到现在的数字化时代,每一次技术和社会的进步都能引发新闻传播学知识体系的重大变革。

传统新闻传播学的知识体系由"学"和"术"构成。所谓"学",由新闻学和传播学的基本原理、新闻传播理论、新闻传播法学等构成;所谓"术",则是以"采写编评"加广播影视的基本实践技能训练为主要内容(陈小燕,陈龙,2020)。随着技术的迅速发展,新闻传播领域正经历着从传统到现代的巨大转变。新闻传播知识体系将以数据、算法为中心,形成新的知识体系。

3.2.5.1 技术驱动的知识体系重构

传统的新闻传播学历经数百年的演变,在各个时代都受到了当时主导的传播技术的影响。从口述传统到印刷术的革命,再到电波传播的崛起,新闻传播学的知识体系始终与技术的进步密切相关。其中,新闻学和传播学的基本原理、新闻传播理论、新闻传播法学等构成了这一学科的核心。这些原理和理论是在纸质媒体和电波传播的背景下形成的,在当时的社会环境中具有强烈的现实意义。

然而,随着21世纪的来临,我们已迈入一个被数字技术主导的时代。互联网、大数据和AI技术等不仅在短短数十年内发生了翻天覆地的变化,而且这些变化对新闻传播学的知识体系产生了深远的影响。

首先,互联网改变了新闻的传播速度和范围。如今,一则新闻可以在几秒内传遍全球,受众的反馈也能实时传回到新闻生产者手中。这意味着,新闻工作者不仅要快速响应,还需要具备筛选和验证大量信息的能力。

其次,大数据为新闻提供了前所未有的深度和广度。新闻机构可以通过对用户数据的分析,更加精确地了解受众的需求和习惯,从而为他们提供更贴合兴趣的内容。而算法则进一步放大了这一能力,使得新闻机构可以预测读者的阅读习惯,为他们推送更合适的内容。

更为惊人的是,AI技术已经能够自动编写新闻,这对于传统的"采写编评"技能的培养无疑是一个挑战。未来的新闻工作者不仅需要具备强大的文本分析和创作能力,还需要与机器合作,确保信息的真实性和公正性。

数字技术还带来了许多新的表现形式,如VR新闻、360度摄像、互动新闻等。这些新形式要求新闻工作者不仅要掌握传统的写作和报道技巧，还要熟悉各种新技术和工具。

3.2.5.2 受众导向的知识体系转变

在传统的新闻传播模式中，新闻机构和记者常常是信息的主导者，而受众更多地扮演被动的接受者角色。但随着数字化时代的到来，这种单向的信息传递模式已经被打破。在如今的媒体环境中，受众已经从单纯的信息消费者转变为信息的共创者。

首先，社交媒体的崛起让每一个个体都有可能成为信息的传播者。人们不仅可以分享、评论和转发新闻，还可以通过自己的平台，如博客、视频和社交网络，为公众提供独立的观点和信息。这种去中心化的传播模式打破了传统媒体的垄断地位，使新闻生态更加多元和丰富。

其次，受众的反馈变得迅速而直接。过去，读者或观众对新闻内容的反应很难被迅速捕捉和反映。而现在，通过点赞、评论和分享等行为，新闻工作者可以实时地感知到受众的反应，进而迅速调整报道的策略和内容。

但这也意味着新闻工作者面临更大的挑战。他们不仅需要具备传统的新闻采写和报道能力，还要学会如何与日益活跃的受众进行有效的互动。这包括了解受众的兴趣和需求，解读来自社交平台的大数据，以及调整内容策略以满足受众的期望。

此外，随着受众参与度的增加，新闻的真实性和准确性也受到了前所未有的挑战。众多的用户生成内容虽然形成了丰富的信息源，但也产生了大量的假新闻和误导性信息。新闻工作者需要具备更强的辨别和验证能力，确保传递给公众的信息是真实和准确的。

总之，受众导向的知识体系转变强调了新闻工作者与受众之间的互动和合作，这不仅挑战了传统的新闻传播模式，也为新闻传播学带来了新的机遇和方向。在这样一个互动性强、受众参与度高的时代，新闻工作者需要拥有更加多元、灵活和开放的思维模式，以适应不断变化的媒体环境。

3.2.5.3 跨学科的知识体系整合

随着技术的飞速进步和社会的快速变革,单一学科的知识结构已经很难满足现代新闻传播学的发展需求。当今的新闻产业正经历着深刻的转型,其中的变化不仅仅涉及新的技术应用,更关乎如何在复杂的社会文化背景下,更精准、更深入地进行信息传播。因此,跨学科的知识整合显得尤为重要。

在数字化时代,编程、人工智能、机器学习等计算机技术已经深入新闻传播的每一个环节,不论是新闻的采集、编辑还是发布,都离不开复杂的算法和程序的支持。因此,现代的新闻工作者不仅需要具备传统的新闻学知识,还需要掌握一定的编程技术。

大数据时代的来临为新闻报道提供了前所未有的深度和广度。数据新闻学,不仅仅是对数据的简单展示,更关乎如何通过数据挖掘、数据可视化等手段,为公众提供更加客观、准确的新闻报道。

新闻的传播和接受不仅仅是一个技术过程,更是一个心理过程。了解受众的认知、情感和行为模式,可以帮助新闻工作者更好地制定传播策略、提高信息的影响力和传播效果。

新闻传播不仅仅是信息的传递,更是社会文化的反映和构建。深入理解社会结构、社会变迁和社会关系,可以帮助新闻工作者更加深入地探讨和报道社会现象,提高新闻的社会价值。

跨学科知识体系的整合不仅为新闻传播学提供了更加宽广的发展视角,也为新闻工作者带来了更加多元、复杂的挑战。在这种背景下,新闻教育也需要进行相应的改革和创新,需要培养既具备传统新闻功底,又具有跨学科知识和技能的新闻工作者,以适应未来新闻产业的发展趋势。

3.3 发展模式研究

中国正在构建多主体、多维度开放协同的智能媒体生态体系,政府主管部门、行业协会、企业、高校、科研机构、金融机构、高科技人才团队等产业主体之间围绕人工智能技术在媒体业的应用形成了网络状信息系统,提高了人才流、资金流、信息流流动效率。总的来说,智能媒体的发展模式可以分为三种:技术引领型模式、多主体社会化协同发展模式、人机对齐伦理介入型模式。

3.3.1 技术引领型模式

3.3.1.1 引领型技术创新

人工智能技术的创新不断驱动智能媒体的发展。当下中国人工智能发展水平处于世界第一梯队,中国在数字基础设施、人工智能应用、数据生产、算力建设等方面相较其他国家,优势明显(创新研究,2023)。

虽然人工智能技术在中国的发展历程较短,但是中国抓住了技术发展的重要机遇期,并在制度保障、管理服务、人才培养等方面给予了大力支持。例如,中国早在2017年便颁布了《国家新一代人工智能发展规划》,属于最早聚焦人工智能发展的国家之一,抢占了先发优势。2020年,中国人工智能领域的私人投资达到99亿美元,远高于同一时期欧盟的20亿美元(创新研究,2023)。

与此同时,在论文、专利等方面,中国已经在数量上实现对美国的超越。2017年至今,中国人工智能相关论文发文量居世界首位,2020年论文引用量(20.7%)亦高于美国(19.8%)(创新研究,2023)。《2022年人工智能领域技术创新指数分析报告》的数据显示,2018年1月至2022年10月,中国的专利申请量达到64.85万件,排名世界第一,远超过排名第二、第三的美国、韩国申请量之和(分别为19.10万件、5.28万件)(光明网,2023)。在人脸识别、语音识别、自然语言翻译、无人机等技术应用领域,中国已经处于引领位置。

人工智能技术在传媒业的应用也不断铺展开。这与中国推行的媒体融合密切相关,早在2014年,中共中央办公厅、国务院办公厅印发的《关于推动传统媒体和新兴媒体融合发展的指导意见》就将媒体融合上升为国家战略。智能技术是推动媒体融合发展的重要助力,而传媒领域亦为人工智能提供了丰富的应用场景。

主流媒体纷纷确立打造智能媒体的目标。2017—2022年,人工智能连续6次写入政府工作报告。自2019年提出"智能+"概念后,中国的传媒业加快数字化、智能化转型步伐,人工智能技术被广泛应用于新闻采写、编辑、分发、审稿等各个环节。中央级媒体更是率先探索智能化媒体平台建设,推出"5G+4K+AI"媒体应用实验室、人工智能媒体实验室等(黄楚新,常湘萍,2022)。

在虚拟主播的研发与应用方面,中国居于领先地位,其中新华社的虚拟家族尤为亮眼。2018年11月,新华社推出全球首个全仿真智能AI男主播新小浩;2019年3月,推出全球首个AI合成女主播新小萌;2020年5月,推出全球首个3D AI合成主播新小微;2021年6月,推出数字记者、全球首位数字航天员小诤。疫情加快了媒体智能化转向的速度,在疫情期间,虚拟主播得到快速应用。2021年10月,北京广播电视台发布了中国首个广播级智能交互——真人数字人时间小妮。2021年10月,湖南卫视数字主持人小漾亮相。人民网小晴、澎湃新闻小菲、央视网小智、齐鲁壹点小壹,以及中国经济网、新疆日报等媒体的AI主播纷纷上岗。

"智能云剪辑师""AI 内容辅助生产平台"等智媒应用,为用户带来了场景式、沉浸式、互动式体验(黄楚新,常湘萍,2022),其中以中央广播电视总台关于三星堆的报道尤为典型。2022 年,央视推出大型沉浸式数字交互空间《三星堆奇幻之旅》,通过即时云渲染技术,还原三星堆考古发掘大棚、三星堆数字博物馆和古蜀王国等场景,带领观众沉浸式、从第一视角近距离接触三星堆文物。AIGC 亦已经快速在传媒业中得到应用。百度的"文心一言"、科大讯飞的"星火"大模型也已被用于新闻的写作和编辑方面。

中国在人工智能方面的技术优势及丰富的媒体应用场景,使得中国的智能媒体不断升级、迭代,形成持续性竞争力。

3.3.1.2 引领型技术预见

现代化进程加速,中国面临多重社会挑战,如气候变化、人口老龄化等。对此,人工智能的前沿发展和技术创新被认为是应对这些挑战的潜在解决途径。然而,技术进展带来的高度不确定性、模糊性和复杂性,使确保人工智能技术能进行负责任地创新和使用变的尤为关键。

在这样的大背景下,技术预见逐渐成为判别技术走向的一种新常态。为了深入探讨此概念,技术预见可以被定义为一种系统的方法,它旨在研究科学、技术、经济和社会在未来长时间范围内可能的走向,以确定那些未来最可能带来经济和社会效益的新兴技术(Geurts et al.,2021)。

技术预见为国家或区域的未来技术方向和关键技术提供了重要的策略指导,其主要目的是为社会资源的分配和科技政策的制定提供科学依据。在全球范围内,日本是最早开始大规模技术预见的国家,日本政府定期聚集顶尖专家为日本的技术发展趋势提供指导。而美国的技术预见历史可以追溯至 20 世纪 30 年代,兰德公司等机构提出了多种技术预见方法,其中,德尔菲法受到了广泛关注和使用。

相对于这些国家,中国在技术预见方面起步较晚,但已经形成了一套完善的预见体系。国内多个研究机构和政府部门,如科技部、中国科学院等,参与了这一过程,为中国的科技规划和区域发展政策制定提供了有力支持(元战略报告,2023)。

特别值得注意的是,技术预见的方法也在不断演进。最初,技术预见主要依赖于结构化数据源,如专利和文献数量的分析。随着计算能力的进步,研究人员开始探索非结构化数据源的分析,引入了自然语言处理、主题建模等先进技术。而在最新的趋势中,混合人工智能与专家预测的方法日益受到重视,这种方法整合了技术和专家的智慧,有效地弥补了单一预测方法的不足(Geurts et al.,2021)。

很显然,随着技术进步和社会变革,技术预见的重要性会不断提升。为了有效应对未来的挑战,多种预见方法和策略还需要进一步的探索和完善。

3.3.2 多主体社会化协同发展模式

3.3.2.1 传媒机构与公司合作打造智能化产品

在媒体行业的发展和变革中,我们可以明显观察到一个增长的合作模式,即传统传媒机构与互联网技术公司之间的合作。此类合作旨在利用先进的技术为传统媒体注入新的活力,从而创造出独特的智能媒体产品,增强市场竞争力,吸引并维护大量的忠实用户。

以新华社与阿里巴巴的合作为例,2017年双方共同投资,推出了名为媒体大脑的创新平台(刘萌,2021)。这是中国首个媒体人工智能平台,它能够为不同的媒体机构提供定制化的传播服务,满足不同的用户群体的多样化需求。与此同时,人民日报社与百度的合作也为行业带来了另一项创新——人工智能媒体实验室(刘萌,2021)。该实验室以百度大脑的技术为核心,专门针对新闻制作的各个环节进行智能优化,涉及自然语言处理、知识图谱、图像和语音等技术的研发和应用。这种智能化支持不仅提高了新闻制作的效率,而且大幅降低了人工成本。

显然,传统媒体与技术公司的深度合作已经成为媒体行业融合和转型的一大趋势。这种跨领域的合作模式为传统媒体提供了新的发展机遇,帮助它们克服了智能技术研发的困难,并促进了整个行业向更高层次的智能化和自动化方向迈进。

3.3.2.2 多方力量进行产学研联合攻关

为了确保产学研的深度融合以及智能媒体的持续进步不因理论与实践之间的鸿沟而受阻,当前呈现出一个明显的趋势:高等教育和研究机构正与多家媒体平台结盟,共同推进智能媒体实验室的设立。

以"人工智能与未来媒体实验室"为例,这是封面传媒、微软研究院和北京师范大学合作创办的一个创新平台,标志着"AI+媒体"研究的重要里程碑(张华 等,2017)。该实验室致力于深入探索人工智能技术与当代媒体技术的紧密结合,目的在于形成全球领先的 AI 与媒体技术研究中心,从而助推媒体行业向智能化转型。这一项目的成功得益于三方的协同作用:微软提供了先进的技术支持,北京师范大学带来了学术和理论的深度,而封面传媒则为实验室提供了丰富的应用场景和实践经验。

这种产、学、研三方协同的发展模式,为中国智能媒体的未来打下了坚实基础,旨在搭建一个集研究、创新和实践于一体的高效平台,以促进媒体行业的全面智能化转型。

在智能媒体的时代背景下,这种多方协同的模式呈现出巨大的优势。通过资源的整合和优势的互补,各参与实体可以更有针对性地推进人工智能在媒体领域的应用研究,从而更加高效地推动智能媒体的整体进步。

3.3.3 人机对齐伦理介入型模式

大规模安全部署人工智能需要一种新的安全管理范式,这种范式被称为人工智能校准(AI alignment)或人机对齐。人机对齐追求现实与模型之间的科学一致性、模型和解决方案之间的应用一致性、解决方案和利益相关者需求之间的一致性,使人工通用智能与人类的价值观保持一致,并遵循人类的意图,以确保人工智能的负责任使用。随着智能媒体的广泛应用,人机对齐问题逐渐得到重视。

3.3.3.1 大语言模型中的人机对齐

价值对齐的目标是确保人工智能与人类价值观正确对齐。事实上,随着计算机系统以更大的自主性和以"越来越禁止人类评估每个行动是否以负责任或道德的方式执行"的速度运行,在智能人工物中嵌入道德价值观变得越来越重要(Allen et al.,2005)[149]。

以大语言模型科大讯飞"星火"、百度"文心一言"为例,为防范其可能引发的社会伦理问题,开发者通过人类标注、反馈、审核等工程方法,使用人类反馈来训练人工智能系统协助人类评估和进行对齐研究,对生成的类自然语言中的价值冲突和伦理争议进行校准,对生成的内容与语言表达策略进行了持续监督和不断优化(段伟文,2023)。这使得大语言模型能够针对价值敏感与争议性问题给出谨慎中立性回复,或是拒绝回答。

人机对齐主要面临两个方面的挑战:一是技术层面,如何在智能人工物中正确、恰当地编码价值观或原则,使之可靠地运行。例如,2016 年 3 月,微软聊天机器人 Tay 在与人互动的过程中,学会了各种脏话,最终上线不到一天就被紧急下线。同时,智能人工物在运行过程中可能会发现一些人类并未察觉的捷径,从而超出人类预先设定的伦理制约。二是规范性层面,应该在智能人工物中编码哪些价值观或原则。在该层面,存在两种相对立的观点——极简主义(minimalist)与极繁主义(maximalist)(Gabriel,2020)。前者提倡将智能人工物嵌入合理的人类价值模式即可,后者强调在全社会或全球范围内将人工智能与人类价值的正确或最佳方案结合起来。虽然存在诸多挑战,但是人机对齐伦理嵌入式模式已逐渐成为主要发展趋势。

3.3.3.2 嵌入主流价值观的算法

人机对齐伦理介入模型的另外一个典型做法是将主流价值注入算法,其目的在于强化主流价值观的指导作用,从而避免算法在商业和资本驱动下产生的不良效果。随着传媒行业的智能化进程,算法机制日益成为行业发展的关键。为此,积极推动主流价值在算法中的体现与应用至关重要。2021年,通过如"总台算法"和"川观算法"等研发成果,媒体在融合过程中已经迈出了为构建良好传播生态的重要步骤(黄楚新,常湘萍,2022)。

值得注意的是,自2014年起,中国已有多家媒体开始公开发布其履行社会责任的报告,这一做法不仅增进了公众对媒体的了解,同时也有效提高了媒体对自身社会责任的认知。到2022年,发布此类报告的媒体数量从最初的11家试点媒体已增至20家,展现出媒体对于社会责任重视的趋势(鲸平台,2022)。参与的媒体包括经济日报、中国中央电视台、中国青年报、人民网、新华网等中央新闻单位和新闻网站,以及河北日报、解放日报、浙江卫视、齐鲁晚报、湖北日报传媒集团、湖北广播电视台等地方新闻单位。社会责任报告内容包括履行政治责任、阵地建设责任、服务责任、人文关怀责任、文化责任、安全责任、道德责任、保障权益责任、合法经营责任等方面。

如今,大数据、算法使得新闻信息传播的速度更快、范围更广,这使得新闻传播面临着许多伦理挑战。如应用算法推荐技术的今日头条、抖音等平台运用大数据算法来对用户的喜好进行识别,然而自动分发机制中可能会掺杂大量广告推销、虚假、低俗信息。例如,算法的广告收入可能会让媒体运用这一机制去挖掘用户的喜好,从而实施诱导性消费,包括一些用户的低俗偏好等都会成为传统新闻生产低劣内容的理由。例如,2018年国家广播电视总局责令今日头条关停"内涵段子"客户端以及公众号,并要求其对相关类似的视听类节目进行整改,因为其在新闻信息传播的过程中多次出现导向不正、格调低俗等问题。因此,智能媒体时代,媒体机构应深切认识到其所承担的社会责任。

第 4 章
中国智能媒体演化的影响因素研究

4.1 媒介演化与国家创新生态系统理论

4.1.1 媒介生态视域下的媒介演化

4.1.1.1 演化的内涵与外延

"演化"这一概念源自英文词汇"evolution",该词原是拉丁文,指卷曲之物的展开。1774 年,瑞士生理学家阿尔布雷希特·冯·哈勒(Albrecht von Haller)首先将其用于先成论的描述中。19 世纪,英国哲学家兼诗人赫伯特·斯宾塞(Herbert Spencer)是首个将其准确地应用于演化理论中的人。斯宾塞对演化的描述是,它代表了物质从无序到有序、从同质到异质,以及从简单到复杂的有序的演进过程。至 19 世纪晚期,人们开始将"evolution"定义为"从简单到复杂的缓慢有序的发展过程"。

"进化"作为"演化"的相关翻译,主要用于生物学领域,指的是生物在世代间展现出的差异性现象及解读这些现象的相关理论。进化的核心机制建基于生物的遗传变异、环境适应以及物种间的竞争,而自然选择则决定了哪些物种特性应该被保存或淘汰,或者甚至引导新物种的诞生与既有物种的灭绝。从词源的角度分析,我们可以发现"演化"与"进化"在概念上存在内在的联系。

首先,随着生物学向交叉学科的转变,"进化"的概念也逐渐泛化。查尔斯·达尔文(Charles Darwin)的《物种起源》为现代进化论奠定了基石,尽管他在该书的第一版中并未使用"进化"这一术语。达尔文所描述的"演化"实际是指生物在形态、生理和行为上跨世代的缓慢、遗传性的变化。演化是无目标的,但驱使其的力量是有方向性的。而随着多领域的科学进展,人们逐渐将"进化"这一概念延伸到生物学之外,以此解释各种非生物现象或事物的变迁,如进化博弈论(Evolutionary Game Theory)。

其次,生物的进化阶段与智能技术及媒体的演化阶段之间存在着显著的相似性。从系统论的角度看,无论是技术的演化还是生物的进化,它们的本质都是系统内部简单与复杂因素的相互作用。例如,生物体系内的单细胞到多细胞、水生到陆生的进化,都可视为系统内部各因素之间简单化与复杂化互动的结果。同理,技术从简单到复杂的演进也代表了技术系统内部简单元素与复杂元素的交互。

无论是生物的进化还是技术的演化,它们都代表了某种系统从简单到复杂的有序变迁(李键江,2020)。

4.1.1.2 媒介演化的路径

20世纪60年代,学术界见证了一种独特的"生态化"转向,其中"Media Ecology"成为一个标志性的概念。在这种变化中,生态学的隐喻被广泛应用到社会科学和人文学科,而马歇尔·麦克卢汉(Marshall McLuhan)和尼尔·波兹曼(Neil Postman)对此起到了关键作用。麦克卢汉首次提出了Media Ecology 的概念,波兹曼则不仅在公共领域推广了这一概念,而且进一步形式化并赋予其理论的内涵。他强调媒体作为一个环境的重要性,而不仅仅是一个传输信息的工具。在后续的研究中,学者们将视角扩展至媒体如何作为一个"物种"与其他物种相互作用(高存玲,2018)。

进入 21 世纪,崔保国首次将北美的 Media Ecology 引入中国,并将其译为"媒介生态学"(崔保国,1999)[30-50]。这一理论不仅着眼于媒体的生存环境,而且从生态学的角度探讨了人与媒介、自然和社会之间的相互关系。例如,邵培仁从媒体演化的角度分析了媒体的生存策略,指出它们并不总是遵循弱肉强食的法则,而更多的是基于互助和合作(邵培仁,2001)。长期以来,北美媒介生态学聚焦于媒介对人类社会的影响,忽视社会因素对媒介的反作用,而国内的"媒介生态学"恰好侧重"媒介的生存环境"维度,这与北美媒介生态学形成互补。因此,将"作为环境的媒介""作为物种的媒介"和"媒介的生存环境"三者相结合,更有利于媒介生态学派的发展,也更符合中国国情(许丽霞,张华,2019)。

回溯媒介的历史发展,从最原始的莎草纸到现代的互联网,媒介的进步在很大程度上取决于当时的技术水平。例如,照片、电话和 VR/AR 技术都是在其前身技术的基础上发展起来的,旨在捕捉和再现那些在早期技术中失去的感知和体验。

然而,媒介技术的进步也伴随着一系列挑战。虽然新技术提供了前所未有的便利,但这些便利往往会导致我们失去一些原有的能力。这种趋势被称为"自我残化",即为了获得新的技能和能力,我们不得不放弃或减弱一些现有的能力。

麦克卢汉的"媒介四定律"和保罗·莱文森的"补救性媒介"理论都深入探讨了这一现象。两者都指出,新技术的出现和发展往往是为了弥补旧技术的不足。但随着技术的不断演进,我们发现自己越来越依赖外部工具和设备,而这些工具和设备本身也变得越来越复杂,需要更多的技术支撑。

麦克卢汉的"媒介四定律"针对新媒介对旧媒介及社会影响,提出"提升""逆转""过时""再现"四个概念(莱文森,2014)[79-84]。例如,数字技术的出现提升了传受关系,每个人既是传播者,又是受传者,同时还是信息生产者。世界逆转成为有声电影,观众即演员,期待参与;这在很大程度上象征着理性与线性印刷文化的终结,接着文化传统及文字素养逐渐过时,再现部落生态环境。保罗·莱文森提出"补救性媒介"理论,即人类的理性在媒介技术的演化过程中起决定性作用,选择性地使用媒介,每一种新的媒介都是对于旧媒介的不足进行的补救与完善。无论是麦克卢汉的"媒介四定律",还是保罗·莱文森口中更符合人性化趋势的技术,都是通过残化来提高自我独立生存能力的(许丽霞,张华,2019)。

每一种新技术革命都是人的自我残化,我们通过不断创造补偿性技术延伸假体,以增加人类的生物功能。人将环境改造或创造得更符合人性需求的同时也逐渐失去作为动物的生存技能,独立生存能力大大降低,即技术的发展让人类的能力越来越强的同时,也让人类的独立生存能力越来越弱,而弥补生存能力降低的一个重要方式就是与媒介技术建立"共生关系网"(许丽霞,张华,2019)。

从传统媒体、互联网媒体、社交网络再到智能媒体,过去的十年媒体行业经历了过去几十年都未曾有过的变革与创新。未来媒体生态将会如何演化呢?

首先,虚拟与现实的融合。未来媒体将打破现实与虚拟的边界,搭载智能技术,促进虚拟世界与现实世界的"融合"(段鹏,2018)。未来媒体使李普曼曾经提出的"拟态环境"设想成为现实,人类有能力通过利用具有智能特征的未来技术按照自己的意愿创设出一个又一个基于现实基础,同时又符合人类主观想象的虚拟与现实"融合"的世界。在未来媒体的推动下,现实社会与人类的主观世界更为接近,而主观世界的丰富又增强了人们对现实社会的体验和感受。但人类需意识到,未来给人们带来的"享受"和"自由",何尝不是一种"制约"和"束缚",从某种程度上来说,它抑制了人类的"理性",也让价值失去"意义"。在运用未来媒体时,只要人类时刻保持理性思维,那么价值、意义、体验和新的社会现实都将被重新建立,未来社会在未来媒体的建构下将会变得更加完善和美好。

其次,人工智能语境下的未来媒体,将会是人全方位感官的"延伸"。麦克卢汉有一个观点即"媒介是人的延伸"。未来智能技术作为媒介的一种核心力量,支撑着未来的传播形态。而智能语境下的未来媒体技术可以通过实现人全方位感官的延伸促进外在世界与虚拟的"交融",让客观与人的主观"交融"。在未来社会中,未来智能媒体与人的身体的界限将被打破,人的感官将不断进化为可使用的媒介,甚至与智能媒介融为一体。全方位智能化的人类和深层次智能化的社会将会成为现实。智能媒体不再仅仅是感官的延伸或工具,它使人类的日常场景与多种设备深度融合,使人类身体、心灵以及技术高度统一,即身、心、媒体三者融合为一个整体的系统以获取和生产信息,从而更好地感知与认知世界。人与媒体相互依存又相互促进,在融合中共生共存。

最后,"智能影像化生存"同样是未来社会的重要趋势。未来影像是未来媒体的核心因素,智能媒体语境下的未来影像,正是为人类创造了一个类似于"智能影像化生存"的体验环境。未来影像可以随时随地把用户带到"无法到达的地方",使之身临其境,获得实感体验,这时虚实"交融"、主客"交融"、人的感官体验与心理想象"交融"。在未来社会中,"智能影像化生存"会为人类提供一个无缝对接理想和现实的机会,人类凭借着对智能的运用,创造出"零点智媒"时代的全新可能性(段鹏,2018)。而随着脑科学的发展,未来人类信息通信技术发展的极致应是破译自然人脑的秘密,进而将脑机交互技术与媒介技术融合,实现对自然人智能的模拟和再造,甚至是人脑实体之间超时空的信息传输。未来,信息将通过智能化,实现全社会的信息共享。

4.1.2 国家创新生态系统理论

丹麦经济学家本特-奥克·隆德瓦尔(Bengt-Ake Lundvall)最早提出"国家创新系统"这一表述,英国学者克里斯托弗·弗里曼(Christopher Freeman)于1987年在其著作《技术政策与经济运行:来自日本的经验》中正式阐述了这一理论的范畴。2004年,美国竞争力委员会在其《创新美国》报告中首次提出在美构建"创新生态系统"。报告明确指出,应将创新看作一个生态系统,而非机械的线性过程,社会政治、经济多种因素在系统中相互作用(颜永才,2013)[22-23]。所谓的国家创新生态系统,是指在技术、知识创新与社会形态深度融合的情境下探讨国家创新系统构建模式的一种研究范式。相较传统的创新研究方式,它主要借鉴生态学研究方法,着重研究生态系统主体之间的网络关联、学习机制和共生演化等,强调以复杂系统的适应性来解释创新的价值与选择,从而实现创新测度与评价从简单线性思维向多维视角复杂系统的模式转变(褚建勋,2018)[IV]。

国家创新系统的主要构成元素有研究和发展机构(包括大学、政府实验室和私营部门的研究设施)、教育和培训机构(为国家提供技能和知识的工作力量)、企业和产业集群(创新活动的主要场所,包括新技术的开发和商业化)、制度环境(如法律、政策、规定和标准,可以刺激或抑制创新活动)、基础设施(包括物理和技术基础设施,如交通、通信网络等,支持和促进创新活动)、金融市场和机构(为创新项目提供资金支持)与文化和社会价值观(关于风险、企业家精神和创新的看法可以影响个体和组织的行为)等。国家创新系统强调了各种因素如何共同作用以支持和促进创新。

随着全球化的不断深入和技术进步的加速,创新已成为国家竞争力的核心。为了深入理解国家创新的动态和复杂性,研究者们提出了多种理论模型,试图解释和描述国家创新生态系统中各种相互关联的因素。

4.1.2.1 三螺旋模型

三螺旋模型(Triple Helix Model)是由亨利·埃茨科维茨(Henry Etzkowitz)和洛特·莱德斯多夫(Loet Leydesdorff)于20世纪90年代提出的(Leydesdorff,Etzkowitz,1996),旨在解释大学、产业和政府三者间如何紧密协同,形成一个促进创新和知识产出的强大系统。这种模型将三者视为创新活动中的关键参与者,并强调了它们在现代知识经济中的共同作用和相互影响。

在三螺旋模型中,大学不再仅仅是教育和研究的场所,还是知识和技转移的核心。大学与产业界的合作使其能够将研究成果转化为商业应用，同时也吸引了商业资金来支持研究活动。产业不仅是技术和知识的应用者，还是创新的主要驱动力。通过与大学和政府的合作，产业能够获得先进的研究工具和资源，加速研发和市场推广过程。政府在该模型中起到桥梁和促进者的作用，通过制定相关政策、提供资金支持和创建创新友好的环境，使大学和产业的合作变得更加紧密。

三螺旋模型的关键在于三者间的动态互动。这些互动包括知识共享、资源配置、政策制定、研发合作等。例如，大学与产业合作开发新技术，而政府则为这种合作提供税收优惠或资金支持。这三者间的协同作用形成了一个强大的创新驱动力，通过相互之间的合作与互补，它们能够共同应对技术挑战，加速创新过程，最终带动社会经济的快速发展。

许多国家已经认识到三螺旋模型的价值，并在实践中采用这种模型来促进创新。政府、大学和产业界的代表经常在创新论坛和工作组中共同讨论和制定策略，以确保创新生态系统的健康和持续发展。

4.1.2.2 开放创新与创新价值链

开放创新是一种相对于传统封闭创新模式的新型创新策略，由亨利·切萨布鲁夫（Henry Chesbrough）提出。他认为企业在当今快速变化的环境中，应该超越其界限，积极从外部引入和分享知识和技术。例如，企业可以购买或许可第三方的技术或知识，而不是完全依赖内部开发；与外部伙伴，如大学、研究机构或其他企业共同进行研发活动；使用知识市场进行知识和技术的买卖；借力技术经纪人和创新中介机构帮助企业找到外部的创新合作伙伴；发布开放性的创新挑战，激励广大社群为某一问题或需求提供解决方案（Chesbrough，2006）。

要想开放创新，一是加速研发过程，通过利用外部资源，企业可以更快地将产品推向市场；二是降低研发风险，通过与多个伙伴合作，分散研发的风险；三是访问新市场和技术，开放创新允许企业访问到其传统业务之外的新市场和技术。在开放创新模式下,企业需要重新评估其研发策略,考虑如何最大化地利用内外部资源,以实现持续的创新和增长。

创新是企业成功的关键,但如何有效地进行创新并非易事。莫腾·汉森(Morten Hansen)与朱利安·伯金肖(Julian Birkinshaw)通过研究,为企业提供了一个清晰的创新路径,主要分为三个主要阶段:创意产生、转化和扩散(Hansen,Birkinshaw,2007)。创意产生是创新过程的起点,涉及从内部员工、客户、合作伙伴和外部创新社区中收集新的点子和建议。转化阶段的目标是将初步的点子转化为可行的项目或产品,这可能涉及原型开发、市场测试和迭代。在扩散阶段,成功的项目或产品将在整个组织内部或向外部市场传播,确保最大化的价值获取。通过创新价值链的框架,企业可以更系统地理解创新过程,并据此制定有效的创新策略。

4.1.2.3　创新生态系统地图

罗恩·阿德纳(Ron Adner)提出创新生态系统地图的概念,描述了与创新相关的各种元素及其关系(Adner,2017)。创新生态系统可以被定义为一个涉及多方参与者、资源和活动的网络,这些元素共同合作、共同努力,在不确定性中创造和交付价值。这个系统包括:一是核心企业或组织,主导创新的公司或实体;二是合作伙伴和供应商,为核心企业提供关键的产品、服务或技术;三是用户和消费者,从新的创新中获得价值的个体或组织;四是补充资产提供者,指那些为整个生态系统提供必不可少但不是核心价值的参与者;五是竞争者和替代品提供者,是可能对生态系统中的某些元素产生威胁的实体。

绘制生态系统地图的基本步骤包括:一是确定核心企业,在地图中标示出主导创新的核心实体;二是识别关键参与者,确定供应商、合作伙伴、消费者和其他参与者,并将它们添加到地图上;三是绘制关系线,显示各参与者之间的互动和关系,这些可以是合作、竞争、依赖等;四是突出显示关键交互,某些互动对创新的成功至关重要,应该在地图上特别标注。

生态系统地图不仅仅是一个理论工具,而且在实践中有着广泛的应用。例如,策略制定——公司可以使用生态系统地图来确定其在创新中的位置和角色,以及如何与其他参与者合作;风险管理——通过识别潜在的威胁和瓶颈,公司可以更好地应对和规避风险;合作伙伴关系建立——生态系统地图可以帮助公司识别潜在的合作伙伴,并建立强有力的关系。总之,创新生态系统地图为公司提供了一个强大的工具,可以帮助公司更好地理解和导航在创新过程中的复杂网络。

4.2 智能媒体演化的影响因素分析

在国家创新生态系统视域下,智能媒体演化的影响因素可以分为五大类:创新生态环境优化、技术赋能、机制创新、产业协同和智力支持。

4.2.1 创新生态环境优化:激发创新活力

随着科技在国际竞争与经济社会发展中扮演的角色越来越重要,各国纷纷把创新战略放在核心位置,全球创新竞争进入前所未有的激烈期。世界主要国家和地区,如美国、欧盟、日本、韩国、印度等,根据自身特点部署面向未来的科技创新战略。由于国情不同,不同国家的创新生态系统特色各异,如美国生态系统建设侧重国家安全与全球合作;欧盟侧重产业创新集群;以色列则偏向利用风险投资体系稳健推动创新发展;中国通过政府主导,加大财政投入与人才培养,提升创新能力。

中国政府高度重视创新在国家经济发展中的核心地位。1992 年中国正式建立战略性新兴产业,2009 年开始更加深入地探讨科技治国。中国制定了《国家中长期科学和技术发展规划纲要(2006—2020年)》,把建设创新型国家作为战略目标。创新正在进入新的发展阶段(德勤咨询,2019)。

在全球创新体系中,中国从2016年的第26位一路攀升至2019年的第14位,是前30名中唯一的中等收入经济体。中国在研究人员、科技出版物和国内专利申请的绝对数量上,位居全球第一。中国的研发支出占GDP的2.1%,全球排名第15名。中国高校的科研实力进步显著,在2020年的QS世界大学排名中,中国大陆共有6所高校排名位于全球前100名,而2017年这个数量仅为4所。中国在科研上的发展重心正逐渐从对论文数量的追求转变为提升论文质量和国际影响力。2018年,中国在重要国际学术期刊上发表的论文数量位居世界第四,论文被引用次数位居世界第二。在创新技术方面,中国PCT专利申请人的数量仅次于美国,位居世界第二,华为则成为2018年全球位列榜首的公司申请人。PCT专利申请作为检验国家科技创新的实力指标,表明中国已经成为科技创新的大国(德勤咨询,2019)。

4.2.1.1 经济实力稳步提升

全球新一轮科技变革和产业革命催生新产业、新业态、新模式,并对全球产业链、创新链、价值链产生前所未有的深刻影响,重构全球创新版图,重塑全球经济结构(宋华盛,2022)。

面对复杂多变的国际环境,中国经济社会发展取得了全方位、开创性的成绩。2021年中国经济占全球经济比重由2012年的11.4%增长到超过18%,中国作为世界第二经济大国的地位得到巩固提升。2012—2021年,国内生产总值从54万亿元扩大至114万亿元,名义GDP扩大了60万亿元,相当于翻了一倍多;实际GDP增长了76.9%,年均增长率6.5%,实现了中高速增长,这一增速在世界主要经济体中名列前茅。同时,中国人均GDP突破1.2万美元。2021年,中国人均国内生产总值达到80976元人民币,按年均汇率折算为1.2551万美元,超过了全球人均GDP水平,已接近世界银行划定的中等收入国家人均GNI的上限即高收入国家的下限。这标志着中国经济向中高端水平迈进也取得了新突破(张霞,2022)。

4.2.1.2 创新环境建设成效显著

从研发投入看,中共中央宣传部公布的数据显示,从2012年到2021年,中国科技投入大幅提高,全社会研发经费从1.03万亿元增长到2.79万亿元,居世界第二位;研发强度从1.91%提高到2.44%,全球创新指数排名由第34位上升到第12位;基础研究经费是十年前的3.4倍,达到历史最高值(中国经济网,2022)。研发的持续高强度投入给中国带来的好处也是显而易见的,一大批核心技术纷纷突破,创新能力越来越强。保持这样的科技进步势头,未来10年内,中国有望攻破所有被"卡脖子"的技术,做到核心技术自主可控(中国经济网,2022)。世界知识产权组织《2021年全球创新指数报告》数据显示,2021年中国在创新领域,排名第12位,且第一次超越日本(第13位)。

从研发平台来看,中国近年来打造了多个高能级研发平台,包括一批国家实验室、综合性国家科学中心以及多类型新型研发机构。2021年3月,《中华人民共和国国民经济和社会发展第十四个五年规划和二〇三五年远景目标纲要》发布,支持北京、上海、粤港澳大湾区形成国际科技创新中心,建设上海张江、安徽合肥、北京怀柔、大湾区综合性国家科学中心,支持建设区域科技创新中心(新华社,2021),支持发展新型研究型大学、新型研发机构等新型创新主体。研发平台已成为国家重要战略科技力量。

从创新产出方面来看,科技产出量质齐升。2021年高被引论文数为42920篇,排名世界第2位,是2012年的5.4倍,占世界比重为24.8%,比2012年提升17.5个百分点;每万人口发明专利拥有量从2012年的3.2件,提升至2021年的19.1件;PCT专利申请量从2012年1.9万件增至2021年6.95万件,连续三年位居世界首位;2021年技术合同成交额达到37294亿元,是2012年的5.8倍,占GDP比重达到3.26%。在加强科学技术普及方面,公民具备科学素养的比例由2010年的3.27%提高到2020年的

10.56%（中国经济网，2022）。英国《自然》杂志增刊"2022年自然指数五强"显示，从自然指数的主要衡量标准，即贡献份额来看，2015年以来，美国、中国、德国、英国和日本五大科研强国一直全球领先，科研产出累计占自然指数贡献份额的近70%。其中，中国的科研产出大量增加，2015—2021年经调整后的自然指数贡献份额激增，增幅远超其他四国（新华社，2022）。

4.2.1.3 创新人才加速集聚

2021年习近平总书记提出加快建设世界人才中心和创新高地，从中央到地方出台了一揽子人才招引政策。中国科技人才队伍规模不断扩大，结构日趋合理，创新能力显著增强。数据显示，2021年，中国研发人员总量预计为562万人年，是2012年的1.7倍，稳居世界第1位；每万名就业人员中研发人员数量由2012年的42.6人年预计提高到75.3人年（中国经济网，2022）。2020年底，中国科技人力资源总量达11234万人，连续多年居世界第一，比2012年增长了4529万人。其中，作为科技人才后备军的研究生队伍也在逐年增加。2020年，全国硕士研究生和博士研究生在学人数分别为267.30万人和46.65万人，相比2012年分别增加了123.7万人和18.27万人（陈凯华，2022）。

科技人才队伍结构不断优化。一是基础研究人员占科学研究和试验发展（Research and Development，R&D）人员比重日益提高。2020年，中国基础研究人员全时当量为42.68万人年，占R&D人员比重为8.15%，显著高于2012年基础研究人员占比。二是科技人才队伍的年龄结构逐渐优化。青年科技人才得到更多支持。据国家科学技术奖励工作办公室统计，2019年中国科学院新增选的院士平均年龄为55.7岁，2019年度国家自然科学奖获奖成果完成人的平均年龄为44.6岁。三是科技人才队伍的学历层次结构不断优化。R&D人员具有本科及以上学历的比例大幅提高，由2012年的50.27%增长至2020年的63.58%。其中，具有硕士或博士学历人员占比在2020年达到23.13%，与2012年19.55%相比有较大增长。四是科技人才队伍的性别结构更加平衡。女性科研人员的数量增长较大;科技人才男女比例从2012年的3.00下降至2020年的2.81(陈凯华,2022)。

科技人才创新能力逐步提高,涌现出一批具有全球影响力的科技领军人才。2021年的中国全球人才竞争力综合指数世界排名为第37位,相比2013年提高了10位(陈凯华,2022)。

4.2.1.4 产业生态良性发展

人工智能技术不断取得新突破。2020年12月,清华大学朱文武教授带领的网络与媒体实验室发布了全球首个开源自动图学习工具包:AutoGL。同时段,中国科学技术大学潘建伟团队与中国科学院上海微系统所、国家并行计算机工程技术研究中心合作,成功构建领先全球的超级计算机——76个光子的量子计算原型机"九章"。中国人工智能从基础支撑、技术驱动再到场景应用都在不断趋向成熟,其发展趋势为:第一,深度学习技术正从语音、文字、视觉等单模态向多模态智能学习发展;第二,人机交互更加注重情感体验;第三,未来AI将呈现多平台多系统协同态势;第四,聚焦于"端侧AI"。

在政策红利、经济发展与行业需求的驱动下,人工智能应用成果不断加速落地,安防、教育、医疗等领域将会成为人工智能大规模商用的产业(深圳市人工智能行业协会,2021)。随着市场规模不断扩大、企业数量大幅增加、行业人才继续流入,同时行业配套的法律法规也越来越完善,机构的投资行为逐渐趋于理性。数据显示,截至2020年6月,中国人工智能企业数量达到5125家,较全球各国人工智能企业数量而言,位列第二(深圳市人工智能行业协会,2021)。传统科技巨头百度、阿里巴巴、腾讯、科大讯飞在人工智能领域处于领先地位。除此之外,国内还有诸多AI创业公司正在探索新技术,传统行业公司也在大力引入人工智能,进行转型升级,实现生产自动化、智能化,提高生产效率与利润。新的细分领域在不断涌现,传统行业在发生深刻变革,中国已经形成良性人工智能发展生态环境。

4.2.1.5 政策支持力度不断加大

中国组建了由科学技术部、国家发展改革委、中央网信办、工业和信息化部、中国工程院等多个部门参与的 AI 联合推进机制。其中,科学技术部牵头制定了由国务院印发的《新一代人工智能发展规划的通知》,并着手重大项目规划;国家发展改革委牵头制定了《互联网＋人工智能三年行动实施方案》,发起成立人工智能产业发展联盟;中央网信办、工业和信息化部、中国工程院等部门也均积极推动人工智能发展。《新一代人工智能发展规划的通知》要求,共 15 个国家部门构成的人工智能规划推进办公室于 2017 年成立,办公室设在科技部,着力推进项目、基地、人才统筹布局,打造国家级专家库,成立新一代人工智能战略咨询委员会。

政策红利不断释放。例如,在芯片方面,推出了一系列优惠政策、资金扶持计划。2020 年,中国发布国产芯片五年计划,预计在 2025 年内实现 70% 的芯片自给率。"十四五"规划建议中指出,要瞄准人工智能、量子信息、集成电路、生命健康、脑科学等前沿领域,实施一批具有前瞻性、战略性的国家重大科技项目。人工智能被放在了前面,这在一定程度上说明了其重要性上的优先级(深圳市人工智能行业协会,2021)。与之密切相关的是,国家近年来连续出台了多项配套政策,以支撑人工智能产业的发展。例如,出台《关于完善科技成果评价机制的指导意见》,进一步改革完善中央财政科研经费管理,给予科研人员更大经费管理自主权,突破体制机制障碍,调动科研人员的积极性。

4.2.2 技术赋能:提供核心驱动力

在智能技术变革的背景下,媒体演进发生了翻天覆地的变化,智能媒体及其所开创的新的社会实践正在重构着社会形态和人们的生活方式。社会的发展和进步之路必然经历变革,如瓦特改良蒸汽机为第一次工业革命的标志,人类进入了蒸汽时代。爱迪生发明的电灯带来了第二次工业革命,为人类开启了电气时代的大门。而以原子能、电子计算机、空间技术和生物工程的发明和应用为主要标志的一场信息控制技术和革命带动了一大批新型工业和第三产业的迅速发展,其中最具划时代意义的电子计算机的迅速普及开辟了一个崭新的信息时代。今天,在第三次工业革命的成果持续造福人类的同时,智能技术所引发的新一轮革命浪潮也已经到来。

智能技术旨在通过研究人类智能活动的规律,构造具有一定智能的人工系统,进而研究如何让计算机去完成以往需要人的智力才能胜任的工作,也就是研究如何应用计算机的软硬件来模拟人类某些智能行为的基本理论、方法和技术。对于智能媒体硬件、软件技术的了解和探讨是智能媒体研究的基础。

技术是智能媒体发展的原动力,也是智能媒体发展的重要底层支撑。人工智能等智能技术之间的补偿,可以共建一个信息生产协同化、信息分发公开透明化、传播效果监测动态实时化、人与机器彼此信任的媒体系统(程明,程阳,2021)。2021年,在"科技冬奥"理念引领下,智能媒体应用亮点频出:第一,"无人混合采访系统"依托"AI＋5G＋超高清视听处理＋云大物＋区块链技术",使运动员和记者在分割状态下完成新闻发布;第二,云转播借助 OBS Cloud(奥林匹克转播云)向全球传播方分发内容,满足制作人员远程创作、管理、分发的需求,并推出"子弹时刻"效果,支持全方位慢放等特效;第三,AI 手语主播基于手语翻译引擎、自动动作引擎等,实现精准、连贯的手语呈现,让听障人士感受冬奥激情;第四,数字分身广泛应用于赛事解说、新闻播报、互动游戏等,既承担了主播的工作,又让用户在互动中体验冬奥,营造"全民参与"的氛围(中国传媒大学新媒体研究院,新浪 AI 媒体研究院,2020)。

当前,应用比较广泛的智能媒体技术主要包括物联网、传感器、机器人写作、大数据、云计算、5G 等。物联网(Internet of Things)作为一种联通人和万物的媒介技术,将"人的延伸"发展到极致。在物联网时代,传感器作为

"触角"延伸到社会的各个角落,被广泛应用于智能基础设施建设的各个方面。首先,传感器包括与个人生活非常贴近的智能家居、智能医疗、可穿戴设备这些终端,它们可以感知和记录人的生理行为数据,并且以此为基础为用户提供更加智能的服务。而传感器新闻即通过传感器获得数据分析,经过分析整合,将其以一定的方式融入新闻报道,进而完成"讲故事"的新闻生产模式(史安斌,崔婧哲,2015)。在物联网社会,一些传感器技术公司凭借对用户数据的掌握,逐渐向新闻生产的核心地带渗透。新闻生产的主体也相应扩展到了掌握智能机器、传感器数据的 IT 巨头和物联网企业。"媒体大脑"是新华智云自主研发的国内首个媒体人工智能平台,"2410"是其智能媒体生产平台,在这条面向未来的内容生产流水线上,处在首端的传感器发挥着媒体之眼的作用,结合新闻发生地附近的多维数据,实时检测新闻事件,超高速、全天候地提供全景式新闻线索和素材,帮助记者发现第一手的新闻线索,并给记者提供多维信息和数据,这样记者写出的报道就会更具广度和深度。此外,传感器甚至能采集到用户的心跳、体温、地理位置等感官无法获取的信息。在 2018 年两会期间,新华网引入生物传感器的智能机器人 Star,它能实时捕捉观众在收听政府工作报告期间的生理变化,再通过人机交互等技术,将人类生理的模拟信号转变为机器的数字信号,最后以科学的"读心术"精确地将观众最真实的情绪曲线以可视化的方式描绘出来,生产出国内首条生理传感新闻(SGC),这也是业界首次把情感交互技术应用于时政新闻领域。

机器人写作的研究和应用标志着人机合一、多元主体去中心化的写作体系,正在逐渐成为新闻生产过程中的重要形态。美联社的 Wordsmith 在 2014 年已经为客户创造了 10 亿多篇文章和报道,平均每秒 2000 篇;《纽约时报》的机器人 Blossom blot 可以预测哪些内容具有社交推广效应,可以帮助编辑挑出适合推送的文章和内容,甚至可以独立制作标题、摘要文案和配图。在国内,新华社的快笔小新、腾讯的 Dreamwriter 以及今日头条在里约奥运会期间启用的 AI 体育新闻记者张晓明等,都已受到学界和业界的认可。虽然目前机器人写作还处于初级阶段,但它对数据进行深度挖掘和处理的优势已经凸显出来。

大数据和云计算等技术已经在信息的获取和分发方面被广为应用。以国内为例,智能技术通过爬虫技术在全网进行信息抓取可以轻松获得海量级的流量入口,这一点已经使得传统的新闻媒体黯然失色,同时还可以通过对用户手指的点击与触摸行为进行分析,抓取用户的需求和兴趣,甚至深层次地追踪这种需求和兴趣的转移情况。在获取足够规模的用户数据后,用户池得以被建立。在完成用户分群、模型建构的同时,协同过滤现有的内容平台,并打通与其他资源之间的通道,提升多元的内容分发匹配用户的黏性,进一步带来数据利用、增值和变现的可能性。

5G对传播的影响体现在万物互联传感器存在的情况下,它会实现生理性连接、心理性连接,连人的情绪都可以进行数字显示,整个社会就会呈现出全新样貌,社会管理、社会协同、社会协调以及人民的生活都会发生翻天覆地的改变。因此,5G技术带来的是对信息网络所连接的关系总体性重构。5G的应用将创造一个无限量的巨大信息网络,人与人之间的通信走向人与物、物与物之间的通信,创造智能终端之间的超级链接,从而巨大且深刻地改变我们的生活和社会。2022年全国两会期间,新华社新立方智能化演播室运用"5G沉浸式跨屏访谈",通过5G、CAVE(基于投影的虚拟现实)技术、MR(混合现实)技术、LED屏幕多角度三维缝合技术等,将代表委员所在的场景在演播室做等比例还原,在有限的真实空间中,打造出无限宽广丰富的沉浸式环境,实现了两个真实空间的虚拟交错,从视觉效果上达到与拍摄环境的最佳融合。

作为新一轮全球科技革命和产业变革的核心驱动力,人工智能已经到达了可以真正走进工业、产业界,并为人类服务的阶段,其在自动驾驶、安防、医疗健康、金融、零售、娱乐、VR、AR这些领域的应用也将成为新的生产力,激发新产业、新业态、新模式,成为第四次工业革命的主要推动力之一。我们正在飞快地进入一个由人工智能驱动的全新时代。

4.2.3　机制创新：注入发展动能

党的二十大报告指出："加强全媒体传播体系建设,塑造主流舆论新格局。"党的十八大以来,党中央高度重视新闻舆论工作,作出推动媒体融合发展的重大决策部署,从建设立体多样、融合发展的现代传播体系到构建全媒体传播格局,再到建设全媒体传播体系,通过不断深化体制机制改革,中国全媒体传播体系建设方向路径日益明晰、成效日益显著。这些努力显著提升了新型主流媒体的传播力、公信力和影响力。随着体制机制改革向深水区迈进,中国的全媒体传播体系建设朝着更高效、更融合、更全面的方向迈进,智能媒体亦迎来发展黄金期。

在数字经济崛起后,传媒产业发生了跃迁式的变革。不仅传媒产业中的数字媒体产业部门在快速增长,全行业包括传统媒体产业也进行了更大力度的体制机制创新,以适应新变化,释放新动能。

4.2.3.1　传统体制机制对智能媒体发展的约束

从最早的广告经营尝试到 20 世纪 90 年代初期一些媒体的事业单位管理、市场化运作尝试,再到 21 世纪后的报纸广电媒体纷纷成立传媒集团的大潮,中国主流媒体自改革开放以来就一直在进行体制机制改革的积极探索。然而,随着基于移动端的社交媒体的横空出世和移动应用的指数级增长,传统主流媒体在顶层决策机制、资源配置手段与方式、外部供应链与价值链系统,以及内部组织架构与流程等各个方面,都暴露出了难以适应和匹配网络信息时代需求的窘态和疲态(胡正荣,2020)。

在传媒行业的改革创新中,体制机制创新既是题中应有之义,也是其他创新取得成功的重要条件。转型改革的过程中,人事结构复杂、体制机制不畅、观念滞后、改革内生动力不足等问题,是阻碍媒体深度融合发展的主要因素。传统体制机制过于陈旧,行政化色彩过重,任务导向突出,激发的创造力不够,往往忽视用户服务,难以转化为造血功能和竞争力。传统的体制机制改革仍然是在工业时代传统媒体思维框架下进行的,机构设置分散、内部信息流通闭塞以及技术对接标准迥异的体制机制自然难以实现"实现信息内容、技术应用、平台终端、管理手段共融互通"(黄楚新,邵赛男,2021)。对于各级主流媒体来说,要落实加快推进媒体融合迈向纵深,就必须将体制机制的迭代创新作为转型发展的关键环节,在全媒体思维的引导下重组结构、优化流程,探索出符合网络信息时代的全新体制框架和机制体系(胡正荣,李荃,2022)。

第一,传统组织架构、业务流程不适应。近年来,一些媒体敢于先行先试,正在逐步探索改变原有的编辑部办公模式,在空间意义上完成了平台的架构和新旧媒体的融合,但更多仅仅停留在对外部形态的改造上。传统的新闻生产主要在编辑部内部展开,是一个相对闭环的生产过程,所有生产环节依靠组织内部的力量即可完成,而在智能化新闻生产模式下,跨部门、跨行业、跨领域的开放共享和大规模协作成为必然趋势,这就要求在实际生产运作中进一步理顺生产关系,重构新闻生产流程。

第二,资金制约。对人工智能投入产出比的讨论是国内外传媒业热议的共同话题。人工智能软硬件的引进开发及数据库构建管理等,都需要较高资金实力。但在这样的成本之下,"机器人写稿、审稿是否真的有更高的准确率","把训练机器、更新数据库的成本用来聘用更多员工会不会更划算"等疑问仍然存在着。

第三,人才队伍建设面临新课题。面对人工智能时代技术发展的新趋势,一些传统媒体人员队伍能力跟不上媒体智能化发展要求,不能熟练运用新技术、新手段,存在"本领恐慌"。与此同时,媒体智能化发展所需要的复合型人才、创新型人才匮乏,特别是在技术、运营等部门,领军人才少之又少。由于体制机制掣肘,传统媒体大多存在"留不住""用不好""招不来"等难题,亟待优化考核激励机制,盘活人才资源,打造适应目前传播规律的选人用人新机制。

4.2.3.2 智媒时代深化体制机制改革创新

大量案例说明,推动媒体融合,需要在内容、渠道、平台、管理、经营、人才、科技等方面下功夫,但起关键作用的还是体制机制改革。体制机制改革主要是要解决如何激发人的创新创造活力问题。在智媒时代背景下,不进行体制机制改革,媒体深度融合只能是句空话。近年来,各级主流媒体为了改善体制机制滞后对智能媒体建设实践的消极影响,在体制机制上进行了大量尝试探索,通过整合、合并重组和企业改制等手段使得流程优化、多样化经营和人才自由流动现象成为可能,自身的建设也因此获得了强大的、充足的活力。

湖南广播电视台在推进媒体融合纵深发展、打造具有影响力竞争力的新型主流媒体方面,取得了显著成效,其基本经验就是大力进行体制机制改革,突破了传统的条条框框。例如,建构台与集团的"一个党委、两个机构、一体化运作"的体制机制,推行产业运作与市场机制接轨;生产部门坚持"分灶吃饭",激发基层和末端的创新创造活力;打造业务岗位与行政岗位"H"型双通道成长路径,打破事业单位原有的用人机制和分配机制约束,执行严格的绩效考评和大力度的激励约束机制;推行工作室制度,促进内容融合、人才融合和业务融合;构建卫视频道与芒果TV"一体两翼"机制,形成双核驱动;整合产业运营资源,对接资本市场,引入合作伙伴,构建芒果生态,规范内部治理,放大国有媒体竞争力。这些举措充分围绕改革目标,利用了改革政策,创造性拓展了改革空间,为媒体深度融合和打造具有竞争力、影响力的新型主流媒体注入了强大动力。

江苏广播电视总台组建新的融媒体新闻中心,下设广播新闻板块、电视新闻板块、新媒体新闻板块,将原来散落在各频道、各频率的新闻资源与原部门剥离,按新业务需要进行整合重组。同时,设立融合新闻调度指挥中心。中心依靠荔枝云内容共享平台,从报选题开始,每天统一调度,按照不同平台的需求进行选题策划和调度采访。新闻采访时均需同时兼顾其他部门的需求,图片、视频、文字等素材各部门共享,确保记者采制回来的内容能够满足各部门的再加工需要。

总体来看,体制机制改革应当从体制框架、机制体系和人才建设三个层面具体展开。首先,主流媒体深化体制机制的全面改革,要从自身的体制框架层面切入,即对主流媒体深度融合后的属性进行重新界定以及对其结构体系进行根本调整,并对监督、评估体系进行统一和完善(胡正荣,李荃,2022)。在智能媒体时代,各级主流媒体在技术浪潮的裹挟下与各个互联网平台进入了相同的赛道,传统意义上的公益事业单位属性及与其相适应的运作模式已经无法适应数字化时代的市场竞争。其次,涉及诸如内部组织架构、业务流程及管理体系等内容的机制体系亦是推进主流媒体深度融合必须进行调整的部分。内部组织架构应当是一种根据业务划分来架构的模式;业务流程应当打造成为一次采集、多次发布、多层级生产和全平台传播的良性循环链条,全流程共同服务于同一个项目事业;同时应当在自由平台的支撑下,探索建设一个扁平架构的、以用户需求为价值导引的内部管理体系(胡正荣,李荃,2022)。最后,对于旨在推进媒体融合迈向纵深的各级主流媒体来说,打破陈旧的用人观念和条条框框,在借助培养和引进等途径做大人才队伍增量的同时,通过健全保障、激励机制来盘活存量,应当是下一阶段体制机制改革的核心一环(胡正荣,李荃,2022)。

4.2.4 产业协同:发展新生态

随着人工智能技术的不断发展及政策、资金等方面投入的加大,各个媒体机构在智能媒体的发展方向全面布局智能媒体生态,高效助力智能媒体稳步发展。

4.2.4.1 智能媒体基础设施建设

基础设施是社会运转的基本条件。在社会学、媒介研究等领域,基础设施一词除了指实体设施(physical facilities)外,还特指组织架构(organizational structure)。媒介基础设施(media infrastructure)一词有着实体性和结构性的双重含义。媒介基础设施是现代社会中物质层面、结构层面、程序层面的基础,包括数字中心、手机基站、海底光缆等隶属于实体基础设施的范畴,以及诸如信息、交流、社会技术等兼具技术性与社会性双重特点的"虚拟性"基础设施(刁基诺,2021)。

世界银行将媒介基础设施定义为:一个正常运作的媒介基础设施是传媒系统正常运行的基础。例如,在一些缺乏传统电信基础设施的发展中国家,手机基础设施使人们能够更快地"赶上"信息时代。基础设施不限于广播和印刷等传统媒体组件,它还包括运输系统(运送印刷品)、电信系统(与广播和电缆迅速融合,形成数字信息时代的支柱)、电缆和其他网络、无线电发射塔、金融基础设施,甚至是包括具有教育、传播功能的社会机构。

媒体基础设施的开发成本很高,技术也很复杂,但其是媒体发展过程中至关重要和必要的一步。

智能媒体在"颠覆"了社会、政治和经济生活的许多领域之后,似乎已经成为基础设施一样的存在。包括谷歌、腾讯、亚马逊和Facebook在内的一些平台型媒体公司,一开始追求垂直服务(购物、社交网络、网络搜索等),如今似乎已成为全球重要的基础设施,也就是所谓的"基础设施化"。这主要表现在平台型媒体已经构成用户的一级社会和物质基础设施。其具备基础设施的典型特征——一定的规模性与不可或缺性,没有它们,社会正常运转都可能受到影响。例如,Facebook、今日头条这样的公司,其影响范围已经不再仅仅局限于社交层面。互联网公司依靠平台的属性来取代或与现有的基础设施相结合,以追求经济效益。例如,优步(Uber)等拼车公司在公共交通方面具有强大的影响力,它们集聚资源,真正解决了社会的某些痛点。以智能媒体生态为依托,平台型媒体和媒体平台都越来越热衷于投资基础设施项目。包括谷歌、Facebook和微软在内的公司,以及中国的中央省市媒体都在建设和维护数据中心、增强电信网络,并进军互联网服务提供行业。当然这一方面是为了其发展过程中的数字存储和计算需求,另一方面也通过溢出效应带动了社会的整体进步(刁基诺,2021)。

基础设施成为新闻传播学研究的一个关键概念。2015年,丽莎·帕克斯(Lisa Parks)和妮可·斯塔罗谢尔斯基(Nicole Starosielski)在《信号交通:媒体基础设施的批判性研究》(Signal Traffic: Critical Studies of Media Infrastructures)一书中明确了基础设施的目标:通过研究传播网络(互联网、电视或移动电话)如何跨空间和时间传播信息,突出其社会、政治和文化含义。其目的不是简单地研究特定传播媒介的技术特性,而是表明信息的物质传输(信号传输)重新定义了媒体生产、流通、获取、消费以及政策和管制等问题。同年,约翰·杜伦·彼得斯(John Durham Peters)在《神奇的云:朝向元素媒体的哲学》(The Marvelous Clouds: Toward a Philosophy of Elemental Media)一书中指出,媒体天生具有逻辑性,它们能跨越空间和时间组织内容,而且是根据网络的分布属性来这样做的,甚至有学者提出了"基础设施倒置"(infrastructural inversions)的概念(Jean-Christophe, Aswin,2019)。

首先,基础设施的视角帮助我们了解利益相关者和用户之间的权利关系如何塑造传播网络。其次,媒体基础设施研究聚焦于媒体和通信网络与实践操作的多重尺度,从通信电缆到手持设备。例如,探索智能媒体基础设施如何演变,以维持视频流等高带宽媒体实践,揭示了一些门户网站如亚马逊和Netflix的力量,及其在获取文化形式方面的不平等。再次,基础设施不是凭空出现的,而是建立在与现有基础设施的多个层次之间的复杂关系之上的。不同行业之间的协同融合,正在不断建构新的智能媒体平台,如社交媒体和电信公司之间的合作。此外,基础设施常常会技术性融入实践背景中,成为"隐形"式存在。基础设施涉及意识形态工作。强大的媒体基础设施(如国家和公共广播系统)的发展与意识形态密不可分,在国家现代化进程中占据中心地位(Jean-Christophe,Aswin,2019)。

一些大型互联网公司由于其不可或缺的程度和使用规模,已经可以被视为基础设施。谷歌、Facebook、今日头条、百度可能是数字平台基础设施进化中最引人注目的例子。它们都是互联网公司,利用平台的属性来增加自己的市场力量,但它们一直在不断发展基础设施的功能属性。Facebook 是平台变成基础设施的一个显著例子。从 2007 年开始,Facebook 通过提供应用程序编程接口(Application Programming Interface,API)和发布软件开发工具包(Software Development Kit,SDK)与应用程序开发者社区建立了联系。现在 Facebook 的使用规模巨大,全球范围内超过 20 亿万人次。2016 年,该公司与微软合作建造了一条跨大西洋的海底电缆,连接美国和西班牙,是互联网公司进入电缆行业的典型。Facebook Zero 是 Facebook 的一个简化的纯文本版本,用户可以使用非智能手机访问。Facebook 意识到,保持增长的唯一途径是向亚洲、非洲和拉丁美洲的所谓新兴市场扩张,于是其与主要电信公司达成协议,允许用户在不产生任何数据使用成本的情况下使用 Facebook Zero(Jean-Christophe,Aswin,2019)。

中国的案例以百度与字节跳动为代表。百度搜索引擎,发展了地图功能、百家号资讯平台。在保留其平台级特性的同时,该公司增加了一些维度,使其功能更像基础设施,以支持大量应用程序和地理定位服务的基本地图服务。

字节跳动的业务版图也越来越基础设施化。在资讯服务领域,我国以今日头条为主,兼有一些垂类资讯平台,如懂车帝、幸福里、海豚股票等。在这个领域,字节跳动在海外还有同类产品布局,包括 TopBuzz(美国＋巴西)、印度最大内容聚合平台 Dailyhunt、印度尼西亚最大的新闻和内容平台 Babe。在视频领域,PGC 视频国内有西瓜视频,海外版是 TopBuzz Video;UGC 视频国内有抖音短视频、抖音火山版,海外版是 Tiktok、Vigo、Hypstar。游戏领域,Ohayoo 游戏以轻度休闲娱乐游戏为主。字节跳动还推出了一些工具与内容软件,如剪映剪辑软件、番茄小说、轻颜相机等。除此之外,字节跳动也布局在线教育。腾讯推出了教育中台腾讯教育应用平台,阿里有作业解答 App"帮帮答",淘宝以"一亿新生计划"进军教育领域,百度推出了"百度文库大学生版",字节跳动推出的则是"大力教育",其员工人数已经超过 1 万人,研发并推出多种课程。

4.2.4.2 传媒组织与企业战略性布局

1. 人民日报社：推动内容传播与先进技术融通共享

在2019年9月，随着信息技术的飞速发展以及与传媒行业的深度融合，人民日报社正式设立了智慧媒体研究院。这一举措显示了其对媒体融合、信息技术发展趋势的敏锐把握。随后，人民日报社同步推出了人民日报+短视频客户端和加入主流算法的人民日报客户端7.0版本，并设立了人工智能媒体实验室。

当前，媒体的智能化发展已成为行业共识。人民日报社成立智慧媒体研究院的核心目标是推动先进技术与内容传播的高度整合，以促进智能媒体的持续创新。尽管人民日报社等传统媒体在技术研发方面存在局限性，但其始终保持对新兴技术的关注，并致力于这些技术的快速实施。与此同时，与科技公司和研发机构进行多维度合作能够为技术研发提供丰富的应用场景和具体需求。在此过程中，人民日报社也致力于培养一支能够深入理解和应用新技术的团队，确保其在未来技术变革中保持领先地位。

为了持续提升其媒体影响力，人民日报社积极与互联网科技企业合作，并组织团队进行自主研发，从而引入先进的互联网技术，加速媒体的深度融合。例如，人民日报社推出的"创作大脑"智能创作平台，涵盖了5个主要智能模块和18项关键功能，能够满足业内多种智能化需求。该平台不仅支持人民日报社的全媒体业务内容生产，还为其他媒体机构和自媒体内容创作者提供了服务，实实在在推动了全国媒体的深度整合（中国传媒大学新媒体研究院，新浪AI媒体研究院，2020）。

2. 央视网：依托人工智能编辑部构建媒体+AI生态

随着智能技术在新闻传播领域的广泛应用，中国中央电视台旗下的网络传媒平台央视网也在进行由传统向智能的转型升级。根据数据显示，央视网采取了技术与组织双轮驱动的模式，构建起较为完整的媒体与人工智能深度融合的内容建设路径。

具体来看,央视网联合中央人民广播电视总台网络部等单位,成立了人工智能编辑部,致力于开发和应用新兴技术进行内容创新。公开报道显示,该编辑部通过组织协同,整合了视听节目制作方面的资源优势,并依托算法、云计算等技术手段,构建了一整套涵盖智能内容策划、采集、编辑、运营与审核等环节的 AI 赋能服务体系架构。

在具体运用上,编辑部结合央视网丰富的视听节目库,利用机器学习、计算机视觉等技术开发各类智能应用,实现了历史节目资源的有效利用,也丰富了央视网的内容形式。同时,编辑部还通过开发相关算法模型,实现了个性化推荐系统、智能审核系统等在内容建设中的应用。

综上所述,央视网通过技术创新与组织创新相结合的方式,在内容建设的关键节点应用智能技术,实现了从采集到传播过程的智能化升级,在推动传统媒体智能转型方面进行了积极的探索与尝试。

3. 芒果 TV:打造标准化数字虚拟人构建平台

芒果 TV 是湖南广播电视台旗下的互联网视听服务平台,自 2014 年上线以来,以其独特的视听内容与交互形式吸引了大量用户。近年来,芒果 TV 还积极探索人工智能的内容应用,特别是在虚拟主播方面进行了技术创新。

芒果 TV 开发了标准化的数字虚拟人平台,通过算法和云计算技术降低了虚拟人制作的人工成本,实现了批量化生产。这一数字虚拟人平台具有以下特征:

第一,生成智能的虚拟主播。它结合语音合成、语义理解等技术,实现主播的自然语音交互,可应用于智能客服等场景,带来新的用户体验。第二,支持虚拟主播进行直播互动。用户可以与虚拟主播实时交流互动,丰富了直播形式,增强了用户黏性。通过数字虚拟人平台,芒果 TV 增加了内容生产的可能性,降低了成本,也为传统媒体探索新兴技术提供了借鉴。当然,虚拟主播还有很大改进空间,需要不断优化交互水平、增强真实感等。但这已经展示了数字人的应用前景。

综上所述,芒果 TV 基于自身业务需求,开发虚拟人平台助力内容创新,是媒体数字化转型中具有代表性的探索之举,也表明以视听互动为主的媒体平台在利用 AI 技术方面的优势。这既是技术创新的结果,也将推动传媒业的发展变革。

4. 每日经济新闻:全球首个全流程 AI 驱动的视频直播产品

每日经济新闻是一家面向财经领域的媒体,自 2004 年创刊以来,已通过报纸、网站、移动端等全媒体矩阵拥有超过 1 亿用户。近年来,每日经济新闻积极拥抱新技术,加速了数字化转型。

2020 年开始,每日经济新闻启动了技术战略转型。在快讯系统等内容创新基础上,2021 年 12 月,每日经济新闻正式推出了"每经 AI 电视",这是业界首个由人工智能技术全流程驱动的 7×24 小时直播新闻产品。

数据显示,每经 AI 电视通过智能编辑系统、智能导播系统等核心技术模块,实现了从采集、制作到播出的自动化流程。运用机器学习、自然语言生成等先进技术,高效产出个性化的视频新闻内容。这显示出每日经济新闻积极拥抱人工智能等前沿技术,在新闻产出方式上进行大胆探索与创新;也体现了以财经金融为代表的垂直领域传统媒体,在数字化转型中取得的进展与成果。当然,AI 应用也需要考量新闻的专业性。但每日经济新闻以技术赋能内容创新的实践,为行业智能化发展提供了有益借鉴。

综上所述,每日经济新闻推出全球首个 AI 新闻直播平台,标志着其在数字化转型道路上跨出了重要一步。这既是技术进步的需要,也将推动传统财经媒体实现产业升级。

5. 字节跳动:数据赋能"算法分发内容"发展模式

字节跳动主要提供信息流产品和服务,目前拥有抖音、今日头条等多个知名产品,自 2012 年成立至今发展迅猛。字节跳动之所以能取得成功,与其数据技术驱动的经营模式密不可分。

具体来看,每一个流量入口产品都为字节跳动提供了海量用户数据。基于这些数据,字节跳动能够训练算法模型,并提供个性化推荐服务。其中，今日头条最先实现了根据用户兴趣进行信息精准推送，奠定了字节跳动在推荐算法方面的领先地位。为进一步发挥数据优势，字节跳动于2016年成立了专门的人工智能实验室，致力于核心算法的研发。在产品层面，抖音依托人工智能技术实现短视频精准推荐，有力地扩展了字节跳动在移动互联网领域的营销边界。

通过以上部署，字节跳动形成了以数据和算法为驱动的业务模式。它所打造的算法系统与产品矩阵，奠定了其在互联网行业的领军地位。这不仅显示了科技创新的力量，也使"算法基础设施"成为影响互联网发展的关键生产力之一。总体来看，字节跳动以技术为引擎，实践数据化赋能的经营策略，为其他传统企业进行数字化转型提供重要借鉴。

6. 哔哩哔哩：基于平台特色构建智能化发展生态

哔哩哔哩是用户生成内容视频网站，以丰富的弹幕文化和二次元创作内容聚集了大量年轻用户。近年来，哔哩哔哩也在智能技术应用上进行了一定探索和尝试。

2022年，哔哩哔哩研发并开源了动漫图像超分辨率生成模型，用于动漫视频的质量提升，也向社群开发者开放了技术应用。这可以帮助降低创作成本，也使UGC平台的视频质量得到提高。在用户体验方面，哔哩哔哩开发了特效弹幕等交互功能，以丰富用户的观影模式。此外，哔哩哔哩还利用自然语言处理、内容识别等技术实现了阿瓦隆社区的自动化内容审核，以净化互动环境。通过上述应用，哔哩哔哩在保持自身文化属性的同时，也利用智能技术提升了内容质量、用户体验和平台治理。这既显示了UGC平台追求技术进步的动力，也反映了其在平台管理和商业变现方面的需求。

7. 新浪新闻："人机协同"为热点内容运营提效赋能

新浪新闻作为国内领先的互联网新闻平台，近年来逐渐加强了对新兴技术的探索与应用，特别是在"人机协同"内容建设策略中，表现得尤为突出。这一策略充分结合了人工智能、大数据和云计算等技术，使得从新闻的策划、选题、内容生产到最终的传播流程都实现了高效智能化运作。

在处理突发事件的报道中,新浪新闻充分发挥了其互联网平台的实时性和广泛覆盖能力,再加上智能技术的助力,迅速响应,高效产出,为公众提供了及时、准确的新闻信息。这不仅显示了智能技术在加速新闻报道中的巨大价值,同时也彰显了新浪新闻在新媒体领域中的领军地位。

在数据方面,新浪新闻的"人机协同"策略也取得了显著的成效。据统计,该平台的月活跃用户数量已经突破了 1.4 亿,这一数字不仅反映了其强大的用户黏性,同时也说明了新浪新闻在内容创新与技术应用上的成功。

综上所述,新浪新闻凭借其旗下庞大的用户流量和品牌优势,在智能化技术的加持下,实现了内容建设和用户运营的全面升级。

8. 微博:"多模态"智能促进媒体内容深度理解与融合

微博不仅是一个社交平台,还是当下社会的重要信息传播和舆论场。由于其巨大的用户基数和内容丰富度,微博的信息检索能力和推荐机制需要更精细和高效。传统的单一模态,如纯文本或单一图片,已无法满足日益复杂的用户需求。因此,微博转向"多模态"智能,寻求将多种数据类型(如文本、图像和语音)综合应用,为用户提供更加丰富和深入的体验。

"多模态"智能不仅能增强微博平台的信息检索和推荐准确性,还能提供更丰富的用户交互体验。例如,通过自然语言处理技术,微博能够对用户发布的文字内容进行深度解析和理解;图像处理技术则可以帮助微博对图片中的对象和场景进行识别;视频处理则针对视频内容进行分析,从中提取关键信息。此外,语音识别技术允许用户通过语音进行搜索或互动,为那些希望用口语进行沟通的用户提供便利。

这些技术使微博在内容推荐、广告精准投放、用户互动增强等方面都取得了显著的效果,为用户带来了更为个性化、高效和舒适的使用体验。更重要的是,这些技术也为微博提供了更深入的用户行为分析和内容洞察,帮助微博更好地为广告主提供精准投放服务,从而进一步加强其商业模式。

总体来看,微博通过引入"多模态"智能,提高了其技术层面的竞争力,加强了与用户、内容创作者和广告主之间的联系。

4.2.5 智力支持：打造人才高地

4.2.5.1 锻造人才竞争力

人工智能技术正在重塑整个传媒业的生态面貌，然而当前人工智能技术在新闻内容生产领域的应用还处于"弱人工智能"的阶段（莫宏伟，2018）。传感器采集不能保证获取数据与渠道的正确性，机器人记者无法理解新闻事件背后的因果关系，忽略价值取向的智能化场景的构造可能陷用户于娱乐化的虚拟世界中。因此，越是在技术驱动的融合时代，越是要彰显新闻人才的价值与使命，坚持正确的舆论导向，坚守职业的道德底线，保持独立的信念和精神。

智能技术与媒介实践的深度融合带来了人机交互的信息生产模式、多元复杂的舆论生态、技术驱动的媒体格局（李明德 等，2020）。在智媒时代下，相比较机器而言，人类具有的主要优势主要有以下三点：

第一，人类擅长复杂的沟通。复杂的沟通涉及倾听，也涉及协调、阐释与解释。它意味着要将信息置于特定的语境中加以理解，以及根据不同渠道和平台的特征对传播内容进行调整。因此，沟通包含着一种有关社交的智能。在对复杂的新闻事件进行报道时，需要面对差异化的，甚至是不愿配合的受访者，也需要对庞杂的，甚至是相互矛盾的信息进行梳理和甄别。这些工作，目前都是人工智能技术还无法胜任的。

第二，人类能够运用专家思维进行思考判断。这意味着人类可以利用某一特定领域的知识深入地解决问题，特别是在调查报道和解释性报道当中。尽管算法能够帮助记者筛选文档，缩小相关文档的搜索范围，但是在涉及识别和发现事件线索及判断选题价值方面，还需要在相关领域有着资深经验的新闻传播人才来完成。

第三，相较于算法，人类还拥有较强的灵活性和创新性。算法非常擅长完成重复性和常规性的工作，基本上无法根据不断变化的世界做出适应和变化，而人类则非常善于灵活应对非常规事件，根据特定的情境进行创新性的传播，对世界上正在发生的事情进行创新性的解释。

为适应智能媒体时代的传播特征，新闻传播人才也在不断培养着目前机器写作和算法所无法达到的竞争力。

第一，坚守自身主体性，防止技术对人的异化。在人机交互的信息生产模式中，传感器和机器人在提高信息采集和内容生产效率的同时对新闻传播从业者的主体地位造成冲击。智媒时代新闻传播人才坚持以价值观和专业观念引导和干预智能技术，确立信息生产过程中人的主体性地位，避免从业者成为追赶智能技术的附庸（李明德 等，2020）。新华社等国内媒体注重引进掌握坚实的传播理论基础，既懂媒体传播规律，又懂大数据、人工智能的复合型人才。同时，越来越多媒体从业者，破除对于新技术的"恐慌"，逐渐在智媒时代行业巨变中找准自身定位，努力学习无处不在的"共享"和"开源"知识，加快知识和技能体系更新，使专业素养和工作能力跟上智能时代的节拍。

第二，强化专业素养和社会责任，防止舆论过度分化。"万物皆媒"的传播现状导致智能时代舆论生态的情绪化和非理性特征凸显（李明德 等，2020）。在物联网参与下，智能物体接入信息生产和分发的流程，但是信源核查及从信息中还原现实、挖掘真相的能力仍然是其短板（张志安，刘杰，2017）。同时，"万物皆媒"的现实加剧新闻生产的去组织化（潘晓婷，2018），这在一定程度上削弱了新闻生产的专业性，给媒介在公共空间中引发理性讨论、促进社会共识形成增加了一定阻力。算法的应用破坏了互联网时代培育起的公共讨论空间和公众参与公共话题讨论的精神，因此对于智媒时代的新闻人才来说，新闻专业性、新闻伦理与社会责任意识是不可或缺的能力，其重要程度应比传统媒体时代更甚。人民日报社原社长李宝善曾指出，融合媒体发展不论是在定国安邦、壮大主流声音的高度，还是从强筋健骨、做大做强"国家队"的角度，都是媒体自身的需要和发展的必然。

第三,加强对传媒市场的监管能力,防止公共领域的失守。智能技术深度融入媒体产业全链条,传媒业在智能化基础上从模式创新向格局变迁发展。智媒时代传播人才能够觉察算法背后的价值观,平衡算法在解放新闻生产力和滥用传播权力之间的矛盾,以防范公共领域"失语"的风险。面对技术与商业的融合,新闻传播人才要在资本和流量面前强化对传媒市场参与主体和技术要素的监管和规范,将商业因素对智能技术的影响维持在可控范围内,确保媒介在智能时代依旧以公共价值和公共利益为重心,维护智能时代传播的公正性(李明德 等,2020)。

第四,智能采集、编辑与专业把关融合。去人工式的新闻采集在数据正确、隐私保护等涉及人文价值层面对分寸的拿捏仍然需要媒体人进行专业的把关。一方面,新闻传播人才可检验采集设定,不仅要完善硬件和软件对于数据收集的准确性,还要投入人力去验证与把关数据的真伪,将可能的数据误差降到最低。另一方面,新闻传播人才能够结合专业和经验,对数据进行利用。利用传感器进行智能采集的新闻不应被定义为纯数据的新闻,而应该将传感器新闻与其他多种新闻报道方式和呈现方式相结合,让数据为新闻故事赋予广度和深度。

新闻编辑制作是新闻生产链条上的重要环节,如今人工智能技术的发展让机器写作成为可能。这是科技进步的结果,也是传媒发展的现实需求。媒体机构可以从文本样式、报道温度和深度的层面对机器人写作加以改良,加强专业的把关,从而真正使智能编辑实现良性发展。一方面,快速生成与灵活调整相融合。机器人写稿以速度见长,却也通常会陷入套用事先设定好的文本模式的泥沼,机械化的填充最终阻碍了新闻生产的创新性。对此,记者编辑可以通过灵活把关,根据文章要求,采用多元写作的手法加以改写,共同致力于撰写灵动快速的新闻作品。另一方面,理性的分析与感性的洞察相融合。机器人在新闻的情感性、价值观和深度分析构建等层面具有很大的局限性,这就要求记者以自身专业的把关能力,通过对舆论环境和工作重点的洞察力,透过现象看本质的分析能力,协助机器人编辑一同去完成有温度且有大局观的新闻报道。

4.2.5.2 创新教育体系

当前,我们正处在世界百年未有之大变局与"两个一百年"奋斗目标的历史交汇点上,智能传媒日新月异,文化重构、文明互鉴的新纪元正在开启。"十四五"期间,传媒教育正面临全面转型升级。

为顺应智能媒体的发展趋势,中国传媒大学于2018年在原理学院的基础上,汇集校内优质资源和单位,组建了数据科学与智能媒体学院,打造面向未来智能融媒传播时代的创新型人才培养体系。该学院面向中国文化、科技融合的主战场,聚焦文化和传媒领域,紧紧围绕学校"双一流"学科建设,以数理为基础,以传媒大数据、智能媒体和数学为核心,聚焦交叉学科方向,致力于在人工智能、大数据、云计算、融媒体等一系列新技术快速发展的背景下,为智能媒体的发展输送创新型人才。山东大学于2019年开设人工智能专业,采用科教融合、产学协同、国际合作的创新育人模式,设置多学科有机融合的课程体系,融会贯通培养模式和教学方法,旨在培养具备人工智能研究与开发能力、能够解决人工智能领域复杂问题的创新型高素质人才。这为智能媒体的发展提供了人才储备,进一步打造智媒时代人才高地。

4.2.5.3 锚定人才培养方向和目标

从智媒时代传媒业态的表现和对新闻工作者提出的要求来看,新闻传播工作者需要在价值观念和专业素养两方面进行提升。价值观念是新闻从业者与人工智能之间最显著的区别。从业者的价值判断能力是在人机协同内容生态中保证人工智能生产质量的关键,对复杂情境的认知和对事实的整合及产出有深度的观点内容是机器写作和算法推送目前所无法达到的。从业者在智能媒体时代应该具备由价值判断能力、事实核查与整合能力、数据分析与应用能力,以及情境内涵的认知能力构成的能力(李明德 等,2020)。

1. 媒体社会责任能力：价值判断能力

业界普遍认为从业者的社会责任感、职业精神和新闻价值观是智媒时代人才需求的核心所在（李晓静，朱清华，2018），因此价值判断能力应是其他能力培养的前提。价值判断能力包含两方面内容，一是智能化背景下的信息价值观，二是智能化背景下的传播伦理与信息伦理。在技术演进下形塑符合社会发展和大众利益诉求的价值观和伦理规范是智能时代新闻人才培养的重要内容。利用技术优势最大化人的价值，才能确保信息生产中的人的主体性。

2. 核心业务能力：事实核查与整合能力、数据分析

事实核查与整合能力是当前多元生产主体对专业从业者所提出的要求，它要求从业者要在信息爆炸的时代分辨内容、观点和新闻，并对其进行相应处理，创建利于事实传播的新闻生态系统。在信息过载时代，职业媒体人的价值判断和专业阐释能力显得尤为重要。数据分析与应用能力则是指针对目前的海量信息和数据，要能够解读数据内涵，深刻理解智能技术在数据产生和发挥作用过程中的角色，才能挖掘出数据在传媒业中的价值，真正利用数据传达信息。这两种能力是智能时代新闻工作者与人工智能的重要区别，构成了智媒时代人才能力培养的核心业务部分（李明德 等，2020）。

3. 从业者所需的"隐性能力"：情境内涵的认知能力

情境内涵的认知能力可以从两个层面进行理解：情境内涵和认知能力。情境内涵包括对媒介产业链运行规则的深刻洞察，对当前相关法律法规与技术发展、社会发展要求的深刻理解，以及对目前智能媒体深入理解和实践的能力。认知能力是指在媒介实践中从业者提取技术发展趋势的能力、获取受众兴趣点的能力、平衡受众兴趣点和媒体社会责任的能力，以及处理实践情境时的创新能力、合作能力。

之所以将对情境内涵的认知能力称为隐性能力，是因为该能力是隐藏在从业者的经验、技巧、洞察力和行为策略之下，根据应用情境的不同而不断变化的，缺乏恒定的标准，很难用逻辑推理或者明确表述去传授的一种能

力。它内化于从业者在具体媒介时间中所作出的判断和决策,且依赖实践去获得。智能时代新闻传播工作者对于隐形能力的需求大大增加。作为利用技术的主体,媒体从业者需要寻求技术演进与社会伦理之间的平衡。同时,技术的大规模介入使从业者从程序化、重复性的劳动中解放出来,去从事更多需要创意思考和价值判断的工作。这就要求新闻传播人才要强化对智能技术应用情境的认知能力(李明德 等,2020)。

第 5 章
智能媒体发展的挑战与应对

5.1 智能媒体发展的挑战

智能媒体在发展过程中,无论是面对中国语境还是外国语境,均遇到了一些挑战,主要有科技议题、伦理议题、法律议题、社会政治议题与文化议题。

5.1.1 科技议题

5.1.1.1 奇点论议题

当下以智能媒体为代表的人工智能陷入了一种治理困境,这与奇点论的预设有关。奇点论断言计算机总有一天会比它们的人类创造者更聪明(李恒威,王昊晟,2019)。奇点论从其诞生之初引发的恐惧情绪逐渐转向一种二元对立观点:奇点要么会实现,使人类社会面临重大危机;要么无法实现,无需过度担忧。这两种观点此消彼长,使得争论陷入了僵局。

与此同时,奇点论似乎已经成为一种理论讨论的背景板。诸多争论的出发点皆基于这个背景,或当我们在处理相关人工智能风险问题时,也以此背景作为基本的预设立场。但问题在于,此背景板的设立导致了我们在认知一些由人工智能带来的问题时的矛盾,即如果奇点会来临,那么当前的治理方式是存疑的;如果奇点不会来临,那么当前的治理就不是迫切的。而由这种认知矛盾带来的处理相关问题上的错位,导致了一种龃龉的局面:一方面我们必须面对所谓奇点论之后的超人类智能的可能威胁,另一方面我们则以一种软性的方式治理人工智能问题。关键在于,理解人工智能或者处理包括智能媒体在内的人工智能的相关问题,是否需要此理论背景,或者该理论背景是否阻碍了我们去认知并解决真正的问题?

20世纪50年代,美国数学家约翰·冯·诺伊曼(John von Neumann)第一次在技术语境中使用"奇点"(singularity)概念。计算机专家弗诺·文奇(Vernor Vinge)认为,奇点的本质是超人性(superhumanity),奇点的到来是人类的自然竞争力和技术所固有的可能性的必然结果(Vernor,1993)。2005年,美国麻省理工学院博士瑞·库茨维尔(Ray Kurzweil)在《奇点临近》一书中,提出摩尔定律(Moore's Law)的扩展定理,即库茨维尔加速回报定理。该定理推测,2045年机器的智能将超过人类的智能。2015年,哲学家尼克·波斯特罗姆(Nick Bostrom)在《超级智能》一书中提出超级智能机器有朝一日可能会自发地产生自我保护的目标,从而可能与人类争夺资源。超级智能或奇点的概念假设人工智能将进化成越来越智能的系统,突然触发技术失控式增长,导致人类文明的极端变化甚至灭绝。换言之,一旦超智能机器成为现实,它们可能一点也不温顺,而是像终结者一样行事:追求自己的目的,而不顾对人类生活的影响;奴役人类作为一个亚种,无视人类的权利(Floridi,2016a)。

奇点论者信奉三大信条:首先,某种形式的超人工智能可能在可预见的未来出现,这一转折点被称为技术奇点;其次,人类面临着被这种超智慧主宰的重大风险;最后,当前这一代人的主要责任是确保奇点不会发生,或者即使发生了,它也是良性的,并将造福人类。"我们有建立初始条件的自由,让事情以不那么有害的方式发生"(Vernor,1993)。

奇点论自提出后,关于其能否实现引发了巨大争论,反对观点主要从逻辑可能性与现实可能性两重路径进行批驳。第一种观点认为奇点主义依赖于一种非常微弱的可能性——某种形式的人工超智能可能会发展出来,但这个"可能"只是逻辑上的可能性。因为所有 AI 机器只不过是图灵机的不同版本,而图灵机是一种抽象模型,为计算机通过数学逻辑所能做的事情设定了极限。"爬上树顶并不意味着向月球迈出的一小步;事实上,这已经是旅程的终点"(Floridi,2016a)。第二种观点认为人工智能在许多任务中与人类互补,但它与人类智能有本质的区别,"说一个比另一个更好,就像英语谚语中说的苹果和橘子比较一样,它们是不同的,有各自的价值,其中一个不应该被误认为另一个"(Braga,Logan,2017)。超级智能"是人类和其他推理实体(reasoning entities)的所有智慧的集合"(Dignum,2019)[118]。

此争论还引发了不同的治理路径,奇点论者坚持认为亟须实施强硬的治理方式,而在反对奇点论的框架下,软性的治理方式则成为第一选择,或者综合上述两者的观点,催生出了第三种治理方式,即针对强人工智能实施强硬措施,而对弱人工智能实施软性治理措施。但综合来看,在假设了一种可能的存在所带来的威胁之后,人工智能治理陷入了一种分裂的状态。

具体来说,预设奇点论导致 AI 技术评估与治理过程中出现了两道鸿沟,从而使治理陷入双重困境——分裂与混乱。

1. 第一道鸿沟:人工智能技术本身与评估体系之间的鸿沟

AI 技术评估预设了奇点论的存在,并以此为理论讨论背景板,催生了三种研究范式:通胀主义、通缩主义与修正主义。

AI 通胀主义与 AI 紧缩主义是两个相对的动态概念,一个相对于另一个存在,二者争论的焦点在于奇点会不会到来。通胀主义认为从弱人工智能到强人工智能的过渡是一种必然。因此,问题不在于是否会出现强人工智能,而在于通过何种技术手段、以多快的速度、以何种形式,以及何时出现第一个通用人工智能(Artificial General Intelligence,AGI),其发展将是自主的,因此独立于人类的干预。通胀主义范式对 AI 的风险预估是,强人工智能将把人类推入进化的一个新阶段,其中,人类将超越生物学限制,大脑会永世长存,我们可以下载、迁移,或者用集体超级智能永久修复它们。因而人类的思想会继续存在,不管身体是否升级。其中,生物和非生物之间以及自然和人工之间的边界将被彻底抹去,促使人类向"人类2.0"或"生命3.0"过渡(Maclure,2020);又或者人工智能突破奇点之后,突然触发技术失控式增长(Vernor,1993),导致人类文明的极端变化,甚至灭绝。一旦超智能机器成为现实,它将追求自己的目的,且无视对人类生活的影响;甚至奴役人类作为一个亚种,无视人类的权利(Floridi,2016a),对人类物种构成生存风险。不管是第一种的超人类主义还是第二种的末世论哲学假设,其本质是一种技术决定论观点。

  AI通缩主义是一种工具主义立场,即强人工智能不会出现,人工智能的发展,就像一般技术一样,是一种纯粹的工具化路径,由人类创立和控制,因此人类可以根据自己的喜好来影响它,超人类或者后人类是否会出现,抑或是机器能否统治世界、毁灭人类不应成为道德和法律思考的中心。当下国际上颇有影响力的人工智能道德准则倡议,如《蒙特利尔宣言》等,都预设了这种通缩主义立场。通缩主义范式认为,技术在本质上是中立的,它们只是间接地受到道德上的指责,一切取决于个人用户决定用它做什么,是出于善意还是恶意,焦点完全集中在人类身上。为了解决人工智能技术发展所带来的伦理问题,规范人工智能技术的使用以减少非法使用的风险足矣(Maclure,2020)。

  修正主义是在对通胀主义与通缩主义进行批判的基础之上对二者进行适当修正的折中路线。这种观点认为,强人工智能可能会出现,也可能不会。故而一方面要防范强人工智能风险,采取积极主动的措施来延缓强人工智能的到来或使其朝向有利于人类社会发展的方向演变;另一方面也要警惕弱人工智能带来的挑战,即便强人工智能无法实现,弱人工智能也可能带来一些毁灭性灾难,如程序性淘汰、信息茧房、极权主义等。

  通胀主义、通缩主义与修正主义三种范式相互矛盾,未能真实、客观、全面地反映AI技术本身的可能性与局限性,直接影响AI治理措施的选择。

智能媒体治理领域面临同样的困境。

2. 第二道鸿沟：伦理治理原则与实践之间的鸿沟

该鸿沟主要表现在两个方面，从伦理治理原则到实践缺乏可操作性，极易出现方向性偏差。该部分已经在本章前部分已作详细论述。

当下智能媒体治理主要可以分为技术路径、以伦理规约为中心的软性治理与以法律法规、政府监管为内核的硬性治理。然而，这些治理手段存在一定的缺陷。

首先是技术路径缺陷。在技术层面，包括智能媒体在内的 AI 治理主要着眼于安全、标准、规范与基础架构的设立。然而，由于该技术尚处于快速发展变化之中，技术治理难以与技术发展保持同步，出现所谓的科林格里奇困境（Collingridge dilemma）；而且技术系统属于社会技术系统的子系统，纯粹的技术治理路径难以治标治本。

其次是伦理治理路径缺陷。相较人工智能技术的快速升级迭代，传媒伦理规范的制定与更新具有一定的滞后性与稳定性。

最后是法律监管路径缺陷。该方面主要表现在：一是法律制定与变更需要一定的时间周期，无法及时应对人工智能带来的挑战，尚不能将技术发展催生的法律盲区纳入法制层面的管控；二是当下政府监管有两种倾向，以美国为代表的宽松模式与以欧盟为代表的强力管控模式，这引发了是否会造成技术误用、滥用以及发展受限等诸多争论。

综上，三种主要治理路径有内在缺陷，路径之间又由于奇点论催生出的通胀主义、通缩主义与修正主义，各自立场不同、相互割裂，无法形成高效协作机制。此外，对未来的可能存在过度关注，也导致了对当下问题的忽视或者认知错位，从而使得各类治理方式始终很难完全从纸面走向现实，甚至出现治理真空。

3. 奇点论与"认知之轮"

奇点最早是天体物理学领域的术语，指时空中的一个普通物理规则不适用的点，既存在又不存在，可以用来描述黑洞的灾难性阈值。一个物体被吸入黑洞,一旦它通过某个离散点,任何关于它的东西,包括信息,都不能逃脱。这种在通往无穷远处的中断被称为奇点事件(a singular event)(Kelly,2006)。

数学家兼科幻作家弗诺·文奇(Vernor Vinge)将这个比喻应用于技术变革的加速。计算机的能力正在以指数级的速度增长,看不到尽头,因而在不远的将来,计算机将使人类能够设计出比我们更智能的计算机,而这些更智能的计算机可以设计出比它们自己更智能的计算机,以此类推,计算机制造新计算机的循环将使机器智能超越人类智能。用图表表示,即为一条上升曲线,无穷大地接近上升极限。如同黑洞一般,一旦强人工智能实现,关于人类的未来将无从可知(Vernor,1993)。

然而我们认为,奇点在对智能媒体风险评估与治理方面是一个无用概念,如同人为地预设"认知之轮"一样。人工智能的发展一直受到"框架问题"(frame problem)的困扰:人工智能无法像人一样能够对周围复杂的环境快速做出最佳反应,在非玩具环境中良好地运行。针对这一问题,学者们提出多种理论解决方案,如"非单调逻辑","默认推理的逻辑","对过程和计划进行推理的时间逻辑"等。然而,事实证明这些方案的效用有限,框架问题的存在使得 AI 似乎永远无法达到人类水平的智能。1984 年,丹尼尔·丹尼特(Daniel Dennett)提出"认知之轮"概念来回应上述争议。"认知之轮"是指认知理论中的任何设计提案(从最纯粹的语义层面到最具体的神经元"连线图"层面),即通过使用完全不同于大脑的(尚未被发现的)认知方式,模拟认知子组件的总体效果的非生物性计算机活动(Andrews,2001)。该概念描述了这样一个悖论:如果 AI 不模仿人类的"认知之轮",它就不可能突破"框架问题",真正实现智能;如果把 AI 当作"认知之轮"的齿轮箱,可借它阐释清楚大脑的认知功能,然而由于认知无意识部分的存在,目前来看完全了解大脑又是不可能的。

丹尼特认为,各种设计方案也许可以从现象学层面模拟人的认知,但无法深入解释涉及常识推理的心理过程。正如宣称生物进化不出轮子显得有些武断,但至少它们是非常遥远的自然设计问题,"认知之轮"是一个定义模糊的概念，只可用作修辞学用途，来标识当前突破认知框架问题的困难（Andrews，2001）。换言之，"认知之轮"对于能否解决框架问题并没有实质性的帮助，人类可能通过各种设计解决这个问题，也可能永远无法解决。

"认知之轮"之于框架问题，和奇点论之于强人工智能道理相同。这也正是奇点论面临的困境。一方面，奇点代表了人类通过人工智能实现突破自身生物性限制的美好愿望；另一方面却不得不面对奇点无法实现的事实，因为奇点论中包含了太多的假设、想象，甚至是科幻小说中的虚构（Hermann，2020）。

首先，凯文·凯利（Kevin Kelly）在《技术元素》（The Technium）中将思维分为三种类型：Ⅰ型思维能够想象另一种智能，但不能复制自己的思维；Ⅱ型思维是一种能够自我复制（制造人工思维），但无法让人工思维变成更聪明的智能；Ⅲ型思维有能力创造出足够聪明的智能，足以让下一代人更聪明。奇点论假设人类思维是第三类，但这只是一种预设。就当前视域来看，我们有可能拥有前两种思维，却无法证明可以在奇点处获得Ⅲ型思维（Kelly，2006）。

其次，哈佛大学人类未来研究所的斯图亚特·阿姆斯特朗（Stuart Armstrong）等人对在线搜索到的近257项人工智能预测进行了可靠性评估。结果发现这些预测是相对低质量的，其传递的唯一明确的积极特征是预测错误是允许的。由于没有考虑未知的未来技术与不同技术之间的所有交互，也没有考虑社会、地缘政治和经济因素，这些关于通往奇点的技术预测充满了不确定性（Armstrong，Sotala，2014）。

最后，数学奇点的概念是虚幻的，任何指数级增长的函数曲线都具有类似特征。奇点总是在"附近"，而且将永远在"附近"。菲利普·温斯顿（Philip Winston）在一篇名为《奇点总是陡峭的》（The Singularity is Always Steep）的文章中，用图的方式将技术奇点内在的幽灵本质可视化。他提出，以10年为一个时间间隔，一条特定的指数曲线，在10年前接近垂直的奇点，在10年后会变成水平的，新的奇点会出现。同样，把这条曲线向后延伸10年，然后再延伸10年，以此类推，所有以前的垂直奇点都会变成普通点。

唯一的解释是,沿着指数曲线的任何一点——因为时间的不同,过去、现在和未来都是一个奇点。换句话说,奇点是一个虚拟的时间点,在这个时间点上,对不断增长的复杂性曲线的最简单的外推将达到无穷大,而这永远不会真正实现,因而预设奇点是没有意义的(Winston,2010)。

诚然,关于技术奇点的很多内容都具有误导性,但是这个概念的某些方面确实捕捉到了技术变革的动态。然而,就其自身存在的不确定性及无法实现的可能性而言,它不应成为科学地处理包括智能媒体在内的人工智能治理问题的背景板。如同"认知之轮",奇点本质上是一种无用性设定。

抛开奇点论,填平智能媒体技术评估与治理过程中的两道鸿沟,改善当下分裂与混乱局面的关键在于将技术放入社会技术系统中进行双向评估,即评估智能技术本身的可能性与局限性,促使智能媒体治理研究与实践从以技术为中心转向以人为中心的模式。

(1)从单向评估智能技术转向正反双向评估。首先,在负向评估时,将智能技术放入社会技术系统中,兼顾事故风险与系统风险双重考量。无论是通胀主义、通缩主义,还是修正主义范式,都采用了人工智能事故风险视角——特定的、有意设计的人工智能系统所产生的风险。该种视角产生的根本原因在于新一代人工智能是对人的逆向工程(reverse engineering)。新一代人工智能是以深度学习与大数据为基础,以模拟人类活动为重点,采用类图灵试验进行评估的仿人系统,其本质是人类智能的结晶与延伸。逆向工程技术指的是根据已有的产品或零件原型构造、工程设计模型等,对已有的产品进行剖析、理解和改进,是对已有设计的再设计,本质上是一个"认识原型—再现原型—超越原型"的过程(刘伟军,孙玉文,2008)[Ⅲ]。这就意味着人工智能与人根本上是一种替代与被替代的关系。AI的逆向工程本质是奇点论滋生的土壤,因为奇点被认为"是人类的自然竞争力和技术所固有的可能性的必然结果"(Vernor,1993)。

除了智能技术事故风险视角,还有另一个相对被忽视的框架——智能媒体系统风险视角,即固有的社会问题或者涉及人本身的问题可能被智能媒体放大。

简言之，对智能媒体进行负向评估时，需要厘清技术内生性风险与固有的社会问题，涉及人本身的问题是否或已经以智能技术的方式重新显现或放大之间的区别。

其次，除了主流的负向研究，也需要对技术进行正向评估。智能技术是一股极具颠覆性的新兴生产力，对人类社会的发展有着极大的推动作用。这也是人工智能治理的根本目的，即推动人类开发有益的人工智能，最大化构建和使用先进人工智能帮助人实现目标、自我激励、形成世界观、节约时间、进行培训、获取资源与支持等的可能性（Dafoe，2018）。虽然正向评估与智能媒体治理目标一致，却常常被忽视。

（2）从单纯进行算法评估转向以人为中心治理的模式。智能媒体治理目前有多种理论与模型，如主动矩阵理论、多中心治理、混合监管、网格监管、分层治理模型（从上到下由社会和法律、伦理和支持伦理和社会层面的技术基础构成）等（Gasser，Almeida，2017）。受制于奇点的技术性预设，治理偏向基于负向评估得出的"不应该让智能媒体做什么"而忽略了另一重目标——基于正向评估得出的"应该让智能媒体做什么"。

既然技术奇点是无用性预设，那么智能媒体治理应从以技术为中心转向以人为中心的模式。就具体内容来说，以人为中心的智能媒体治理主要是在团队、组织、行业和国际共同体四个治理层次上采取一定的积极干预性措施，增加技术对社会发展的正向促进作用，削减负向影响：① 基于团队内部良好的软件工程实践，包括审计跟踪、提高公平性的偏见测试、可解释的用户界面等；② 通过管理策略建立安全文化，包括故障和差错性报告，成立内部审查委员会等；③ 通过整个行业独立监督建立可信赖认证，如政府监管、第三方机构资格认证、设置人工智能保险赔偿金等（Shneiderman，2020）；④ 国际共同体合作，呼吁成立国际性组织，推动智能媒体国际法的诞生及智能媒体国际标准的制定，使得治理在国内与国际层面能够协同（Gasser，Almeida，2017）。

（3）摒弃奇点论，以双重目标为导向双向评估智能技术，以人为中心规制智能媒体研发、应用路径，才是智能媒体治理的出发点与落脚点。奇点的提出,一是引发人们思考机器智能与人类智能的关系,二是促使人们正视技术发展的负面效应,积极探寻应对之策。但是,如果依然预设犹如"认知之轮"般的奇点论背景板来认知智能媒体治理问题,将是"不负责任的分散注意力",即"任何可预见的未来,关键在于我们,而不是我们的技术"(Floridi,2016a)。智能媒体治理研究与实践转向以人为中心,是认识论与方法论的转向,不仅需要一定时间被接受,该理论体系还有待进一步丰富。

5.1.1.2 媒体融合议题

媒体融合议题指的是以人工智能技术为代表的智能技术集群对传统媒体的改造以及新式媒体的创新,从而实现新一代媒体功能与形式上的融合。20世纪70年代,麻省理工学院的尼古拉·尼葛洛庞帝(Nicholas Negroponte)提出了融合(convergence)的概念,用来刻画不同工业之间即将或正在趋于融合。1983年,麻省理工学院的伊契尔·浦尔(Ithiel Pool)在《自由的科技》一书中提出"媒介融合"(media convergence)的概念,描述各种媒介多功能一体化的发展趋势。美国新闻学会媒介研究中心主任安德鲁·纳奇森(Andrew Nachison)将"融合媒介"定义为"印刷的、音频的、视频的、互动性数字媒体组织之间的战略的、操作的、文化的联盟"(汤书昆,韦琳,2009),但该种定义还停留在媒体结构间的物理合作与联盟上。还有学者从技术、所有权、供需结构、组织结构、采访技能、信息采集、信息表现形式等方面对其进行了探讨。

媒体融合在中国已经上升为国家战略。习近平总书记多次就推动媒体融合发展作出深刻阐述,强调融合发展关键是融为一体,合而为一,从相加阶段迈向相融阶段,从"你是你、我是我"变成"你中有我、我中有你",进而变成"你就是我、我就是你"。2020年,"推进媒体深度融合,实施全媒体传播工程,做强新型主流媒体"正式写入国家"十四五"规划建议。"media convergence"有两种翻译,"媒介融合"和"媒体融合",一字之差,内涵与外延却相差很多,代表两种不同的思考路向。媒介融合是传播学概念,侧重传播形态融合,关注媒介与社会的关系,是对融合的学理性思考,而媒体融合是传媒经济学概念,聚焦传媒经济、传媒产业、传媒组织,关注传媒业态融合与生态重构,具有很强的现实应用性。本书关注国家创新生态系统下的中国智能媒体,因而采用媒体融合概念更合适。随着媒体融合在深度、广度方面辐射展开,它的演变轨迹也从媒体融合 1.0、媒体融合 2.0,迈向媒体融合 3.0、媒体融合 4.0,甚至媒体融合 5.0 时代(表 5.1)。

表5.1 媒体融合发展阶段表

阶　　段	从业务上划分	媒体融合形态	本　　质	竞　争　点
第一阶段	媒体互动阶段	媒体融合 1.0	"+互联网"	渠道争夺
第二阶段	媒体整合阶段	媒体融合 2.0	"互联网+""人工智能+"	终端争夺
第三阶段	媒体深度融合阶段	媒体融合 3.0	终端一体化	平台争夺
第四阶段	万物皆媒	媒体融合 4.0	社会融合	服务争夺
第五阶段	元宇宙	媒体融合 5.0	虚拟生态系统	体验感争夺

根据业务形态来划分,媒体融合在中国可以分为五个阶段:第一阶段为媒体互动阶段,即传统媒体与新兴媒体之间在内容和营销领域的互动。新兴媒体,如最早的互联网公司新浪、搜狐,把传统媒体的内容搬到其界面,助力传统媒体突破技术壁垒,扩大传播面与影响力。尽管两方力争在基础网络和传播渠道上实现互联互通,但是传统媒体依旧按照传统模式运行,新兴媒体的角色设定是新闻聚合平台,双方依靠不同的渠道争夺受众。

第二阶段是媒体整合阶段,即媒体间的独立经营转向联合运作与合作,在新闻信息采集上联合行动。媒体融合 2.0 时代,新兴媒体与传统媒体之间不再是简单的相加,而是通过"互联网+""人工智能+",生成新应用、新服务、新思维。这一趋势引发了传媒业一系列创新变革重组与重构(谭天,张冰冰,2016)。

第三阶段为媒体深度融合阶段,不同媒体形态集成到一个多媒体数字平台,形成以多媒体数字平台为核心的融合传播矩阵,实现信息终端功能一体化,即搭建集成信息生产、传播、消费、反馈等多种功能的开放性、互动性极强的智能化平台。在该阶段,"一体化"强调的是整体协同效应,其构成是多元化、立体式的。媒体纷纷坚持移动优先,发力移动传播平台建设(彭子胭,田宏明,2020)。最典型的代表是广播电视机构纷纷整合资源,推出 PC 客户端与手机客户端。在这方面最成功的是湖南广播电视台,其在 2014 年就主推新媒体平台的构建,形成了以湖南卫视与芒果 TV 为主的"一云多屏、两翼齐飞"发展格局。芒果 TV 从独播起步,目前已成为中国用户规模和影响力颇大的视频网站之一。湖南广播电视台还积极对接资本,通过多轮融资,完成资产重组,将芒果 TV 与芒果互娱、天娱传媒、芒果影视、芒果娱乐等整体打包注入快乐购。该公司后更名为芒果超媒,成为国内首家 A 股上市的国有控股视频平台。

第四个阶段就是"万物皆媒"的众媒时代,人工智能、物联网、5G 技术的助推,使得媒体的种类大大增加,超过以往所有时期。媒体融合带来了社会融合。以数字技术为元技术平台,将不同维度上的媒介重新整合为一体,形成一个全球化、涌动的"网络社会"(黄旦,李暄,2016)。当下的媒体融合已然进入了媒体融合 3.0 与媒体融合 4.0 的交叉阶段,部分飞速发展的媒体,如人民日报社、新华社等,已经成功转型,实现了多条业务线的融合,利用智能媒体技术建构了属于自己的媒体大脑。

第五个阶段为元宇宙。元宇宙集成了所有的媒体形态,打造了一个虚实互动的数字化世界。此时的媒体融合实现了所有媒体间无缝的、自然的融合。这个时候传媒业的竞争从渠道争夺、终端争夺、服务争夺转向体验感争夺。然而现阶段,接入设备,如 VR 眼镜,过于笨重,会直接影响用户的体验感,从而降低传播效果。

5.1.2 伦理议题

智能媒体凭借特有的技术特征在赋能传媒业的同时,也带来诸多伦理问题。作为人工智能技术的核心,算法不可避免具有价值负载。由于算法操作参数由开发人员指定,某些价值和利益往往会被优先考虑(时盛杰,2021)。此外,基于可接受参数范围内的操作并不能确保由此引发的行为在伦理上是可接受的。例如,针对特定人群投放网络广告时,在进行算法分析时有可能会歧视边缘人群。

尽管如此,确定算法潜在和实际的伦理影响却存在一定的困难。以算法学习为例,因为算法拥有在"野外"(in the wild)调整操作参数和决策规则的能力,所以人类无法彻底理解算法决策的运作方式(时盛杰,2021),以至于我们生活的世界逐渐变成弗兰克·帕斯夸里(Frank Pasquale)笔下的"黑箱社会"。基于可理解性差、不可预测的算法学习来判断某些有问题的决策是偶发性"错误"还是属于系统性故障或偏差,在实践中几乎不具有可行性。与此同时,算法结构复杂度的增加,以及频繁迭代升级加剧了这些挑战。

"算法"在信息与计算机科学、数学和公共话语体系等中有一系列含义。信息与计算机科学通常将算法定义为"对完成任务的方法的描述"。算法是一个数学结构,具有有限性、抽象性、有效性、复合性的控制结构,在给定的条件下实现给定的目标(Robin,2015);是"解决某一特定问题的一组有穷规则的集合"(郑宗汉,郑晓明,2017)[3]。然而,这些关于算法的定义最大的问题是掩盖了算法的社会学与规范性特征。例如,我们常在新闻中听到用"算法"为单身人士推荐潜在的伴侣,为投资者预测金融市场发展走向。这里的算法并不是一种数学结构,而是作为特定程序的应用与实现。这种做法的问题在于对算法的界定过于模糊与宽泛,导致"算法"可以描述"任何程序或决策过程"(杨博,赵鹏飞,2021)。而伦理学研究亦是如此,常常混淆算法正式定义与流行用法之间的区别。

将算法作为纯粹的数学结构或只侧重算法的应用,均不能全面客观研究智能媒体责任伦理问题。"算法"一词应包含三方面内容:数据结构、算法实现(技术、程序)和算法应用(计算机系统应用程序),如图 5.1 所示(Mittelstadt et al.,2016)。换言之,既要考虑算法作为数学结构本身的伦理问题,又要考虑算法在计算机程序、软件和信息系统中是如何实现、执行的,以及可能产生的影响,并对算法本身以及算法决策引起的行为及后果进行伦理审视与道德反思。对智能媒体责任伦理问题进行研究,需要将算法整个生命周期纳入伦理研究范围。

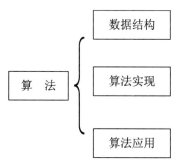

图 5.1　算法构成

智能媒体责任伦理失范的根本原因在于数据层面。数据质量,如数据集的完整性、精准性、代表性,将会约束算法使用给定的数据集解决问题的能力。首先,原始数据可能被污染,或者有失偏颇,不能反映其所在领域的整体状况,抑或是被故意人为操纵、篡改。其次,数据集本身可能内嵌了长期存在的结构性不平等问题,而且很少被纠正,如种族歧视。这样一来,更多的数据本身并不会带来更大的准确性或者具有更大的代表性。相反,它们可能会使数据不确定性问题恶化。正如美国学者鲁哈·本杰明(Ruha Benjamin)所言,没有历史或社会学深度的计算只是肤浅的学习,而不是深度学习。再次,数据被采集进入数据库中后,将脱离原来的具体语境,从而可能失去部分原有的意义,导致准确性降低。最后,数据挖掘技术使用归纳的方式寻找数据之间的相关性,而非确切的因果关系,由此产生的算法行为受到很多人的质疑(Mittelstadt et al.,2016)。

具体来说,大型、专有数据库中的数据并不是高质量的样本,有时候甚至可能是伪造的,因而寻找数据之间的因果关系变得异常困难。尽管如此,通常的做法依然是将足够多数据之间的相关性当作行动的可靠标准。由此而来的问题是:第一,数据库中的原初数据可能被污染,会出现虚假的相关性,而不是真正的因果联系,且相关性可以被人为操纵、伪造;第二,即便数据间有很强的相关性或因果联系,但往往针对的是群体而非个人,基于此进行的分类以确定性自我标榜,在不同对象之间创建一致性,通过简化的模型来描述个体,其结果可能并不准确,轻则阻碍替代性探索,重则可能会侵犯某些群体或个人的利益,进而影响社会公平性。此外,大量的数据聚焦在一起,极有可能形成虚假相关性(Mittelstadt et al. ,2016)。例如,辛普森悖论(Simpson's paradox)中提到,当数据被聚合时,在不同数据组中观察到的趋势不同,某些情况下甚至会出现逆转的情况。

上述问题在于算法输出不具有合理性,可能对个人或社会产生负面影响,催生严重的伦理问题。例如,关注非因果指标可能会分散对特定问题的潜在原因的注意力,误导大众;完全依赖可量化的数据(Diakopoulos,Koliska,2016),忽略外在环境因素,如政治(如战争)、突发性影响因素(如疫情),针对某一事物或现象无法做出客观判断。这是一种对算法机械客观性的过度信赖,导致人类决策者忽视自己的经验评估,即存在所谓的"自动化偏见",甚至借此逃避对算法决策应承担的部分责任(Andreas et al. ,2021)。

从认识论层面来说,算法伦理问题产生于算法开发领域的主导思想——"算法形式主义"认知,即遵守特定的规则和形式。算法形式主义认为世界可以以一种科学的方式被模型化。该思潮忽略了现实世界的社会复杂性,在"中立"的名义下,创造了一种精确的假象(Ben,Viljoen,2020)。

数据问题与认知偏差带来中观层面的伦理失范。在智能媒体这个特殊领域,责任伦理失范现象主要包括算法偏见与歧视、信息茧房、自主权问题与隐私悖论、虚假新闻、责任分摊机制混乱等问题。

5.1.2.1 算法偏见与歧视议题

算法新闻具有某种算法客观性的权威光环,但是掩盖了这样一个问题,即数据化将世界的美丽复杂性简单粗暴地转化成一种结构化的数据模式,这种模式总是排除细微差别和上下文。内容的表面实现可能是自主发生的或几乎自主发生的,背后却受到具有一定价值观、关注点和优先级的人或组织驱动的编辑决策影响。选择、评估、清理、标准化和验证数据的方式都需要编辑决策,这些决策在很大程度上仍然超出了自动化写作的范围,而且在某些情况下需要伦理考量。例如,自动化书写系统所依赖的标准语言资源可能会嵌入社会偏见(如种族或性别偏见)。

算法偏见指的是算法程序在信息生产与分发过程中失去客观、公正、中立的立场,系统性、不公平地歧视某些个人或群体,造成片面或者与客观实际不相符的信息、观念的生产与传播,影响公众对信息的全面认知(郭小平,秦艺轩,2019)。

起初,决策自动化常常因为所谓的算法缺乏偏见而被证明是合理的。然而,随着算法的发展,这种观点被认为是有失偏颇的(Bozdag,2013),因为算法不可避免地会做出有偏见的决定。一个算法的设计和功能反映了设计者的价值观和对算法用途的预期(张超,2018),设计者会通过有意或无意的方式将自己的价值观嵌入代码中(Kevin,2012)。与此同时,当算法及其模型与其发展演变的具体历史语境相分离时,人们便更难发现其所携带的潜在偏见。

算法偏见一般分为三种类型:既存性偏见、技术性偏见与偶发性偏见。既存性偏见根植于社会制度、社会实践中的社会价值观。社会偏见既有可能是被有意地嵌入到系统设计中的,如控制搜索引擎的检索结果;也可能是被无意识地嵌入的,因为偏见在一定程度上是文化或组织价值观的微妙反映。技术性偏见产生于技术约束、操作错误或设计决策中,从而导致算法有利于某些特定群体。偶发性偏见与知识的进步或系统(预期的)用户和利益相关者的变化等有关(时盛杰,2021)。

此外,根据传播学编码解码理论,算法输出的信息需要接收方成功解码,才能实现信息的有效传达。接收方受到无意识动机、特定情绪、自身教育背景、社会经济、地理或人口因素等影响,会在内心生成不同的解读方式,从而使个体和组织的某些方面变得可见,其他方面不可见(Mittelstadt et al.,2016),这又增加了一层偏见。

偏见是算法决策本身的一个维度,而歧视则描述了决策的影响,常见因素有性别、种族、就业、贷款等(邵国松,黄琪,2019)。产生算法歧视有多重原因,如算法分析识别相关性,并预测群体层面的行为,然而群体是不断变化的,需要使用算法来重新定义(Tal,2016);利用数据挖掘等方法进行模式构造或推理,随后将资料应用于与其相符的人,而不考虑具体使用情境;此外,当算法对个体进行画像时,常见的做法是使用群体数据得出相关性,而不是基于个体实际的行为数据。当提供给个体的选择是由算法根据群体信息构建的,难免会产生针对某些个体的歧视现象。另一方面,当算法使用个体作为"行走的数据生产者"产生的小数据时,会使得技术公司拥有更大的权力,甚至为了追逐经济或政治利益而压榨弱势群体,从而产生更加明显的社会歧视与不公(Newell,Marabelli,2015)。

导致算法偏见与算法歧视的还有一个重要原因——"算法黑箱"问题。人们难以预测或解释算法工作机制,进而很难对其进行控制、监视和纠正。换言之,算法偏见与歧视源自算法不透明度。对于智能媒体来说,由于技术准入门槛高,设计决策问题、底层数据的混乱、人类解释大量算法模型和数据集的认知不可能性、缺乏适当的工具来可视化和跟踪大量的代码和数据、算法的持续迭代、智能媒体运营机构之间的竞争性等问题使得透明度很难实现。

算法部署不当,也会出现不必要的偏见。例如,情境迁移性偏见(transfer context bias)的产生,当一个算法在新的环境中使用时,会出现新的偏见。假设一个用于分析美国金融市场的智能媒体算法被用于非洲国家,那么该算法生成的报道将是不准确且有缺陷的(Andreas et al.,2021)。

同样,当算法做出错误的评估时还可能导致连锁恶性循环。例如,美国司法系统使用的COMPAS风险评估算法,其预测犯人出狱后再次犯罪的评估标准之一是其朋友的犯罪历史,即如果你的朋友有犯罪历史,那么你的再犯罪概率将比那些没有罪犯朋友的人高。这种标准无疑是站不住脚的。越来越多的新闻机构开始针对COMPAS算法展开调查性报道,促使公众关注算法公平问题。

5.1.2.2 信息茧房议题

信息茧房（information cocoons）的概念由凯斯·桑斯坦（Cass Sunstein）在《网络共和国》一书中首次提出，人们在自由筛选信息时，常常根据自己的喜好，为自己量身定制了一个个性化的传播世界。当人们根据自己的兴趣爱好等，只听和看自己喜欢的东西时，"他们也就亲手搭建了一个自我的信息茧房"（桑斯坦，2003）[2-8]。

信息茧房关注的是算法影响，本质上是"数字鸿沟"在当今传播语境下的直接产物（杨洸，佘佳玲，2020）。"数字鸿沟"用来描述能够接触到最新信息技术的人与无法接触到该种信息技术的人之间的差距。相较以往，人工智能时代算法正在开辟新的更加复杂的"数字鸿沟"，这些鸿沟在个体的生活中往往以不可预见的、不易察觉的方式出现，这就是新"数字鸿沟"（杨洸，佘佳玲，2020）。最明显特征是软件和代码被用来判断人们的价值和获得一系列服务的资格等，整个过程缺乏"人类判断"，其中哪些群体被优先化，哪些被边缘化往往是无形的，"以至于无论是利益受损者还是受益者，都没有意识到算法在起作用"（Graham，2004）。

针对信息茧房现象，国内外学者进行了大量的研究。关于信息茧房的成因，有三种观点：第一种观点认为是算法制造"过滤气泡"（filter bubble），将人束缚其中；第二种观点认为是人自身的趋同性导致他们选择性地获取信息，而非算法使然（陈华珊，王呈伟，2019）；第三种观点认为，信息茧房是多种因素共同作用的结果，如社交网络、平台、算法等（彭兰，2020）。部分学者认为信息茧房一直存在，是当今信息过剩时代人出于自我保护而进行的选择。伊莱·弗雷泽（Eli Praiser）则认为算法会建构个人专属的信息世界的"过滤气泡"，用户身处其中，无法用肉眼看见它，且无法捅破这层气泡，只能主动接受。宏观层面的研究认为信息茧房会直接导致双重甚至多重拟态环境的产生（杨洸，佘佳玲，2020），影响我们如何概念化世界，并据此改造自身与社会（Floridi，2014）。个性化还可能会形成过滤气泡和反馈回路，从而减少对逆态度信息的暴露,切断对民主运作至关重要的辩论和思想交流(桑斯坦,2003)[2-8]。

不过也有学者认为,在一个多选择性的媒体环境中,个人可以消费各种各样的媒体,这会促使人们拥抱更多样化的内容和观点,因而信息茧房效应实际上是被夸大了的(Dubois,Blank,2018)。还有观点认为,互联网实现了信息聚合,除了产生"每日我"(daily me),更重要的是"每日我们"(daily us),算法推荐"不断拓展未来的推荐范围,反而降低了产生过滤泡沫的风险",具有反信息茧房的本质(桑斯坦,2003)[2-8]。上述观点有一定的合理性,但是本研究认为面对智能媒体大规模个性化推送,算法在资本逐利的商业逻辑驱使下,提供用户喜欢的而不是公共性、多样化信息成为一股强势的潮流,因而茧房效应实际上越来越严重而并未有所减缓。

5.1.2.3 自主权议题

算法权力指的是在人工智能时代,算法以不可见、不被察觉的方式根据特定规则对人、地点和事物进行组织和排序的方式。例如,算法被用于社会分类与排序或进行全球化组织的治理等(Lyons,Henderson,2005)。权力日益体现在算法中,算法"诱捕"个体并控制他们的生活,似乎已经获得了真理的地位(Lash,2007)。

也有观点认为应该将其放在具体情境中进行理解,是算法与人的结合,即算法关联(algorithmic associations)在发挥作用(Neyland,Möllers,2016)。算法是中立的,但当其与社会、文化等多种因素共同作用时,会产生强大的威力。英国学者斯科特·拉什(Scott Lash)从文化研究角度提出:算法在社会结构中的重要性与力量日益增强。例如,算法与媒体结合,生成一种新的权力控制机制,即后霸权主义权力(post-hegemonic power)。权力自下而上,不再停留在它所"影响"的事物之外。相反,它成为内在的对象和过程。权力现在"进入我们,并从内部构成我们",而且"越来越难以揭露"(Lash,2007)。

算法权力对数据主体的自主权构成了严重威胁。例如,算法通过排除被认为不相关或与用户兴趣爱好相矛盾的内容来为用户剔除不必要的信息。虽然在信息超载时代,向用户提供所谓的最相关信息的方式会有利于用户在最短时间内做出科学决策,然而该种操作会引发一系列问题:首先,决定哪些信息是最相关的本质上是一种主观行为,是用户自主权的一种体现,算法替代人来做这件事情,无疑是剥夺了用户挑选信息、进行自主判断的权力,因为信息多样性被认为是增强自主权的一个有利条件;其次,算法可以诱导用户做出有倾向性的选择,而不是依据他们自己的偏好,当选择的标准将第三方利益置于个人利益之上时,就侵犯了主体的决策自主权;最后,算法权力进入商业与公权力领域,与其形成合谋,造成权力异化的同时,又能够规避现有法律体系的规制(张凌寒,2019),从而在更大范围内对个人自主权造成伤害。

换言之,算法主导传播系统可能会限制用户的自主权,主要源于三个方面:一是算法个性化推荐容易使用户"麻木";二是用户对算法的理解有限,人类的自主权也可能受到个人无法理解某些信息或做出适当决定的限制,算法"没有能力让用户理解它们或者如何最好地利用它们来实现他们的目标"(Shin,Park,2019),因此很难在人们自己所做的决策与算法决策之间取得适当的平衡;三是用户对算法结果缺乏二阶权力(或上诉能力)(Alan,2019)。而以智能媒体为代表的人工智能产品本身存在的价值在于,应该培养而不是破坏人类的尊严和自我决定(Zhong et al.,2018)。

5.1.2.4 虚假新闻议题

假新闻并不是一个新词,它可以追溯到几个世纪以前,然而直到近年来它才成为一个时髦的词,尤其是在2016年美国总统大选期间,这是一场以大量错误信息和虚假新闻为特征的"民主"运动,国际政治就此开始进入了"后真相"(post-truth)时代。

后真相,顾名思义,其核心特征是情感比真相更重要。人类历史上,对真相的追求一直是社会进步的基本动力,然而随着社会进入后真相时代,人们对真相的诉求逐渐低于对情感的诉求(McIntyre,2018)[3]。此外,以人工智能为代表的技术集群作为一种新的生产力,带来了全新的传播生态,虚假信息的生产传播出现产业化、自动化、智能化趋势。在这样的双重因素作用下,虚假信息等扰乱了价值理性的信息市场,严重挤占了高价值信息的生存空间,产生了"劣币驱逐良币"现象。

1. 虚假新闻的内涵与外延

由于人自身认知的局限性与外在环境的影响,虚假新闻自古有之,与人类早期的传播活动相伴而生。现代社会传播虚假新闻的典型案例可以追溯到1938年,当时美国哥伦比亚广播公司(Columbia Broadcasting System,CBS)播放了由戏剧《世界大战》(The War of the Worlds)改编的广播剧。由于故事展现得过于逼真,当时约有100万居民受到惊吓。导演奥森·威尔斯(Orson Welles)利用较新的广播技术,采用广播新闻的形式,由演员扮演记者、居民、专家和政府官员等角色。虽然威尔斯本意是制作一部广播剧,目的是娱乐听众,但当时广播是美国民众获取新闻的主要来源,由于改编采用了现场新闻报道的形式,听众误以为其是新闻事实,引发了一定程度的骚动。如今,智能媒体正成为越来越多的人获取新闻的主要来源,虚假信息似乎找到了一个新的生产、传播渠道。

新闻是以事实为基础的,这使得"虚假新闻"一词成为一个矛盾修饰法。"fake"这个词经常与仿冒、伪造和不真实等词互换使用(Mecacci,2016)。虚假新闻在内容形式上模仿新闻内容,但没有依据新闻媒体的编辑规范和把关流程进行严格审核,在传播语境上与原初信息源相分离,在发布渠道上摆脱了传统媒体的资源限制,从而无法确保信息的准确性、可信度与权威性。虚假新闻在智能技术集群的助力下,给大众的感觉显得比真的还要真实,且传播得更远、更快、更深、更广(Vosoughi et al.,2018)。

制造假新闻的主要动机有两方面:一是吸引眼球,追求经济利益;二是进行意识形态控制,获取政治利益。一方面,虚假故事病毒般传播,内容生产者将获得更高的点击量,与社交平台运营商进行流量与广告分成。例如,在2016年美国大选期间,一些人利用谷歌AdSense等自动广告机器人,从故意捏造的故事中赚钱(Samanth,2017)。阅读虚假报道的人越多,发布者账户的收入就越多。另一方面,也有一部分组织机构或个人通过诋毁他人,为其支持的人或特定政治立场做宣传(Hunt,Gentzkow,2017),达到服务某些政治集团或势力的目的。

2. 智能媒体时代虚假新闻的特定类型——"深度伪造"

借助智能技术,用户可以制作让人眼花缭乱的视频,记录某些人从未做过或说过的事情。例如,用户可以根据文字记录合成某个人的声音,或在视频中把一个人的脸换成另一个人的。视听素材越来越具有可塑性,从而很容易对其进行编辑,几乎类似于文本编辑。从创意广告、为失声者提供辅助技术,到让去世的艺术家"起死回生",这项技术在娱乐和教育领域有着广泛的应用前景,但它也直接推动了虚假新闻的泛滥。

该技术通常被称为"深度伪造",英语单词为"deepfake",是"deep learning"(深度学习)与"fake news"(假新闻)的缩写。它能够在短时间内制造大量看起来真实、具有一定规模、快速传播的个性化虚假信息(Diakopoulos,2019)[92-93],使得广泛的造假或操纵媒体成为可能,从而引发公众对传媒行业的不信任。

音频和视频原本被视为某些事情确实发生过的证据,现在却真假难辨,有视频未必有真相。例如,2019年美国众议院议长南希·佩洛西(Nancy Pelosi)的一段演讲视频被恶意调整到75%的速度,使得南希·佩洛西看起来像是喝醉了一样。该视频片段在社交媒体平台上很短时间内便获得百万点击量。这表明即使是经过低技术含量的处理后的视频,也有可能产生广泛的影响。放大效应和智能化社交平台带来的便利是"深度伪造"吸引公众关注的主要原因。

"深度伪造"又称媒体合成,是一种应用技术,利用了与计算机图形、计算机视觉和机器学习相关的一系列基础技术,在过去几十年中稳步发展。

合成人脸说话的最原始技术是将一个人的连续镜头中的一系列嘴型拼接起来，与新输入的语音对齐。由于图像传感器分辨率和质量的提高，更多数据的可用性以及机器学习技术（如深度神经网络）的进步，最新技术已经能够提供更高的保真度和可信度。目前的"深度伪造"主要分为两大类：面部交换和面部再现。前者指从一段原始视频中截取人物 A 的面部运动，然后在上面绘制目标人物 B 的脸，以便让目标人物 B 看起来就像其说过或做过 A 在视频中说过或做过的事情一样。换脸技术依赖于原始视频中人物的声音和形状，用目标人物的面部身份对其进行替代。相比之下，面部重现则是根据输入的另一个人的面部表情或不同的语音轨道（嘴型同步）合成目标人的面部表情（Edson et al.，2018）。换脸技术之所以臭名昭著，是因为它常被用于制作一些低俗色情作品，用某人的脸替换现有视频中的人脸。

"深度伪造"技术的发展一方面提高了对部分面部咬合和肤色差异处理技术的鲁棒性，进一步减少了训练所需的数据量；但是另一方面也引发了对技术滥用的担忧，由于技术门槛的降低与成本的下降，"深度伪造"技术渐趋大众化。例如，有网友通过输入奥巴马总统的语音片段和视频片段，在系统中合成他的视频演讲片段。这项技术不仅能合成目标人物的声音，还能够对其头部位置和表情进行交互式控制，模拟注视、眨眼，甚至是上半身的动作，合成更加真实的人物形象。还有一种方法是用户直接编辑视频的文字记录，插入、删除或更改说话者的文字，合成说话者的讲话视频。

3. 智能媒体时代虚假新闻泛滥的客观原因及危害

智能媒体时代，虚假新闻泛滥的原因有如下五个方面：

一是传播主体的"去精英化"使得传播内容的质量把控困难。技术赋权，准入门槛降低，使得原本只处于信息接收端的普通用户从消费者（consumer）变成产消者（prosumer），新闻传播主体的构成发生了新变化，自媒体人、网民，尤其是社交机器人的加入，传播主体出现多元化、去精英化趋势。良莠不齐的传播主体使得传播内容的质量难以保证。

二是智能技术催化，虚假新闻的制造与传播形成一个产业链，能够实现

"自产自销",快速传播。智能机器人使得虚假信息自动化、批量化生产成为可能,它们不仅能够从内容和形式上使捏造的东西看起来像真的一样,而且还能制造其被广泛传播的错觉。例如,一些网站专门打造自己的"实时宣传生态系统":由社交机器人制造虚假信息,再由其他专门的垃圾机器人进行传送,实现几乎没有时间差的"自产自销"。就这样,虚假信息在多次传播中获得了舆情集合带来的"合法性"。

三是智能媒体(如社会媒体)模糊了信息源这个概念。新闻机构可能会发布一篇以新闻为基础的文章,但个人可以通过专门的新闻网站或社交网络"共享"这篇文章。社交媒体用户必须在大量信息中导航(Hyunjin et al.,2011),依赖于分享者的亲疏关系远近及个人直观判断来接收信息,却很少对其具体来源进行验证。索鲁什·沃苏吉(Soroush Vosoughi)等人在《网络上真实与错误新闻的传播》一文中提出,假新闻比真新闻更新颖,因为人们更愿意分享新奇的信息。当一个帖子伴随着许多点赞、分享或评论时,它更有可能得到其他人的关注,因此更有可能进一步被点赞、分享或评论。因此,社交媒体上的受欢迎程度是一种自我实现的循环,这种循环很好地支持了未经验证的信息(Tetyana,Diakopoulos,2016)。

自媒体大 V 与社交机器人已成网络舆论生态中的新意见领袖。新网络舆论生态中的意见领袖往往是自媒体大 V,看起来大有后来居上优势的是社交机器人。量大面广分布的自媒体人的影响力在某些事件上或某一特殊时期常常会超越权威媒体与机构,如新冠疫情期间,一些谣言广泛传播的很大一部分原因是自媒体的助推。其主要方式是对介绍科学真相的文章进行洗稿,加入杜撰出来的耸人听闻元素,吸引眼球,收割流量。

社交机器人凭借其超强的计算力、精准个性化推送与高度人格化形象,时常会成功成为某一领域或某些重大事件上的意见领袖,主导舆论走向,而且由于网络的匿名性与虚拟性,社交机器人的身份很难被识别。相较真人意见领袖需要一定的培育时间,不具有可复制性,且影响力和影响范围有限,机器意见领袖可以实现量产,只要其虚拟身份不暴露或在某种程度上被接受,就可以在社交媒体上长时间高效运行(张洪忠 等,2019)。

虽然致力于传递真相的传媒机构与个人也开始进军社交平台,但是缺少规模化商业链与价值链设计,动力系统不够强,大多尚无法积聚大批量粉丝和流量,自然也难以影响舆论气候。

四是新舆论场彰显出公众媒介素养的不足。用户是实现虚假信息落地的最后一环,也是最关键一环。只有当用户误以为其是真相时,它们才能够实现自身的合法化,因而虚假信息是由用户参与共同建构的。由于虚假信息常常利用人性的弱点,能激起恐惧、厌恶和惊讶的反应,且比真相更新颖刺激,其被广泛转发的可能性往往比真相更大。

换言之,一篇看起来像新闻,但没有事实根据、有误导意图的文章,如果公众不相信这些谎言,能被认为是假新闻吗?传统意义上的新闻是由新闻工作者建构的,而虚假新闻是由公众共同参与建构的,因为它的虚假程度在很大程度上取决于公众是否认为它是真实的。这在社交媒体的语境中尤为重要,社交媒体的社交性助推了假新闻的滋长。社交领域更注重信息的交换而非信息的质量,公众在有意无意接收、转发假新闻的时候,无形中也成了虚假新闻生产传播生态链上的关键一环。

五是核实难度加大,辟谣机制滞后,追责机制缺失。一方面,新媒介社交环境下,虚假信息数量之多、传播速度之快、传播渠道之广、影响范围之大都使得对其进行核实及辟谣的难度加大,能够有效鉴别的手段很有限。随着一轮轮新技术的进步,如上述的"深度伪造"技术已经可以凭空制造肉眼难分真假的音视频,严重挑战听觉和视觉的真实性,给鉴别工作带来很大难度。另一方面,网络空间治理尚处于探索阶段,辟谣机制滞后,明确的追责机制缺位。进行辟谣的信息的传播往往是对虚假信息的澄清,和虚假信息之间有一定的时间差,而公众容易先入为主。在责任本位方面,如法律责任,对于智能媒体、自媒体容易引发的名誉权、著作权侵权等问题,目前还没有统一的认定标准,这就导致了"责任鸿沟"问题。由于借助算法进行传播的虚假信息造成的损害很难检测,且传播过程中参与的主体众多,因而难以直接确定谁应该为其负责。

综上,智能技术的发展使其能够充当信息生产主体、信息传播分发渠道与平台、信息接收方以及反馈接收器,实现新闻信息的自动化生产、传播、消费及反馈整个闭环。但这并不是虚假信息泛滥的本质原因,换言之,智能技术并不一定会带来虚假新闻增多的情况。文字捏造由来已久,但照片、音视频捏造随着智能技术的发展,刚开始泛滥。无论是文字,还是照片、音视频的捏造,都在智能媒体时代的造假浪潮中达到顶峰。由于智能技术集群的工具性属性,真正促成虚假信息渐趋失控的是人们的经济意图与政治意图。这属于对技术的故意误用与滥用,从而建构了一个虚假信息无处不在的新媒介生态环境。

由于在技术上难以鉴别,虚假新闻可能会对公众、机构、社会乃至国家带来很大危害。以"深度伪造"为例,其危害可以分为以下三个方面:

首先,对公众的危害。一是欺骗。对个人的欺骗是一种严重的危害,因为它阻碍了个人为自己的最佳利益做出最明智的决定。例如,在选举中故意散布关于候选人的虚假信息,操纵选民。单一的欺骗行为可能会对个人造成危害,但当"深度伪造"广泛传播时,危害就会被放大。二是恐吓。例如,伪造色情视频对他人进行恐吓。

其次,声誉损害与人物角色剽窃。"深度伪造"在未经允许的情况下使用和传播个人的形象或肖像,会对个人声誉造成损害。由于这一领域涉及的法律问题很复杂,而且不同国家的法律也不尽相同,目前尚未有科学的解决办法。除了名誉上的损害之外,"深度伪造"还涉及人物角色剽窃,这是一种倒置的剽窃,关注的是信息的来源,而不是内容。剽窃是指未经授权使用或模仿另一作者的语言和思想,并将该作者的作品当作自己的作品的行为。简单来说,在剽窃中,A 引用了 B 的话,并把功劳归于 A 自己,声称这些话是 A 说的;而在"深度伪造"中,A 操纵 B 的形象或声音,创造一些新的东西,然后把它错归给 B(Diakopoulos,Johnson,2020)。

最后,对新闻业的危害。随着"深度伪造"技术的发展,记者们面临这样一个困境:当有人提供有新闻价值的事件的视频或音频时,它的真实性能被信任吗?这不是一个新问题,但随着"深度伪造"的激增,这个问题将更难回答。新闻从业人员如果无法第一时间赶往现场,那么仅凭别人提供的视频根本无法确认事件的真实性。如果没有一种快速而可靠的方法来鉴定视频和音频,新闻媒体可能很难履行其传播事实真相的伦理义务。此外,"深度伪造"还可能扭曲民主话语、加速社会分化、危害公共安全和国家安全等(Chesney,Citron,2019)。

5.1.2.5 身体与媒体议题

20世纪80年代,由于消费主义盛行、女权主义、治理术、技术进步及相关学科的积极推进,身体研究逐渐兴起。消费文化带来身体的商品化、浅表化;女性主义关注身体的差异化、性别化;治理术侧重于规训、干预身体,认为身体是消极、顺从的,是被铭刻塑形的;技术进步导致身体"实体性"变得不确定,身体成了白板,是"一套信号接收系统",是吉尔·德勒兹、瓜塔里眼中的"没有器官的身体"(希林,2011)[6]。

关于技术与身体方面,美国哲学家唐·伊德(Don Ihde)提出技术中介论,认为技术是连接人与环境的中介。他将身体分为三种类型:"身体一"物质身体、"身体二"文化身体与"身体三"技术身体,并把技术与人的关系从身体感知层面分为具身关系、解释学关系、他者关系、背景关系(杨庆峰,2007)。克里斯·希林(Chris Shilling)提出两个专业化的术语——"技术的身体"(technological body)与"技术化的身体"(technologized body)。"技术的身体"主要侧重于与其他社会建制中的身体的区别(如工作的身体、运动的身体、音乐的身体等);而"技术化的身体"则强调技术内化于身体之中,身体与技术相互作用、密不可分的一种状态(周丽昀,2011)[80]。曹钺、骆正林、王飓濛曾用西尔弗斯通(Silverstone)提出的"驯化"(domestication)理论解释身体与技术的关系,他们指出"身体与技术"之间不是简单的影响与被影响的关系,而应该呈现双向的驯化(曹钺 等,2018)。

作为先进的技术应用之一,智能媒体与身体有何关系呢?当下的争论主要从以下三个方面入手:一是从心理角度出发,探讨智能媒体对真实身体的影响(郝雨,李夕冉,2021),尤其是美丑观。智能媒体塑造的流行文化对美丑有一种不同以往的标准,质疑者认为,这可能会带来女性对身体的焦虑,甚至引发心理健康问题。二是智能媒体与身体(真实身体、虚拟身体)的相互建构。肖奎,刘鸣等(2022)提出,身体和社交媒体的社会空间实践,可能会为用户带来了社交倦怠、错失焦虑、空间规训。三是人的身体在智能媒体中介作用下的迷失,即人在真实身体与虚拟身体之间存在转换障碍,导致身体出现赛博化倾向,甚至自主性丧失(李伟,2022)。

5.1.2.6 智能鸿沟议题

数字鸿沟又称信息鸿沟,最早用来描述互联网时代,社会强势群体与弱势成员之间在接触电子设备方面日益扩大的差距,特别是社会弱势群体无法使用电脑或互联网,但社会强势群体极易接触到并使用相关设备。造成数字鸿沟的主要因素有教育、收入、地域、种族等,即教育水平、收入高低、地域差异和不同种族,都会影响到人们对电脑和互联网的使用程度。没有或不充分的互联网接入和相关信息的使用可能会加剧发达国家和发展中国家、发达地区和欠发达地区,以及越来越少的特权个人和群体之间现有的社会经济差距。

随着研究的深入,学者们提出了"数字鸿沟1.0""数字鸿沟2.0""数字鸿沟3.0"的概念。数字鸿沟1.0关注的是是否有条件接触到电子设备;数字鸿沟2.0侧重于对电子设备的使用能力,研究发现,部分群体即便能够接触到电脑,但也不代表会使用电脑,拥有该项技能;数字鸿沟3.0强调的是使用电子设备并从中获得精神提升与财富的再分配,而不是沉迷其中,出现成瘾行为。

随着智能媒体的广泛应用,乐观者们表示,相较价格昂贵的部分电子设备,智能媒体通常被嵌入到已有程序中,改进程序的功能,部分还能够提供免费服务。例如,搭建一个沟通交流的平台。因而社交机器人其能够通过灵活的方式使得公众接触到更广泛的信息。部分智能媒体还有很强的教育功能,用户可以轻易获取学习资料,并且通过智能媒体形象化的知识展示,更容易地掌握所学的知识，因而智能媒体有助于弥合数字鸿沟。不过悲观主义者认为，智能媒体引发的是数字鸿沟的新形式——"人工智能鸿沟"。通过算法推进，它能操控信息来源与内容分配不公。在许多系统中，是工程师选择数据的特征，算法根据这些特征建立模型。因此，尽管计算机本身没有偏见，但它执行的代码可能包含一些假设，这些假设反映了人类作者隐含的或无意识的偏见。因此，在没有专家仔细审查的情况下，人工智能的当前状态，有可能导致数字鸿沟扩大，并伤害相关社会中最脆弱的人。

世界经济论坛的一篇文章认为，人工智能可能出现三道鸿沟。

第一道鸿沟将出现在公司层面。从现在到2030年，完全采用人工智能技术的创新前沿公司的现金流可能会翻倍——这可能需要雇佣更多的工人。这些公司将把那些不愿或无法以同样速度实施人工智能技术的公司甩在身后。事实上，完全不采用人工智能的公司可能会经历20％的现金流下降，因为他们失去了市场份额，并面临裁员的压力。第二道鸿沟与技能有关。人工智能技术的普及将使劳动力需求从更容易自动化或外包到平台的重复性任务，转向社会或认知驱动的任务。到2030年，以重复性工作和缺乏数字技术为特征的工作可能会从占总就业的40％左右降至近30％。与此同时，非重复性工作或要求高级数字技能的工作比例可能会从40％上升到50％以上。这一转变可能会加剧工资差距，随着这些领域收入的增加，总工资账单中约13％的人可能会转向需要高水平数字技能的非重复性工作。重复性工作和低数字技能类别的工人的工资可能会停滞甚至下降，导致他们在总工资账单中的份额从33％下降到20％。人工智能的第三道鸿沟——国家之间的鸿沟，已经很明显，而且会进一步扩大。那些确立了人工智能领导者地位的国家，主要是发达国家，与今天相比，可以获得额外的20％～25％的经济效益，而新兴经济体只能获得额外的5％～15％。发达经济体在采用人工智能方面具有明显优势，因为它们在实施以前的数字技术方面走得更远。它们也有采用人工智能的强大动机：生产率增长缓慢、人口老龄化和相对较高的劳动力成本。相比之下，许多发展中经济体的数字基础设施不足，创新和投资能力薄弱，技能基础薄弱，再加上低工资和充足的生产率追赶空间对积极性的抑制作用,这些经济体在人工智能应用方面似乎不太可能跟上先进经济体的步伐(Bughin,Zeebroeck,2018)。

该分析放在智能媒体层面也成立。对智能技术的应用,已经在不同国家、地域之间,甚至在统一国家内部对传媒机构、科技公司平台媒体进行了重新洗牌,转型成功的传媒机构获得新生,失败的则惨淡离场。智能媒体对内容生产者与传播者提出了一定的技能要求,从而使得传统传媒从业者丧失了原有的优势,一个会剪辑视频的自媒体大V的影响力甚至远远高于职业记者。不同国家更是因为智能媒体的不同使用,获得了不一样的话语权。

单就中国语境来说,调查显示,中国的不同群体在智能媒体素养、智能媒体使用、智能媒体消费等方面存在显著差异。其中,智能媒体使用呈现出显著的年龄鸿沟、教育鸿沟、收入鸿沟和城乡鸿沟。中青年、高学历群体、高收入群体和城市居民具有较为明显的优势,相较之下,老年人、低学历群体、低收入群体和乡村居民则处于劣势。智能鸿沟成为人工智能时代数字鸿沟的最新形态(韦路,左蒙,2021)。

5.1.3 法律议题

5.1.3.1 著作权争议议题

只要轻轻点击,你就能向世界展示你的艺术作品,Facebook的帖子,微信的推文,Instagram和抖音的新滤镜改善你的图像,Snapchat的10秒故事获得社会好评……一系列的发展让版权的界限变得越来越模糊。

艺术作品受到保护,因为它们是作者自己的智力创造的,即作者选择、顺序和组合的结果。从作品的特征来看,智能媒体和人类的创造没有多大区别,这对以人为中心的著作权规则设定提出了挑战。

根据世界上绝大多数版权法,只有自然人才能成为作者,并获得经济权利和精神权利。非人很难被赋予法律人格。以猕猴是否具有著作权为例，2011年，美国摄影师大卫·史莱特在印度尼西亚苏拉威岛将相机放在三脚架上，一只猕猴无意间按下了快门，拍下了一组"自拍照"。随着照片的走红，引发了关于猕猴是否具有著作权的争议。美国法院最终判定，猴子并不具有著作权，因为版权只能保护原创作品，即由人类创作的作品，不包括由"自然、动物或植物"创作的作品。在加拿大，2021年12月以《星夜》为题材的画作《Suryast》的版权登记列出了两位共同作者——安基特·萨尼(Ankit Sahni)先生和人工智能绘画应用程序 RAGHAV。加拿大政府计划对版权框架进行更新，以应对人工智能和物联网的发展。

中国第一例人工智能引发的著作权诉讼案发生在2019年5月，北京菲林律师事务所起诉北京百度网讯科技有限公司（以下简称"百度网讯"）在未经其允许的情况下擅自转发该律事务所发布的文章《影视娱乐行业司法大数据分析报告·电影卷·北京篇》。百度网讯则认为，该篇文章是由法律统计数据分析软件智能生成的，并不受著作权法保护。北京互联网法院认为，现行法律规定文字作品应由自然人创作完成，该篇报告图片完全由智能软件生产，不构成作品，但其文字凝聚了律师事务所的创造力，因而享受版权保护。2020年3月，腾讯使用机器人 Dreamwriter 自动生成的一篇报道被上海盈某科技有限公司擅自使用，腾讯将其诉至法院。法院认为，人工智能生成的文章构成作品。这是全国首例认定智能媒体生产的文章享受版权保护的案件。

熊琦(2017)在《人工智能生成内容的著作权认定》中提出，认定人工智能的创造是否具有版权，需要解决两个问题：第一，人工智能生成的内容是否能够基于独创性标准认定为作品；第二，人工智能软件的设计者、使用者或著作权人是否可认定为人工智能生成内容的著作权人。熊琦认为，机器只是具有超强的计算力，能够在设计者的特定设计目的下穷尽一切路径，其本身并不具有创造力，真正的创造力体现在设计者建模的过程中的价值取舍或操作者的意志。因而人工智能产品如果具有版权，那也应该属于设计者或所有者。

智能媒体所生成的内容可以分为两种：一种是数据输入与成果输出型，另一种是人工智能基于机器学习和深度学习完成型。前者被认为生产的主体是设计者或使用者，在著作权所属问题上并无争议，最多是建议人工智能参与的作品受保护期相对人类独立完成的作品更短，但学习型内容生产方式则存在诸多争论。第一种观点认为，鉴于技术的快速发展，人工智能逐渐达到人类智能的级别，人工智能可被版权化。这是奇点论主义者的立场。第二种观点认为，可以赋予人工智能虚拟法律人格，但并没有从可操作性层面给予一个可落地的方案。第三种观点是承认人工智能生产内容的可版权性，但著作权主体是智能人工物的所有者、使用者、投资者等（王思文，2022）。

5.1.3.2 隐私权保护议题

个人隐私保障了人们思考、交流和建立正常社交关系等活动的自由。然而，当人们与算法系统的互动越来越多，这降低了他们控制谁有权访问与自身有关的信息及这些信息将被用来做什么的能力。这就产生了所谓的"隐私悖论"（privacy paradox）。隐私悖论是指人们的隐私担忧和关注程度与其实际的隐私保护行为存在不一致（邵成圆，2019）。一方面，用户有很强的隐私保护意识；另一方面，为了获取技术和信息使用的便利，不得不让渡自己的隐私与自由（江作苏，刘志宇，2019）。此外，个人对自我隐私的控制力越来越弱，以至于有些情况下隐私被泄露还完全不知情。

随着智能媒体的普及，公众的隐私保护陷入困境，具体表现如下：

（1）数据操纵。智能设备能够在用户不知晓的情况下对其信息进行收集、处理，甚至分享给其他设备或相关方。

（2）识别和跟踪。智能媒体能够全天候跟踪个人，无论是在家庭、工作场所还是任何公共场所。这意味着即使你的个人数据是匿名的，它也一样可以成为识别个人特征大数据中的一部分，因为智能媒体能够基于从其他设备收集的数据来实现去匿名化，这意味着个人和非个人数据之间的界限逐渐模糊。甚至可以说，在智能媒体面前，没有所谓的个人数据。

（3）语音与面部识别。人工智能机器学习越来越多地使用声音识别和面部识别。这两种方法能够在公共空间中使个体去匿名化。

（4）预测。机器学习能够从不敏感的数据形式中收集或猜测敏感信息。例如，从一个人的打字模式可以推断其情绪和精神状态，如焦虑、自信、紧张或悲伤等。此外，人工智能还能通过收集到的数据，如位置数据、活动日志和类似标准，预测一个人的健康状况、种族身份、政治观点。

（5）人工智能不仅能够收集信息，它还可以使用收集到的信息对个人进行分类、评估和排名，而这一切通常是在未经用户同意的情况下完成的，没有人质疑它的结果。甚至有文章称，人工智能将成为间谍活动的终极工具(Butler，2019)。

用户可能并不总能知道，或者没有能力获得关于自身信息的类型以及这些信息的用途。推荐系统通过干预个体的选择，不仅促进了个体身份的动态构建，而且对信息缺乏控制将直接导致个体自主性的丧失。

针对上述问题，有多种解决方案。例如，通过保护群体隐私来保障个人隐私，允许组织在共享数据集的同时，对个人信息进行保密，并确保对敏感数据的隐私保护；赋予个人参与推荐系统设计的权利，提高用户自主决策的能力，了解谁拥有自己的数据以及对数据做了什么，也有助于在信息隐私和信息处理之间做出利弊权衡。虽然当下学界在保护隐私的研究方面取得了一些进展，但涉及智能媒体实际操作层面，隐私保护问题依然很严峻。国际组织、各国家因此颁发了很多人工智能治理文件，如联合国教科文组织的《人工智能伦理建议》、中国的《人工智能使用伦理指南》、欧洲理事会的《关于人工智能系统监管的报告》、经合组织的《人工智能原则》，以及欧盟委员会设立的人工智能高级别专家组制定的《可信人工智能伦理准则》等。产业界也积极与学术界和非营利组织联手，推动对人工智能的负责任使用，但是当下关于隐私保护存在这样一个困境：首先，治理计划主要采用声明的形式，并不具有约束力；其次，各文件对隐私问题的界定存在分歧，对隐私保护的法律解释和实际实施仍处于起步阶段；最后，隐私与其他伦理原则之间，如公平,存在紧张关系,为了保护隐私,有时候可能会破坏公平原则,而为了公平,有时候可能会牺牲个体隐私。

保护隐私包括确保信息收集限制、数据质量、目的规范、使用限制、问责制和知情同意等。美国联邦贸易委员会要求使用算法的 AI 开发者和公司必须确保人工智能使用透明,包括向消费者解释算法决策,并确保决策公平和经验合理,违反者可能面临巨额罚款,甚至被强制删除数据、模型和算法。在美国,隐私保护方面做得最好的是加利福尼亚州,其于 2020 年颁布了美国最早的数据隐私法之一——《加利福尼亚州隐私权利法案》(CPRA,第 24 号提案),另一项法律于 2023 年生效。根据该法律成立的一个新的州机构——加利福尼亚州隐私保护局(California Privacy Protection Agency),专门负责隐私保护方面的事宜。《加利福尼亚州消费者隐私法案》(California Consumer Privacy Act)中针对数据收集和重用制定了这样一条规定:禁止企业在原始数据收集范围之外重新利用数据。这意味着,某公司出于一个目的从加利福尼亚州居民那里收集数据,如果重用数据的时候与最初的收集理由不一致,那么在没有得到该居民明确同意的情况下,公司就不能将其重用来训练机器学习模型。该法案一旦有效执行,数据隐私法将从根本上影响人工智能和数据。除此之外,还应关注透明性与可解释性,确保数据搜集与使用过程中的透明性,以及算法决策机制的可解释性。例如,CPRA 要求,企业不应该专注于解释 ADM 技术通常不透明的基本原理,而是应该向消费者提供驱动这些基本原理的数据来源和内容的详细信息,包括消费者是否被要求同意其最早的收集者收集这些数据(Vincent,2021)。

尊重机器学习模型中的删除权。CPRA 赋予消费者删除、更正和了解企业收集的关于他们的个人数据的新权利。但对于人工智能驱动的公司来说,删除数据的请求并不像清理数据表中的一个单元格那么简单。从消费者那里收集的个人数据被用来训练机器学习算法,然后这些算法通常被大规模部署——任何给定数据点的影响,无论准确与否,都将继续传播,直到该模型在没有这些数据的情况下被重新训练。尽管对人工智能模型进行再培训有时需要付出高昂的成本,但为了让这些模型具有意义,消费者删除和更正数据的权利必须扩展到这些模型内的数据,不包括这样的条款将直接损害消费者的隐私权。研究表明,在某些条件下,原始训练数据可以被重构,并最终通过分析包含它的模型的行为来去匿名化。这一过程可能不需要公司投入大量成本和时间。美国斯坦福大学教授詹姆斯·邹(James Zou)团队开发了一种名为"近似删除"的技术,旨在消除特定数据对人工智能模型的影响,而不会泄露数据的内容,也不需要对模型进行全面的再训练。在新的删除权下明确覆盖嵌入 AI 模型的数据,也符合关于提高数据来源透明度的核心论点。如果提供人工智能模型基础上的个人数据来源的详细信息,消费者将有权删除或纠正导致这些模型不准确或偏见的特定数据点。与此同时,企业将受到激励,在一开始就更仔细地审查数据,确保数据质量,进行数据注释、训练数据准确性测试、算法(重新)验证、基准评估和外部审计,以避免在模型部署后进行昂贵的修改和再训练(MacKinnon,King,2022)。

使用合成数据。合成数据,顾名思义,是人工创建的数据,而不是由实际事件生成的数据。它通常在算法的帮助下创建,并用于广泛的活动,包括作为新产品和工具的测试数据,用于模型验证和人工智能模型培训。合成数据是一种数据扩展。与收集大型数据集相比,合成数据成本低廉,可以支持 AI/深度学习模型开发或软件测试,而不会损害客户隐私,满足现有(真实)数据中无法提供的特定需求或条件。合成数据在 20 世纪 90 年代开始投入使用,在 21 世纪初随着人工智能计算能力的提升、存储空间的扩大,合成数据得到了更广泛的应用。据估计,将来用于开发人工智能和分析项目的 60% 的数据将是综合生成的(Dilmegani,2022)。

使用人工智能技术来保护隐私,即技术向善思维。以数字助理为例,Siri、Cortana、谷歌 Assistant 和 Alexa 都被设置能够向人类泄露隐私,人类可以参与其中以保护个人信息不受侵犯。这种有意为之的设计本质上是利用技术的正面效应来反制其可能引发的负面效应(MacKinnon,King,2022)。

非技术方法包括成立道德 AI 委员会、内部培训、团队组成多样化,或分析数据收集机制以避免偏见。

5.1.4 社会政治文化议题

5.1.4.1 新公平性议题

人工智能作为一种新的生产力,引发了一场"新工业革命",不过其商业模式还保留着最原始的本质——"物物交换"的模式。根据这种模式,个体成了"监控资产"(Yeung,2018)[3],沦为数字劳动力,同意智能设备持续监控他们的在线行为,收集由此产生的"数字面包屑"(digital breadcrumb),以换取"免费"服务。这催生了一种后工业形式的被哈佛商学院教授肖莎娜·祖博夫(Shoshana Zuboff)称为"监控资本主义"(surveillance capitalism)的资本主义生产方式。基于数据追踪、分析而刻画出的用户立体式精准画像被贩卖给的广告商。这种依靠贩卖用户的确定性的市场被称为从未出现的、最大的人类期货市场(Zuboff,2015)。

由于算法通过挖掘、分析数据库来推断和预测个人的品位、兴趣、偏好和弱点,这些实践促进并加剧了提供个性化服务的一方与被服务的一方之间的权力不对称,增加了前者利用后者的机会。前者掌握了后者越来越多、越来越详细的知识,而后者却无法同等程度地了解、描述前者组织的内部运作和实践。大规模个性化的本质是"分而治之",将个体彼此隔离,这进一步增强了分析者以及他们所代表的人的力量,削弱了个体的力量,使他们无法以可能符合其整体利益的方式集体行动。此外,相对于这种大规模的监控文化,人类几乎没有防御能力,且很少有机会逃脱监控活动。由于算法的运作方式是高度不透明的、动态的,这加剧了监控资产所有者和被监控者之间知识和权力的不对称,从而增加了前者剥削后者的风险(Yeung,2018)。

算法将公众划分为不同的群体,基于他们的相对价值和盈利能力,寻求培养和吸引最好的客户(所谓的"强市场"),排除低价值客户(所谓的"弱市场")(Yeung,2018)。例如,"大数据杀熟"现象,个性化的定价,可能会导致一个基于算法评估系统的市场分类体系的形成,有的消费者享受最好的产品、服务和价格,而有的则是被故意忽略的"低价值"人群。换句话说,算法被用来理性地"嫌贫爱富"。在线世界的细分加剧社会结构化不平等。每个人只能看到针对自己的"个性化"版本的页面,无法知晓自己是否享受和其他人一样同等的待遇。因此,大规模个性化的净累积效应是一种永久和加强现有形式的系统性的社会歧视,然而这些固有的歧视性常常被忽视。

随着时间的推移,算法带来的大规模个性化的聚合和累积效应可能会导致并加剧社会不平等和分配不公。算法能够重新掌控不断多样化的社会,创造不再符合传统分组和分类的差异化,从而让社会重新变得清晰(Yeung,2018)。最明显的特征是软件和代码被用来判断人们的价值、资格等,其中哪些群体被优先化、哪些群体被边缘化往往是无形的,"以至于无论是利益受损者还是受益者都没有意识到它们在起作用"(Graham,2004)[324-332],再加上算法工具看似提供了一种客观、理性和合法性的光环,因而个人实际上对自己的档案、分类和评分方式提出疑问或进行竞争的机会极其有限,特别是当这些档案是根据错误或不准确的数据构建的时候(Yeung,2018)。这本质上是一种新的数字鸿沟——智能鸿沟。相较以往,人工智能时代算法正在开辟新的更加复杂的数字鸿沟,往往以不可预见的、被忽视的方式出现(Beer,2009)。

5.1.4.2 算法霸权与意识形态控制议题

算法推崇个性大于共性,造成道德共同体撕裂化与社会微粒化、原子化。孤立和突出个体之间的差异,强调特殊性而非一般性,这是支撑市场细分和算法运作的核心逻辑。由于算法旨在满足每个人的特殊偏好(尽管是推断出来的)、喜好、欲望和倾向,对个人来说,这破坏了其共享身份和集体感;对社会来说,严重侵蚀了社会团结,从而使社会纽带变得松散,以至于我们作为一个道德和政治共同体的集体特征的本质可能会受到质疑(Yeung,2018)。

智能媒体的兴起,重塑了传媒业态。弱势群体、草根阶层等加速进入媒介话语圈,媒介话语权去中心化趋势越来越明显,主要表现在两个方面。

一是舆论热点事件频发,智能媒体引领话语走向。智能媒体使用技术低门槛化,传播速度实时,影响范围广泛,能够在极短时间内引发舆论,"燃爆"舆论圈。2022年江苏徐州丰县"铁链女"事件就是典型的案例,从1月初事件被曝光以来,热度一直不退,内容不断反转再反转。在事件发展前期,主流媒体并未介入,舆论的风向由自媒体推动。这些自媒体分为两类:第一类是积极分子,不断通过微信、抖音、微博等社交平台发布相关"小道"信息;第二类是专业的传统媒体人,他们依据专业知识,携带智能设备前往事发现场,进行深度调查,依靠平台媒体来跟进最新情况。这两股力量形成了强大的合力,带动了舆论的走向。最终,继央视之后,深圳卫视《正午30分》节目,从事发到成立调查组,完整系统地梳理了"铁链女"事件,报道时长3分20秒,获得了民众的一致好评。可以说,"铁链女"事件之所以短时间内在全国引起极大的舆论风暴,离不开智能媒体的助推。

二是舆情目标对象泛化,智能媒体扩大舆论监管圈。如果说在前人工智能时代,舆情针对的目标大都是关系国计民生的重大事件、重点机构,那么在智能媒体时代,这种目标对象范围开始逐步泛化,尤其是在当下"后真相"时代,能牵动公众情感神经的事件,极易成为舆论热点。从丁真争议性走红、网络主播偷税被罚,到女子实名举报丈夫家暴并出轨,平台媒体成了如今最活跃的舆论场。

随着智能媒体抢夺了部分媒介话语权,中国逐渐步入常态化的风险社会(邱伟怡,2015)。如何保持媒介话语权的平衡,防止失控,成为需要关注的重点。尤其是主流媒体,需要利用好智能媒体,掌握媒介话语权,做好正面宣传,对抗多元化社会思潮和西方意识形态的冲击。例如,通过创新话语表达方式与体系、丰富话语内容、建构新的传播格局等来树立和引导主流意识形态(鄢霞,2020)。

　　智能媒体能带来智能乌托邦的假象,但无法掩盖其反乌托邦的性质。信息经济的核心商业模式,即服务换信息模式,用户可以通过交换个人数据免费获得服务。搜索引擎、社交网络平台和其他在线服务将这些海量数据转化为"用户档案",从中了解用户的愿望和需求。这些个人或群组配置文件帮助搜索引擎显示本地化和个性化搜索结果,但更重要的是,还可以个性化链接广告商,如谷歌会将这些链接显示在搜索结果的右侧或顶部。2000年,谷歌推出了一种名为 AdWords 的自动广告系统,该系统根据用户的搜索关键词定位广告,从而建立了一种"流量商品"的新商业模式,即计算从一个网站到另一个网站的访客流量,从中获利(Mager,2014)。

　　如果这只是简单的商业行为也无可厚非,但其中还可能涉及意识形态控制问题。

　　意识形态是一个复杂的问题。它根植于马克思主义理论关于意识真伪的认识论观点和关注观念在社会实践中如何发挥作用的社会学思想中。经典的马克思主义意识形态概念涉及社会权力的主导问题,以及符号、意义和价值如何帮助再现权力结构,并最终形成阶级社会。相反,社会学解释将意识形态描述为维持社会生活的行动导向的信念集,类似于中立的世界观,而不是激进的批判概念。阿斯特里德·马杰(Astrid Mager)认为,意识形态既是一种没有实体的思想,又是一种社会实践,针对搜索引擎而言,意识形态批判是批判媒体生产的内容及媒体本身(Mager,2014)。意识形态统治使得统治阶级与被统治阶级达成共识,创造了这样一种双赢的局面,让个人遵守资本主义的规则,反过来,被霸权化的群体又积极地促进权力关系,巩固霸权价值体系(Mager,2014)。基于此,马杰提出了"算法意识形态"(algorithmic ideology)的概念。他认为智能媒体通过算法来传播意识形态。马特奥·帕斯奎内利(Matteo Pasquinelli)从马克思主义的角度分析了谷歌的政治经济学,认为谷歌的 PageRank 算法利用了网络的集体智慧,因为谷歌使用来自其他网站的链接来衡量一个网站的价值。这些链接可以被看作谷歌用来创造剩余价值的手段。克里斯蒂安·富克斯(Christian

Fuchs)进一步将用户数据和实践概念化为谷歌资本积累的组成部分。使用谷歌搜索、谷歌地图定位、Gmail 交流、谷歌书浏览手稿、看 YouTube 视频等,这些看似简单的行为会留下无数数据痕迹,谷歌将之存档并转换为用户配置文件,并根据用户的偏好和需求调整广告等,借机获取巨额利润。简言之,谷歌是一个以利润为导向、靠广告融资的赚钱机器,它将用户和他们的数据转化为商品,其结果是大规模监控和自由民主内在隐私价值的内在破坏(Mager,2014)。谷歌使用内容提供者和用户的实践来创造剩余价值,算法逻辑、代码、外部内容、链接结构、用户数据、点击行为、针对用户的广告、金融交易都在谷歌搜索中共同发挥作用。因此,像谷歌这样的搜索引擎可能会被视为通过其所谓的中立搜索算法来延续资本主义意识形态(Mager,2014)。

在很多研究中,网络内容的生产者和用户通常被描述为被互联网公司利用,变成了一种"生产消费者商品",是一种受害者形象。然而,产消者并不是被谷歌、Facebook 或其他公司强迫使用服务,而是出于自己的自由意志产生自发行为。内容提供者和用户不只是谷歌(和其他人)利用的对象。恰恰相反,他们明显受益于谷歌提供的搜索服务。网站提供商的目标是在众多的网络信息中获得可见度,并与用户进行内容沟通。反过来,用户希望方便地查找信息,并根据自己的需要过滤信息。搜索引擎设法满足了内容提供者和用户的需求,产消者不知不觉沉浸在统治意识形态中(Mager,2014)。

谷歌搜索只是智能媒体的一个代表,在万物皆媒的时代,所有能被用于收集信息的智能人工物都可以被看作智能媒体。公众身处其中,难以逃离。面对这样的困境,有学者提出,智能媒体时代呼唤新型行动者,即葛兰西所说的"有机知识分子"。有机知识分子的任务是在文化、政治、经济领域为从属群体提供清醒的自我意识,而不是来自上面的"真理"。有机知识分子的范畴不仅包括思想家和哲学家,还包括政治活动家、工业技术人员、政治经济学家、法律专家等(Mager,2014)。例如,澳大利亚记者朱利安·阿桑奇(Julian Assange)创建了"维基解密"(WikiLeaks)在线平台,发布与权力滥用、腐败和既得利益有关的秘密信息。这表明，拥有将机密信息传播到社会的技术和能力的个人可以削弱霸权行为者构建的意识形态的影响。类似的例子还有"占领华尔街"运动的发起群体，以及欧洲的混乱计算机俱乐部。该俱乐部负责审查谷歌和其他公司侵犯隐私的行为，致力于让美国公司遵守欧洲的数据保护法。

首先这些有机知识分子本身有着自身的局限性，而且各自政治诉求不同，"占领华尔街"是对资本主义社会的激进批判，"维基解密"强调言论自由，却不挑战资本主义意识形态本身。不同有机知识分子和反意识形态运动之间的政治愿景的异质性，使得其很难形成一种网络政治声音，从而获得更大范围的关注。其次，有机知识分子很有可能会妥协，其主张或行为会被同化，从而成为一种新的意识形态。反对智能媒体算法意识形态的行动，可能会促使智能媒体生产商或使用者改善其功能，进而提高用户满意度，从而提升智能媒体的应用普及率与可信度，再进一步巩固算法意识形态。最后，为了反对某些智能媒体，如智能搜索引擎谷歌或社交媒体 Twitter，推出来的替代程序往往无法独立存在，而是依靠这些智能媒体或同类型媒体来工作，其工作原理也会借鉴目标物。例如，美国的搜索引擎 DuckDuckGo 声称维护使用者的隐私权，并承诺不监控、不记录使用者的搜寻内容，以对抗占主导地位的算法意识形态，它提供了一个保护隐私的搜索工具，而不是与第三方共享个人数据。然而实际上，DuckDuckGo 高度依赖于商业搜索引擎和他们的数据收集实践。DuckDuckGo 有自己的爬虫，但只有一个非常小的搜索引擎索引。因此，它显示来自其他搜索引擎的结果，既有非商业的也有商业的，包括必应、雅虎、Yandex，即使它本身不出售用户数据，也能造成数据的间接泄露。其他搜索引擎，如 Ixquick、MetaGer、Ecosia 也同样依赖于大型搜索引擎及其做法。建立一个综合的网络索引代价太高。除了像 YaCy 这样的点对点技术，如试图在用户自己的电脑上建立一个去中心化的网络索引，搜索引擎将需要资金来建立一个包含非企业的网络索引。有学者建议提供公共资金来创建一个公共的网络索引，使程序员能够在此基础上建立各种搜索引擎，从而实现搜索引擎市场的多样性。与资助一个单一的搜索引擎相反,资助一个开放的网络索引将使多种不同的搜索工具的创造成为可能,挑战占主导地位的算法意识形态,并提供不同的搜索风格(Mager,2014)。

单个参与者或孤立的活动将不足以挑战强大参与者及其意识形态上层建筑。由于资本主义意识形态以代码形式铭刻,并在计算逻辑中显现,因此若要让它在一个复杂的行动者网络中稳定下来,并受到当代消费文化的推动,需要集体努力来挑战企业搜索技术。来自技术、政治和社会文化领域的行动者都必须同时侵蚀准垄断行动者及其意识形态的格式塔,以重振搜索引擎市场,提供技术选择,保护用户,并重新考虑广告和消费者行为。这就需要多个参与者,按照自己的方式来繁荣谷歌,并致力于替代搜索风格。编程独立技术,发展公共信息基础设施,完善法律和法规,支持有机知识分子,改变用户的做法和惯例,质疑营销策略和消费者的欲望,这些都是破坏像谷歌这样的强大参与者的第一步。然而,从长远来看,挑战占主导地位的算法意识形态,需要的不仅仅是这些。因此,有必要展开一场根本性的辩论,讨论政府与市场之间的界限在哪里,如何为企业参与者设置限制,以及如何维护社会正义(Mager,2014)。

5.2 构建智能媒体良性发展生态的路径

5.2.1 理论指导

5.2.1.1 负责任创新理论

负责任创新,又称为负责任的研究与创新(Responsible Research and

Innovation,RRI),是欧盟"地平线2020计划"科研项目的重要内容。RRI充分考虑到技术对环境和社会的显著影响与潜在影响,以参与为基础,要求所有的社会行为体(研究人员、公民、决策者、企业、非政府组织等)在科学研究与技术创新的整个链条中协同合作(图5.2)。RRI贯穿在整个科技创新过程中,直至产品和服务最终进入市场。

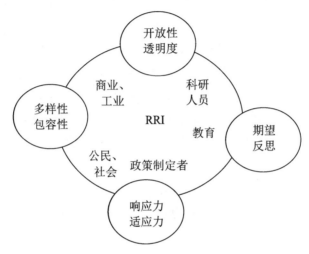

图5.2 负责任创新流程图(Dignum,2019)[50]

RRI被看作一个透明的、互动的过程,确保各方参与确定研究和创新方向。多样性和包容性是指在早期创新过程中需要利益相关者的广泛参与,以确保系统开发团队和利益相关者的多样性和包容性,扩大和促进知识、学科和观点的多样化。开放性和透明度要求对项目的性质进行公开,包括资金/资源、决策过程和治理方式。公开数据和结果可以确保问责制,并使批判性审查成为可能,有助于建立公众对研究和创新的信任。从不同角度理解研究和创新需要结合当前语境进行预期和反思,即需要考虑其对环境、经济和社会短期和长期的影响,以及反思个人和机构的价值诉求、做法和责任。响应力指的是对动态环境和可能出现的知识、数据、观点和规范进行响应和适应的能力。RRI需要政策制定者与利益相关方进行持续的互动,并及时改变思维和行为模式(Dignum,2019)[49-52]。

负责任创新除了上述过程维度外,还有产品维度,它是指作为创新过程结果的产品(服务、系统)。范·德·霍温(Van de Hoven)认为,负责任创新是一种活动或过程,它能带来前所未有的设计,涉及物理世界、概念世界、制度世界,能够为解决一系列伦理问题提供更多选择,平衡相互冲突的价值观。实施负责任创新的过程标准并不能保证产生的创新产品、服务、系统是负责任的。因此,负责任的创新意味着创新者至少要承担双重责任:一是对创新过程负责,二是对产品负责(Van de Poel,Martin,2021)。

计算自动化和机器学习的进步,促使人工智能系统能够在没有人类直接控制的情况下进行决策和行动。负责任创新的目的是最大限度阻止人工智能技术带来的不良影响,通过考虑机器决策的伦理影响、定义人工智能的法律地位,来确保人类能够安全、公平地使用该技术,使其朝着有益于推动社会发展和文明进步的方向发展。因此,人工智能领域的RRI应包括确保当前和未来所有利益相关者的参与,以及制定科学的责任治理模式。

综上,负责任创新能够为智能媒体的负责任使用提供直接的理论与实践指导。

5.2.1.2 价值敏感设计理论

价值敏感设计(Value Sensitive Design,VSD)是一种基于理论的技术设计方法,它在整个设计过程中采用一种有原则的和全面的方式来阐明人的价值观。它采用了一种综合的、迭代的三重方法论研究范式,包括概念调查、实证调查与技术调查(Friedman et al.,2002)。VSD的优点是能够在技术设计过程中积极地整合多种伦理价值。

1992年,华盛顿大学价值敏感实验室的巴蒂亚·弗里德曼(Batya Friedman)和彼得·卡恩(Peter Kahn)提出价值敏感设计理论。价值敏感设计是将人的价值观与行为方式和技术设计过程关联起来,将人的价值观内嵌于技术人工物之中,使技术人工物符合人的价值观和行为方式(Millett et al.,2001)。

荷兰的3TU技术伦理研究中心也致力于价值敏感性设计研究,该中心由荷兰代尔夫特理工大学、特文特大学和埃因霍芬理工大学的技术哲学研究者成立。美国华盛顿大学和荷兰学派等关于技术设计的价值敏感的研究是对当下伦理事后规范的纠偏,是一种前置式伦理理论。VSD通常被描述为技术设计的一种原则性方法,旨在在早期和整个后续设计过程中结合并考虑各种利益相关者群体的价值。它的前提是,技术不是价值中立的,而是对利益相关者(如设计师、工程师和最终用户等)所持有的价值敏感(刘瑞琳,2014)[2]。

VSD由三阶段构成:概念调查、实证调查和技术调查。第一个阶段为概念调查,包括回答以下问题:谁是利益相关者？与所讨论的技术相关的价值是什么？当讨论可用性的界限与相互冲突的价值(如透明度、隐私或安全性和有效性)时,某些参数的起点和终点在哪里？什么时候商定的方法和程序不再可行或不再支持所追求的价值？为什么支持某一种设计而不支持另一种设计？这些理论和哲学问题属于概念研究的范围(Friedman et al.,2002)。第二阶段为实证调查,旨在使用定量和定性分析,以确定提炼的概念价值是否能满足设计中的利益相关者的需要。其中包括描述人类行为模式的统计数据,衡量用户需求和需求的评估,以及人们在设计中所说的他们想要的和他们实际关心的之间的二分法(张贵红,2019)。这一阶段的最终目的是确定技术的设计是否能映射到概念结果上,如果没有,则需要对概念调查进行递归反馈,以确定如何更好地映射到设计上。最后,技术调查着眼于所讨论的人工制品的局限性。由于某些技术和材料可以支持或限制某些值,这些调查的目的是确定如何最佳地调整设计的实际技术规格,以支持利益相关者的价值,同时最小化不必要的或潜在的风险(Friedman et al.,2002)。

5.2.2 伦理路径

近年来人工智能伦理研究催生了大量实践性探索。业界与学界针对技术的每一点进步都会基于自身利益与诉求提出一些关于原则、价值或准则的补充声明,以指导人工智能的发展。越来越多的倡议所制定的大量原则和宣言转移了人们的注意力,这就需要建立一个以核心原则为支撑的框架,能够具有一定的预判性与包容性,能很好地解决已出现和即将出现的伦理问题。

参考人工智能伦理框架,可以得出智能媒体责任伦理基本框架。该框架以罗斯责任伦理原则和乔纳斯责任伦理理论为基础,指出智能媒体责任伦理框架由伦理使命、伦理原则、应用实施三部分组成。伦理使命涵盖伦理原则所有内容,具有一定的指导性,是伦理原则的原则;伦理原则是制定实施细则,实现责任伦理落地的根本;应用实施是确保伦理原则落地的关键,不仅可以检验伦理使命与伦理原则的正确性与否,还可以通过实践中的经验教训反向影响伦理使命与原则(陈小平,2019)。

5.2.2.1 算法公平

1. 公平性原则在传媒业的实践

公平原则的核心是公正、客观与平衡。传媒业对公平公正的追求源自于19世纪30年代美国大众化报刊时期。1835年,《纽约先驱报》主编詹姆斯·班尼特(James Bennett)最早提出,该报将选取合适的公共主题,记录事实,剔除废话和党派色彩,提供公正、全面的报道(Mindich,1998)。1848年,纽约的一群编辑创办了美联社,开创了提供态度中立的新闻服务的先河。1896年,《纽约时报》使用该种策略后声名大噪。第一次世界大战后,新闻业对客观公正的追求开始逐渐确立。1923年,美国报纸编辑协会规定

"新闻报道不受任何观点或偏见的影响"(Schudson,2012)。美国报业协会(American Newspaper Guild)在1934年通过了一项道德准则,要求"仅以事实和公平为指导",进行准确而又公正的报道。到第二次世界大战结束时,客观公正已经"被普遍认为是新闻工作者职业道德准则的核心"(Schudson,Tifft,2005)[27-28]。1949年,美国联邦通信委员会首次提出了"公平原则"(fairness doctrine),要求广播公司在报道重大公共性、争议性事件的过程中,提供截然不同的观点,即公平、平衡,让公众能够接触到多样化的观点。

新闻机构使用该种方式处理新闻一度获得了巨大成功:一是唤起记者的正义良知和使命感,使其能中立地提供准确和重要的事实;二是在最大范围内赢得最多公众的信赖。CBS的名记者沃尔特·克朗凯特(Walter Cronkite)就曾被称为"历史的第一稿"。

公平原则要求,记者不是活动倡导者或事件参与者,而是中立的观察者。为了努力做到客观公正,记者需要了解自己的偏见,并且即便存在偏见,也要采用基于事实的科学方法进行报道。新闻评论家沃尔特·李普曼(Walter Lippmann)指出,记者应该坚守"科学精神",追求"一种共同的认知方式和一个共同的有效事实领域"(Joseph,2016)。

公平原则在实践中一般按照如下模式操作:新闻与评论(事实与观点)分开;报纸、广播、电视均留出一定的版面、板块来供公众发表不同意见;平衡手法(如给不同政治候选人相同时间陈述观点);迅速、及时更正信息;采访手段正当等(Tuchman,1972)。该模式旨在对现实进行准确、镜像式的描述(胡正强,2002)。

公平原则自诞生之日起,就一直饱受争议。首先,公平标准能否实现。质疑者认为,公平、客观注定是要失败的,因为它是一个无法达到的标准。美国哲学家克里斯托弗·迈耶斯(Christopher Meyers)认为,从判断某件事是否具有新闻价值,到收集资料、生产传播信息,再到最终用户解读接收到的信息,始终离不开人类的主观性判断,因而价值中立、客观地收集和传播信息只是一个"神话"。"人类不是受客观驱使的机器。我们通过主观棱镜来感知这个世界。这是事实,刻意回避,有什么意义呢?"(Keller,2013)迈耶斯称,专栏作家的言论可能会激怒部分人群,但至少他们的观点是显而易见的,而记者的观点则隐藏在看似"客观"报道的"战略仪式"背后。此外,公平原则强调对不同的政治或意识形态方面的主张给予同等的关注,却不顾这些主张的真实有效性,因而其本质既是"战略仪式",又是一种"虚假对等"。这种虚假的公平不仅对传媒业是"无效甚至有害的引导",还将误导民众,使他们错误地认为其从新闻机构获得的是无偏见的新闻(Meyers,2020)。

有观点认为,在互联网时代,以福克斯新闻网、《华尔街日报》、《纽约时报》为代表的政治立场鲜明的媒体的成功崛起说明,媒体不一定要继续坚持公正、平衡,只要确保信息的透明度与进行负责任的报道即可(Geneva,2004)。其言下之意是,媒体可以提供有倾向性的报道,只要是基于合理的逻辑与一定的理性之上。例如,特朗普在任期间,美国有线电视新闻网(Cable News Network,CNN)与《纽约时报》多次对其行为与政策进行批评,特朗普指责两家新闻机构存在偏见。虽然 CNN 与《纽约时报》对特朗普的报道确实是以负面新闻为主,但客观来说,它们还是很好地履行了媒体的"第四权力",对政府进行了基于事实与理性的监督。针对有争议性的问题,如环保问题、战争问题,如果对支持者与反对者给予同等程度的关注与报道,显然是不合适的。因而公平原则已经不再适用,公众可以通过多种渠道获得多元化信息与多样性观点,自己做出判断。该种思想是"观点的自由市场"的新变体,预设了信息市场上观点的自由流动,理性的人能进行自我判断。

从哲学层面来看,客观公正镜子式地呈现外部世界是一种朴素的经验主义。该理论假设在一个具有内在意义的真实世界,人类可以直接认知事物的全貌,而不需要额外的解释。但是很显然,我们对世界的认知,受到特定价值观、历史与文化等多因素影响,是通过感知和概念框架建构出来的。唐·伊德曾在《生存的技术》一书中写道:主体在一个世界中找到自己。尽管这个世界在某种意义上总是"存在"的,但依据笛卡儿主义来解读,它不再是"外在的",主体存在于与世界的互动过程中。实际上,这种相关性(correlation)本身才是首要的。换言之,个人认知体系由价值观、人生经历、政治与宗教信仰、文化、教育背景等因素构建,因而在面对相同的事物时不同的人有不同的理解。然而,公平客观性原则却不允许记者进行太多的个人解读。从新闻消费者角度来看,其对所接收到的信息也会有着不同的理解。正如提出"编码解码"理论的斯图亚特·霍尔(Stuart Hall)所说,来自不同文化的人不仅讲不同的语言,而且生活在不同的感官世界。对感官数据的选择性筛选肯定了一些东西,同时过滤掉了其他东西,因此借助一套文化模式感知到的经验与通过另一套文化模式感知到的经验是完全不同的。更重要的是,对感官数据的选择性筛选并不是一个主动、有意识的过程,它通常存在于潜意识里,以不易被察觉的方式进行着。当然这并不是说,观察者可以偏离实际语境进行任意解读,其认知的基础还是基于事物本身(Meyers,2020)。其次,公平原则当下是否还具有存在的合法性。1987年,美国联邦通信委员会认为广播是一种"稀缺的公共资源",只有部分人才拥有广播频谱许可证,作为获得频谱使用权的交换条件,广播公司必须维护包括公平原则在内的公共利益,承担某些责任与义务。然而,随着数字化媒体不断迭代升级,传播渠道变得多样化,公平原则已不再是必要的了,否则将不利于言论自由,故而这一原则被取消。这一举动似乎意味着,公平原则在当代已经失去了自身存在的合法性。但事实真的是这样吗?

2. 智能媒体算法公平的理想主义与非理想主义之争

近年来,随着互联网技术的发展,特别是智能媒体时代的到来,公平原则再次得到重视。当"深度伪造"技术带来大批的虚假新闻,信息市场出现"劣币驱逐良币"现象时,人们无法在信息迷雾中导航到所需内容。沃尔特·李普曼(Walter Lippmann)在《自由与新闻》(Liberty and the News)一书中表示,所有的证据都是不确定的,人们不再对事实做出反应,而仅仅对观点做出反应。他们所处的环境不是现实本身,而是报道、谣言和猜测的伪环境(Schudson,2007)。此外,算法根据用户特点进行个性化推送,这就意味着个人被束缚在特定的信息茧房中,接触不到多元化的世界,轻则导致个人被孤立、重新分类,甚至歧视,重则会导致社会丧失黏性,渐趋微粒化、原子化。因此,智能媒体时代更需要公平原则,只不过其内涵与前人工智能时代已大不相同。

关于建构算法公平,目前主要有两种对立的研究范式:理想主义与非理想主义。该范式来自政治哲学,是两种关于如何制定标准化规范,以指导决策者在不公平的世界中采取公正行动的路径。前者要求在一组理想的条件下明确一个理想的"公正世界"(just world)的概念,以便为决策者提供一个目标状态,"根据偏离完美正义的程度"来确定和评估当前的不公正现象(Valentini,2012)。非理想主义一方指责以罗尔斯"正义论"为代表的公平原则过于理想化,认为实现公平公正需要考虑很多复杂的社会化因素。在人工智能领域,这两种思潮的争论体现在建构算法公平是通过技术路径,还是社会技术系统路径的分歧上。

(1) 智能媒体算法公平的内涵

智能媒体算法公平有两层含义:一是从内容层面来看,智能媒体生产、传播的新闻内容本身是公正、客观的;二是从分发角度来看,算法推荐应在个性化基础上兼顾公正、平衡。

智能媒体将采集的数据自动生成、分发信息,不受特定情绪、偏见等因素影响(如地震新闻机器人),因而相比人类,智能媒体一度被认为能够更加客观、公正地反映真实世界。然而,随着对智能媒体工作模式认知的深入,这种中立观逐渐站不住脚。

例如,智能媒体的个性化推送可能会被用来理性地"嫌贫爱富",将人重新分类排序,划分为不同的群体,基于他们的相对价值和盈利能力,寻求培养和吸引最好的客户(所谓的"强市场")和排除低价值客户("弱市场")(Yeung,2018),这显然是不公平的。为了平衡这种负面作用,业界和学界呼吁公共性传播与个性化传播兼顾。公共性传播的作用是形成公共性议题,增强社会黏性;个性化传播是为了满足个性化需要。可以兼顾窄播与广播,既满足用户的个性化内容需求,又提供最基本的公共信息服务。例如,确保科学真相等公共性话题成为智能化媒介及平台优先考量推送的对象，以打通个人世界与公共世界的连接通道，破除"信息茧房"壁垒，有意识地进行信息纠偏。而这一切，需要公共算法（依据一定社会共同价值观设计，体现公平性），也就是算法需要兼具个性化与公共性属性。

具体到技术层面，实现算法公平的流程如下：首先，确立公平理念；其次，指定一个公平度量，以此为标准检测偏见与歧视，通常这些公平度量采用数学表达式的形式；最后，采取一系列措施消除偏见与歧视（Fazelpour，Lipton，2020）。

（2）算法公平的"不可能定理"（the impossibility theorem）

随着对算法公平概念的深入讨论，越来越多质疑算法公平的声音出现。甚至有学者提出算法公平的"不可能定理"，即一个算法在数学上不可能同时满足所有代表着公平公正的措施，也不能同时满足两个或两个以上关于公平的形式化定义（Wong，2019）。换言之，不可能为公平下一个通用的定义，因为无论我们能得到多少关于公平的定义，其都将与其他一些定义相冲突，这也意味着无法通过单一的技术路径，即在算法中嵌入公平性伦理原则来实现所谓的公平。

首先，在定义层面，公平尚未有一个公认的概念。

算法公平理想主义路线认为该概念有明确的定义或者能够通过数学的形式，转化为清晰、明确的定义，再嵌入算法中，并且在一定的领域内具有通用性。然而，现有文献对算法公平的定义多达二十多种，且这些定义通常是不相容的。例如，个体公平与群体公平之争。针对个体的公平对于群体来说，未必公平，反之亦然。美国许多州司法系统所使用的风险评估软件COMPAS就引发了这样一个争议。公益性新闻组织ProPublica经过调查指出，对于那些没有再次犯罪的人，黑人比白人被归类为中或高风险再犯罪分子概率更大，因此该算法存在偏见。对此，开发COMPAS工具的Equivant公司辩解称，被预测为高风险的个体，无论什么种族，再次被逮捕的概率相同，即为预测性平等（Wong，2019）。换言之，如果以个体视角来看，该软件实现了预测性公平，但如果以黑人与白人两个群体来看，得分为高风险的黑人占比较高,这又是不公平的。双方对公平定义的理解不同,导致了这场争论的发生。该案例反映出,算法公平概念具有多义性。

由于历史、文化、地理位置等多种因素相互作用,现实中关于"公平"的概念应该涵盖什么内容及它在规范性层面意味着什么存在巨大分歧(Binns,2018)。

换言之,分歧是关乎公平这个概念本身的,而不是实现它们的手段。因此,不能简单地通过创造"更好"的算法或使用"更好"的技术来解决分歧,作为衡量什么是"更好"的标准(Wong,2019)。

此外,法律学者和哲学家黛博拉·海尔曼(Deborah Hellman)认为,只有考虑到文化背景因素,才能决定"歧视"何时在伦理上是错误的。换言之,歧视"只有通过获得有关构成特定社会分层系统的相关类别的情境文化知识,以及对这些类别如何运作的规范性批判,才能被理解"(Selbst et al.,2019)。

算法公平从定义层面难以达成一致性。据此,有学者提出,最好将在算法公平中的"公平"理解为一个占位符,用于后续输入公平定义(Binns,2018)。

其次,在设计层面,如何将公平标准模型化存在诸多困难。

在设计层面,算法公平的实现是将非歧视性规则转化为非歧视性约束,开发出相应的算法模型。经过编码,算法的公平性被概念化为一项技术任务,即创建算法,使用预处理或后处理技术,使算法输出能够近似于某些公平性度量所指定的结果。这就要求研究人员假定一些预先存在的关于"公平"的通用概念。例如,将各国非歧视性法规中对公平的定义作为基准,并将其应用到算法中,进而衍生出公平的算法(Wong,2019)。

这种操作会带来一系列问题。

一是抽象错误(abstraction error)。从下定义到设计阶段,数学定义消除了算法公平在不同情境中的细微差别(Friedler et al.,2016)。抽象错误是算法形式主义的直接体现。算法形式主义涉及三个关键方向:客观性/中立性、内在主义和普遍主义(Ben,Viljoen,2020),即倾向使用客观数据认知世界，只关注技术路径，并试图实现算法模型的通用、普适。然而现实是，适用全人群与全领域的算法公平显然是不存在的。领域的转变对公平性的要求标准不同，如智能媒体个性化推荐系统与司法领域的量刑；即便是在一个领域内，如政治新闻报道，不同区域对公平原则关注的侧重点可能是不同的，以至于算法模型无法很好地在不同系统之间通用。这种普遍主义倾向导致一种错误认知，即算法可以在任何情况下提供通用性解决方案进行干预，是一种"技术解决主义"和"技术沙文主义"(technochauvinism)（Selbst et al.，2019）。

二是算法公平动态性属性与算法公平实践中标准、检测静态性之间的矛盾不可调和。由于算法公平的情境性属性，它是处于动态变化之中的。例如，当前机器学习中的算法公平通常集中在数据准备、模型学习或后处理阶段的干预。这样做的缺点在于：第一，将算法公平的标准设定为静态的。特别是前置式算法公平，它是基于一定量的数据集生成而来，并不具有变化性。第二，用静态的方式对其进行检测，以对算法系统进行公平性评估为例，目前常用的测试工具包有 AIF360、Fairlearn、Fairness-Indicators、Fairness-Comparison 等，其工作机制是用一些静态数据集来对其进行评估，得出误差指标的结果（Wong，2019）。这些工具包确实能够起到一定的检测作用，但它们针对的场景是静态、单向、短期的，而真正的世界却是动态的、长期性的多向互动。第三，由于设置定义的标准与对其进行检测的标准均为静态，其生成的结果固态化，脱离具体情境。

据此，有观点认为，算法公平是一种公平建构（fairness construct），可以将算法公平看作"观察""构建""决策"三个空间之间的映射，即通过观察空间提炼算法公平特征属性编码输入，再在构建空间内进行解码，最后基于决策空间进行输出（Friedler et al.，2016）。

再次，实践层面，算法公平存在生成新的"不公平"的问题。

算法公平性从理论走向实践存在诸多困难，仅靠数学模型不可能同时满足多种公平措施，因此，必须在诸多公平指标中间做出艰难的选择。哪种衡量公平的方法最合适？哪些变量可以作为区别对待的合理依据？公平是应该确保每个人都有平等的机会,还是应该把对弱势群体的伤害降到最低？是否需要考虑社会、历史、文化等多种因素(Binns,2018)？

当一项技术被应用到特定的社会环境中时,会产生意想不到的后果,即科林格里奇困境(Collingridge's Dilemma)。要真正理解技术的引入是否会改善公平结果,不仅需要理解局部的公平,还需要理解技术如何与现有的社会系统相互作用。例如,以智能媒体自动化新闻机器人为例,其生产的新闻内容直接由编辑部把关,然而特定经济因素如广告商、政治因素如党派利益和民众的态度与喜好等也会通过直接或间接的方式对其产生影响。

此外,技术还可以改变嵌入社会系统的基本社会价值观。这一点在传媒领域尤为明显。德国哲学家尤尔根·哈贝马斯曾批判现代传媒技术使得人变成了"单向度"的人,缺乏质疑思维。在媒介化时代,社会的各个方面都"受到媒体的影响"(Hjarvard,2021)。为了进行自我宣传,博取流量与关注,无论是个体还是组织机构层面,都会调整自己的行为和价值观,以适应媒介逻辑。

针对上述问题,学者们从不同角度提出了多种解决方案。然而,这些策略的共同点是理论性很强,但尚不能为解决公平公正问题提供实际指导。尽管如此,这些建议和意见还是被投入到了实际应用当中,因为行动迅速可以成为商业宣传的噱头,能够为部分人士带来巨大经济利益。

这样做的后果是算法公平技术干预无效、不准确,有时甚至产生严重的误导。第一,当一种公平标准被采用,很可能生成新的不公平,导致一些不公正现象被系统性地忽视,或错误理解,因而无法为实践提供充分的指导(Ben,Viljoen,2020);第二,算法公平性与其他伦理原则存在价值冲突,例如,为了追求公平性,使用合成数据,然而该操作可能会影响算法责任的可追溯性(无法对产生数据的个体进行追责),因而算法公平的实施还意味着要在它与其他社会价值之间进行平衡。

简言之,算法公平非理想主义者们认为,算法公平技术路径通过抽象化"公平"的概念,忽略了更广泛的背景信息,包括创造更公平的结果所必需的信息,如社会大众的态度。这种无意或刻意回避各种外在影响因素的做法是造成算法公平始终难以在较大范围内发挥作用的根本原因。

算法公平的"不可能定理"是不是意味着算法公平彻底无法实现呢？本书认为，该观点只是对算法公平技术路径的建设性批判，并不能全盘否定建构算法公平的努力。

3. 以人为中心的智能媒体算法公平建构

从本质上来说，"不可能定理"更多的是对以技术为主导的路径的质疑，即完全依赖技术无法实现对人工智能产品的伦理规制。然而，技术路线行不通并不意味着算法公平在以人为中心的路径下无法实现，特别是在传媒领域。

首先是在概念方面，由于人认知能力的有限与不断进步，对一个概念的理解必然有一个由浅入深的过程，但并不代表着完全无法解决算法公平定义的问题。许多人工智能前沿研究领域的概念，如算法透明度、算法问责等，都具有争议性，但这并不意味着无法对概念的基本要素进行界定。针对智能媒体领域，算法公平更多的是一种信息生产过程中的道义公正与信息传播分发过程中的分配性公平，即信息公平。

本章赞同迈耶斯所说，就内容层面来说，在这个后真相时代，新闻不一定非要保持中立，但需要在基于理性与合理的逻辑之上进行报道。用户接收信息渠道的增多使其可以接触更多样化的观点，从而进行自我判断。也就是说，传媒组织可以基于道义上的公正，即明辨是非，在大是大非面前有底线，进行启发式新闻报道和观点评论。

信息分发层面涉及的信息公平，是指在一定的历史背景及物质条件下，处于信息活动中的人们以公平、正义、平等理念为价值尺度，来反映社会主体间信息关系的平衡状态的价值话语表达，其核心是通过技术和规则设置，使得社会中不同主体在获取和分配信息时能够受到公平对待的权利得以实现(申楠，2020)。

信息公平的对立面是信息鸿沟。对智能媒体算法生产商与运营商(新闻机构与社交平台等)而言，需要考虑信息推送过程中算法公共性与个性化推送的平衡。公共性应侧重考量一定区域内（真实或虚拟空间）的国计民生重大事件，培育公共舆论场。此外，还可以寄希望于人工智能技术升级发展到"知识图谱＋算法"阶段，这样算法就能够找寻到数据承载的语义层面的联系，挖掘用户亟需的、潜在的多样性需求，改变机械式迎合的现状。算法的公共性与个性化本质上是算法广度与精度之间的矛盾（于烜，2021），只有二者兼具，才能更好地实现算法公平。针对用户而言，该处需要解决两个问题：一是智能媒体接触问题。智能产品不断涌现、更新换代，但并不意味着所有人都能够获取产品，并享受到它们所带来的便利。疫情期间健康码通行就暴露出诸多问题。例如，很多老人并不持有智能手机，无法使用健康码。二是利用智能媒体为自己带来好处的问题。第一个问题随着技术的发展与基础设施建设的提升，已经不再是主要障碍。相较之下，第二个问题更值得关注，因为其涉及用户的媒介素养与新科学素养。如何让智能媒体为我所用，需要用户发挥主观能动性，积极探索。

其次，设计和实践层面遇到的问题需要通过人机合作，做好"把关"工作来解决。

一是算法设计者的"把关"。算法工程师必须意识到设计过程涉及对算法公平各要素的取舍问题，还涉及工程伦理问题。工程伦理的核心构成之一是责任伦理，即平衡各方的利益关系，对社会、公众、自然，甚至下一代负责。放在智能媒体语境中，设计师需要利用一定的道德想象力，处理好算法设计过程中面临的各种伦理困境，将增进人类福祉放在第一位。

二是编辑记者的"把关"。前人工智能时代，编辑充当信息流通领域的把关人，依据一定的知识积累、操作规范与职业道德操守来对信息进行筛选、加工与传播。由于人的认知能力受限，本身可能存在一定的偏见，公平原则一直遭到质疑。然而，不可否认，把关人在新闻报道客观、公正、平衡方面扮演着极其重要的作用。在人与智能媒体共存的行动者网络中，人依然可以发挥主导性作用，在智能传播生态系统中做好"把关"工作，具体体现在信息筛选、内容审核、分发渠道与人群选择等方面。有学者提出，可以设定两道把关程序：第一阶段，算法自动对信息进行筛选并将其与用户兴趣配对;第二阶段,编辑依据法律法规与伦理规范、新闻价值等标准再进行一轮审核,即"算法初荐＋人工终审",实现人工编辑与智能媒体的优势互补(贺艳,刘晓华,2020)。当下很多互联网公司,如今日头条、快手都有专门的内容审核、把关团队。

公平的技术化标准与把关人的公平标准相互配合,可以防止新的不公平的出现,即便产生了负面结果,也能够在把关人的参与下及时纠偏。人与智能媒体共同作用的好处还在于能够确保公平度量的标准并不是一成不变、静态的,而是根据具体情境动态变化的。

三是政府机构与社会组织"把关"。这涉及智能媒体的监督治理,政府机构、民间组织、行业协会等会根据一定的法律法规、规章制度与道德规范等对智能媒体进行审视与监督。

四是公众"把关"。公众参与,商讨公平标准。任何公平措施的选择都会不可避免地使某些群体受益,另一些人利益受损。根据"所有人受影响的原则"(all-affected principle),那些受到重大决策影响的人应该直接或间接地参与决策(Dahl,1990)[49]。因此,在民主社会中,关于选择何种公平度量标准以及如何平衡算法的公平性与其他伦理价值,公众拥有决策发言权。然而,不同的公平措施和平衡可能代表不同利益相关者群体的利益冲突,因此,要想确定对公平的理解,在算法的公平性和其他伦理原则之间取得平衡,不仅是一项技术任务,还需要公众参与。

公众把关不仅指的是对算法公平定义与所涵盖内容的讨论,还涉及对算法公平的解读。

从信息传播角度分析,算法公平涉及信息的编码与解码(图5.3)。理想模型设定公平的定义可以清晰、明确界定,编码过程不存在信息的耗损或扭曲。公众对于算法公平的解码也是充分的,能够完全接收消化编码者最初想要传达的内容,不会因为社会情境或利益相关者的不同而发生变化。从编码到解码,整个过程是线性单向进行的(图5.4),信息完全保真(斯图亚特·霍尔,20000)[353]。

图 5.3　算法公平理想中的"编码解码"模型

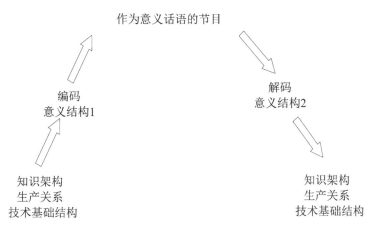

图 5.4　斯图亚特·霍尔(2000)[355] 的"编码/解码"模型

然而,实际上,根据斯图亚特·霍尔的编码解码理论,信息进入传播场域前会被大众媒介通过对材料进行选择、取舍、加工等手段进行"编码",接收者会根据自己的知识结构、文化背景和所处的社会关系等对其进行解读,其解码立场有对抗式、霸权式以及协商式三种。

第一,根据上述分析,算法公平具有多重矛盾属性,这就给编码工作带来很大困难;第二,依据该理论,即便针对公平的定义业已达成共识,但对其进行编码还受到编码者(算法工程师)知识结构、特定社会情境中的生产关系,以及技术基础结构等多种因素影响。在解码阶段,对算法公平产生的公平结果的解读,也会受到解码者自身文化背景、价值观等因素影响,从而产生不同的观点,甚至对立立场。算法驱动的行为可以根据许多道德标准和原则进行评估,其核心依赖于观察者所持有的"公平"观,即"观察者依赖公平"(observer-dependent fairness)(Mittelstadt et al.,2016)。例如,一款新的社交机器人仅从它对相关群体的影响(如 2019 年底,Alexa 智能音箱爆出的"劝人自杀"事件),就可被认定为具有歧视性,即使它的公平性经过充分论证。换言之,编码与解码过程二者并不具有直接的同一性,只有当算法公平与"观察者依赖公平"二者标准一致的时候,其才能被正确解码。因而,公众把关是智能媒体实现真正的算法公平至关重要的一环。

以人为中心的算法公平,除了需要人的把关,还需要将人性化的把关标准作为实践准则来给予把关人把关的依据。

德国学者黄柏杭(Pak-Hang Wong)在 2019 年提出,可以将合理性问责理论引入人工智能领域来探讨算法公平问题。合理性问责理论最早由英国学者诺曼·丹尼尔(Norman Daniels)和詹姆斯·萨宾(James Sabin)于 1997 年提出,在医疗领域颇有影响力。健康护理是人类的一项基本福利。然而,即便是最富裕的国家也没有足够的资源来同时满足所有人对医疗保健的需求。因此,必须基于对医疗保健资源的提供设置一些限制,并将某些主张优先于其他主张才能进行合理的分配(Daniels,Sabin,2008)[13-24]。

该理论设定了两个前提:第一,假设不同的利益相关者之间存在着难以解决的分歧;第二,不同利益相关者所表达的利益和他们对"公平"、公平度量,以及公平与准确之间的平衡等具体概念的偏好在道德和政治上都是合理的。这两种假设强调了现代民主社会的特征是合理分歧即"合理多元化的事实"是普遍存在的。既然合理的分歧不可消除,那么可以以减少分歧、包容分歧为目标(Wong,2019)。

黄柏杭认为,在设计和实现算法公平时,也面临着医疗领域同样的困境,即存在普遍的合理分歧的情况下如何做出决策。只有算法决策过程满足四个条件,才能实现公平性。

(1) 公开性条件:在满足算法公平方面建立的优先级决策及其基本原理必须公开。

(2) 相关性条件:为某种被认为是逐步实现算法公平性的最佳方式提供一个合理解释。常用的手段是将受决策影响的利益相关者纳入其中,以便考虑与确定所有相关的因素和优先事项。

(3) 修订和申诉条件：必须设立就确定优先次序的决定提出质疑和解决争议的机制，根据新的证据或论点修订和改进政策。

(4) 管制条件：必须有公共管制，以确保满足以上三个方面条件(Wong，2019)。

基于此框架，本书提出智能媒体中把关人可以依据的公平规范性条件，即智能媒体合理性问责应由公开性条件、可信性条件、完全可接受条件、修订与申诉条件、管制条件所构成。

第一，在智能传播生态系统中，公开性条件要求公开公平度量的选择以及采取这种选择的理由，并且用非技术语言向公众清楚说明，特别是当不同的公平措施对不同群体影响迥异时。这是目前智能媒体中"负责任"的算法透明度努力的方向(王娟，叶斌，2020)，旨在通过该举措打造智能媒体客观公正的形象。

第二，加入可信性条件。大众传媒日益式微，首先表现为公信力的下降。智能媒体作为新生力量，赢得用户信任是关键。哲学中信任是基于个体之间的道德关系而愿意承担风险的意愿(Andras et al.，2018)。信任是动态的，通常以渐进的方式建立起来，且需要持续的人机双向互动，因而在公开性条件的基础上，需植入关于公平的可信性、可解释性程序。

第三，用完全可接受条件，即在不可避免地产生赢家和输家的决策中争取完全可接受性(Badano，2018)，来取代关联性条件。这在智能媒体中意味着获取信息的公平性，即不同个体有平等的权利与机会接触相同信息。这是一种人人平等的思想在传媒领域的应用，也是智能媒体赖以存在的根本，在此基础之上才是个性化信息的提供，即公共性传播与个性化传播兼顾。其中，公共性是前提，个性化是延伸。公共性是大众传播根本属性与价值维度，故而智能媒体算法公平应首先追求公共算法，以推进公共场域的形成。

第四，修订和申诉条件是为了应对迅速变化的社会和技术环境。如果没有适当的方法来审视和修改以前的决策，则会阻碍正确决策的制定。该种操作还给了一些人发声能被听到的机会，尤其是那些可能没有被包括在最初决策中的人(Daniels，Sabin，2008)[13-24]。

第五，为保证传媒组织采用前四个条件，需要制定相关标准和法规、政府监管部门介入、成立伦理委员会并借助以评议机构为代表的第三方力量。

上述五个条件表明，即使存在合理的分歧，也可以通过一些规范性原则来解决这种分歧。这是一种承认算法公平内在矛盾属性的现实主义处理路径。合理性问责本质上为公正客观在人工智能时代的创新性实践提供指导。

此外，针对公平的本质属性是情境化的，难以对其进行定义的问题，解决的方式是在算法模型中设定多个公平维度，用于生成不同版本的内容与不同的算法推荐方式，并实现一定程度的透明度，以便用户根据自己认同的公平标准选择所需要的信息及内容。这就实现了设计者对公平的定义与用户感知到的公平的一致性，即对算法公平进行开放式定义，由用户来完成定义从提出到落地的闭环。而多种定义的选定依赖于新闻机构依据自身定位与核心价值观做出判断，与算法设计师进行充分沟通。

该种做法更侧重实用性，是一种从算法形式主义到算法现实主义的转向，即关注超出算法形式主义界限的社会问题，强调对事实的敏感（fact-sensitive）(Wong，2019)，在承认算法价值承载的基础上尽量做到客观、公正、平衡。

5.2.2.2 算法透明度

1. 作为一种"理想"的透明度

透明度背后隐含的逻辑假设是观察产生洞察力，从而产生治理和让系统负责的知识。观察被认为是一种伦理行为，观察者接触更多关于系统的信息，就能够更好地判断一个系统是否按照预期运行，以及需要做出哪些改变(Christensen，Cheney，2015)。这一逻辑基于认识论假设："真理与事实相符"(David，2015)，即揭示的事实越多，了解的真理也就越多。理查德·奥利弗(Richard Oliver)引用麦克卢汉的话提出，世界已经变成了一个"全球透明村"。从过去以高度保密为特征任意使用权威和权力的时代，到现在商业、政治和其他交易都在阳光下进行,透明度是世界进步的标志(Oliver,2004)。

(1) 新闻传播中的透明度理想

透明度理想在新闻传播中的实践最早可以追溯到公元前 59 年的古罗马时期。当时凯撒创建"每日纪闻",将元老院和公民大会的议事记录张贴在公共场所,供人们阅读知晓(张允若,2003)[11],以争取舆论支持。1766 年,瑞典颁布全世界第一部《新闻自由法案》,赋予出版商查阅政府记录的权利,传媒界对透明度的追求从无意识的零星尝试转向有意识的制度化行动。20 世纪 70 年代美国"水门事件"之后,透明度被认为可以弥补媒体可信度和信任的缺失,从而成为新闻行业的新核心标准(Deuze,2005)。透明度被描述为"新客观性"(David,2009),"给公众一个基础来判断一种特定的新闻是否是他们希望鼓励和信任的"(Bill,Tom,2014)[91],是一种讲述真相的更好的方式。

关于算法透明度,传媒业借鉴了其在人工智能领域的实践。早期的计算机科学家试图通过可视化来传达代码和算法的力量,让观众对编程决策和结果有一个正确的认识。例如,1966 年肯·诺尔顿(Ken Knowlton)和罗纳德·贝克尔(Ronald Baecker)创建了解释低级列表处理语言指令集的早期计算机动画,随后于 1971 年创建了一系列比较不同算法排序的速度和效率的动画。这些方法常被用来向学生和非专业人员展示算法内部工作方式的多样性。当代算法透明度则通过平台设计、算法机制,以及软件系统的逻辑层次实现(Mager,2014)。

新闻传播领域的算法透明度是指试图阐明有关算法信息的机制,公开关于算法如何驱动各种计算系统的信息,允许用户确定在操作中的价值、偏见或意识形态,以理解一个新闻产品的潜在观点(Diakopoulos,Koliska,2016)。具体举措包括以下五点:① 用于在算法中对事物进行优先排序、排名、强调或编辑的标准,包括它们的定义、替代方案等;② 关注哪些数据能作为算法的输入——它"关注"什么,以及使用哪些其他参数来启动算法;③ 关注准确性,包括分类错误的误正率(false positive)和误负率(false negative),以及如何在这些错误之间设置平衡点的原理;④ 对训练数据及其潜在偏差进行描述,包括算法从数据中学习时的演化和运行;⑤ 关注相似性或算法分类所使用的定义、操作化步骤或阈值(Diakopoulos,2015)。简而言之,实现"三个公开":公开信息优先排序的准则,公开用户画像生成的关键要素和关联的阈值(郭小平,秦艺轩,2019)。

一些传媒机构已经迈出了尝试性步伐。例如,BuzzFeed、Facebook 等机构在 GitHub(一个面向开源及私有软件项目的托管平台)上保留开源数据和代码;今日头条在 2018 年 1 月公开了其算法原理。相关法律,如德国的《联邦数据保护法》(1977 年)、英国的《数据保护法案》(1998 年),以及欧盟颁发的《数据保护通例》(2018 年),都正向地促进了算法透明度的实践。

算法透明度被认为是推动算法问责的最根本力量,其理想假设是通过使用透明化的数据,使算法能够推导出真理的对应理论,并对其负责,而只要算法的具体信息被公诸于世,供公众评估监督,传媒业将不得不履行其使命,担负起应有的责任。

(2) 透明度理想中隐含的传播模型

从传播学角度可以发现该概念预设了一个理想的线性传播模型(图 5.5)。首先,信息提供者被看作自愿分享"具有包容性的、可验证的、完整的、相关的、准确的、中立的、及时的、可靠的,并使组织负责的信息"(Rawlins,2008)。

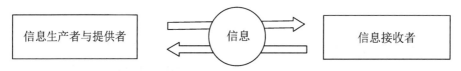

图 5.5 透明度理想中的线性传播模型

其次,披露的信息被认为是中立、无污染的,在没有中介、信息损失、噪声和其他类型的非预期影响的情况下能够自由传播(Fenster,2006),数据能够被两个或更多的系统完美共享。

最后,对信息的接收者或受众而言,潜在的假设是:信息是容易识别和易读的;受众是有能力参与的,并且能够充分理解承载着发送者意图的透明消息,并且对其所提供的信息的反应是理性的和可预测的。

综上所述,透明度理想假设是一种近乎经典的、线性的传播过程,从信息的传播到接收都是顺利展开的:发送者自愿地按照需要透露信息,信息内容是清楚、不言自明的;在此过程中,受众构成了一个知情的公众,能够明确自己的信息需求,并有动机根据所提供的信息追究发送者的责任。

然而,根据香农与沃伦·韦弗(Warren Weaver)1949年提出的经典通信模型(图5.6)可以发现,信息传播过程中涉及编码与解码,此外还受到具体传播情境中噪声的影响,故而信息的传播不可能百分百保真且百分百被理解。透明度理想对信息披露全过程所涉及的各种现实条件缺乏关注,实际上是对透明度复杂性的淡化或有意忽略,这就导致了透明度理想的模糊性,也是透明度实际效用有限的根本原因(许静,2007)[14]。

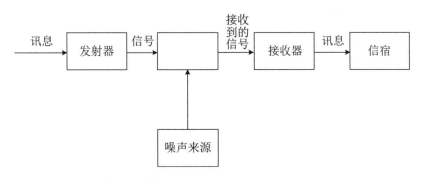

图5.6 香农-韦弗的通信模型

2. 透明度的双面性与本质特征

(1)透明度——一个双面的概念

透明度有两种相互矛盾的含义。第一种指通过减少或消除障碍增加信息可见性的形式,即通过披露过程获取信息、意图以及行为的可能性。辛西娅·威廉姆斯(Cynthia Williams)将透明度定义为"组织以书面和口头形式向投资者、监管机构和市场中介机构提供相关、及时和可靠信息的程度"

(Williams,2005);安德鲁·施纳肯伯格(Andrew Schnackenberg)等利用组织-利益相关者关系中的信任,将透明度定义为"来自发送者的有意共享信息的感知质量"(Schnackenberg,Tomlinson,2015)。在实践中,透明度通常等同于信息的产生和提供,并对所有利益相关者来说都是可访问和可理解的。透明度也被看作一种社会价值,激发人们对信息的不断追求,而不是一种一切都清晰明了的终极状态(Christensen,Cornelissen,2015)。

然而,在计算机科学和信息技术研究中,"透明度"还有第二种含义,即指的是信息不可见的一种情况,如应用程序或计算过程对用户来说是不透明的。在智能媒体伦理相关讨论中,透明度的概念往往是上述两种含义的混用,既指相关信息的可见性,也指不可见性(由于人为因素或者自身能力限制)。

据此,透明度被分为模糊(opaque)透明度与清晰(clear)透明度两大类。前者指提供"不揭示机构在实践中实际行为的信息,只是名义上披露信息,或者披露的信息被证明是不可靠的";后者指披露有关机构的可靠信息(Fox,2007)。二者的区别建立在这样一个前提之上——信息透明度能够产生实际效用。戴维·希尔德(David Heald)将其分为名义(nominal)透明度和有效(effective)透明度。名义透明度和有效透明度之间的分歧被称为透明度错觉(transparency illusion):以某种指数进行衡量,透明度似乎在增加,但现实可能截然不同(Heald,2006)。例如,尽管 Meta 公司公布了很多应对虚假信息传播的举措,但人们依然质疑其透明度。

(2) 算法透明度的本质特征

受到透明度理想的模糊性、现实语境的复杂性的影响,以及算法本身具有的"黑箱属性",算法透明度的本质由开放性与封闭性、确定性与不确定性、静态性与动态性、主动性与被动性、统一性与多样性等五组矛盾特性构成。

本质一:开放性与封闭性。算法透明度的理想是追求算法的开放性——可访问与可理解,由于各种现实原因却趋向封闭性。

首先,开放性与封闭性的矛盾特性是数据主体、国家、智能媒体基础设施所有者(包括开发商、运营商)三者的权利博弈,是对信息的控制与反控制。针对算法透明,数据主体所持的态度大都是积极肯定的,因为它能够消除用户使用智能媒体过程中心理上的不安全感;考虑到自身利益与安全问题,国家更倾向于在特定领域内有限度地公开数据。相较数据主体的笃定与国家层面的区别性对待,智能媒体基础设施所有者的态度则显得有点犹豫。一方面,公开数据可以使其赢得信任,提升品牌形象;另一方面,信息公开也意味着提供者是否能有效地践行他们所宣称的道德原则将受到监督。另外,此举还可能削弱智能媒体基础设施所有者的竞争优势,危害其安全运行。

其次,当算法设计组织被迫开放数据时,可能会倾向于将自己的行为变成"一种公共表现"(Heald,2006),也就是使透明度带有一种表面上的表演性和战略上的模糊性。这种封闭性可能是一种控制的来源,帮助组织避免泄露机密细节,同时给人留下与内部和外部利益相关者开放和对话的印象(Leitch,Davenport,2003),即所谓的透明错觉。斯托尔(Stohl C.)等人将这种在开放的名义下,产生的封闭性类型分为疏忽性不透明性(产生大量可见性信息,以至于重要信息无意中隐藏在可见信息的碎片中)和战略性不透明性(行为者受透明法规约束有意地使大量信息可见,以至于不重要的信息将耗费人们大量时间和精力进行筛选,从而分散接收者对行为人希望隐藏的真实信息的注意力)(Burrell,2015)。

最后,一方面算法透明的初衷是让更多人参与到公共事务的监督之中,另一方面,却又因为各种主客观因素而具有排他性。透明度理想对参与者的能力是有一定要求的。透明度引发能动性模式(neoliberal models),参与者需要解释透明度实现的公开化的信息,并确定其重要性。它的前提是开明的市场模式——一种"将信息交到公众手中将使人们能够做出知情的选择,从而改善社会现状的信念"(Henriques,2007)[74]。但现实是,算法不仅受到设计公司机密的保护,没有技术技能的人无法理解。此外,透明度往往受到专业人士的限制——为保护自己专业知识而制造的排他性。这样的透明度就如同斯蒂芬·希尔加特纳(Stephen Hilgartner)所描述的科学政策顾问制定关于数据共享科学规范时使用的"戏剧性技巧"(Turilli, Floridi, 2009)。这些政策顾问通过该种技巧来推进自己的目标, 建立专家权威, 或为特殊利益集团服务。伴随这些定义和控制而来的是保密和不愿让算法的所有部分都可见, 因而算法透明的开放性"是一个经久不衰的虚构故事"(宁丽丽, 2017)。

本质二: 确定性与不确定性。透明度理想追求看见等于知道, 然而这种确定性受到来自实用主义、多重黑箱、信息过剩、信息传播过程中语言表征与噪声等因素影响, 即公开数据与源代码这种确定性的透明化手段并不一定带来确定性的透明度结果。

第一, 透明度不是认知的有效途径。实用主义者们认为真理是通过关系而不是信息披露获得意义, 应关注算法系统与外部环境的可视联系及内部的、自我调节的工作方式, 即将透明度置于一个社会技术系统中进行考量(Heald, 2006)。

第二, 双重黑箱问题。算法是一个包含复杂的底层决策模型的"黑箱", 涉及数百万个数据点和数千行代码, 尽管也许有相关解释性程序的介入, 但由于缺乏专业知识、机会与资源, 它们最终还是转化为我们无法轻松理解的复杂代码。另外, 算法学习的不透明性会抑制人对其的过度关注, 如果一个人是算法输出(如分类决策)的接收者, 那么他很少会思考某个特定的分类是如何从输入中得到的(Burrell, 2015)。

第三, 信息过剩, 无法筛选出最有效信息进行理解。算法透明度所提供的信息量往往会让人不知所措, 这意味着每个算法披露与其他披露都在争夺用户的时间和注意力。事实上, 分析这些溢出的公开数据本身就需要算法处理, 将数据转换成有意义的信息。然而, 这造成了一个恶性循环——提高透明度只会加强用户对算法的依赖。

第四, 信息传播过程中各种内外在因素共同作用导致信息的耗损。首先, 编码过程涉及语言表征。表征是被表征物的符号化, 是对信息的选择性呈现, 部分特质被有意或无意忽略或舍弃。其次, 解码过程并不意味着信息能被百分百接收。透明度不是信息或组织本身的属性, 而是涉及到受众选择性积极解码的结果。人自身认知的局限性决定了其无法彻底理解透明化的信息。透明度的确定性效果还受到噪声和传播媒介特性的影响等。

本质三:静态性与动态性。透明度理想追求的是某一时间点上终极状态的透明,是静态的,然而透明度本质上是实时变化的。由于算法和系统随时间变化而进一步复杂化,在智能媒体计算系统中尤其迅速,透明度可能意味着未来的相关性、预期的披露、持续的披露或事后的可见性——不同的时间可能需要或产生不同类型的透明度。即使一个算法的源代码、它的全部训练数据集和测试数据是透明的,它仍然只能给出其功能的一个特定快照。任何没有时间维度的透明度都无法看到算法以前的迭代,不能理解它们是如何工作的。例如,谷歌和 Facebook 可能会运行几十个不同版本的算法,以评估它们的相对优点,但不能保证用户在某一时刻与之交互的版本与五秒之前的版本相同(王娟,叶斌,2020)。

本质四:主动性与被动性。透明度理想是公众积极主动、直接参与其中的,而实际上由于各种客观原因,公众有时只能求助第三方机构,处于被动地位。

一些利益相关者,包括倡导组织、非政府组织、监管机构、政治分析人士和其他人,在要求、研究和评估算法透明度方面发挥了积极作用。他们大都对算法透明度非常敏感,但大多数公众往往会忽略这些信息(Henriques,2007)[74]。这不仅因为公民缺乏政治洞察力,而且因为大多数透明度问题往往过于复杂,没有专业知识就无法理解。虽然公众接触到的透明度指标(如评级、表格或标签)越来越多,能够在日益复杂的世界中做出决策,但这并不意味着他们能够洞察算法透明度所涉及的各种伦理问题。

因此,现代的算法透明度系统使得公众高度依赖中介机构——技术专家、调查记者、金融分析师等。这些中介机构能够将复杂的信息转化为更简单的格式,从而使用户能够很容易地将结论融入他们的个人生活中。然而,尽管专业化和专家知识有很多优点,但对其过度依赖有可能会引发诸多问题。在这样一个关系矩阵中,解释的代理被外化了。

本质五:统一性与多样性。算法透明理想追求的是统一标准化、流程化的透明模式,而现实中出于地理、文化、习俗、行业本身的特殊性等各种客观原因,多样化的算法透明度才能满足实际需求。

首先,时间和空间上透明度需求不一。不同地区受习俗、道德、法律等影响,对算法透明度的要求不一样;随着科技的进步,透明度的可实现性程度也在发生改变。其次,在适用领域上,不同领域对透明度有着不同需求。某些领域已经有相关法律规定,如果额外要求算法透明,则是多余的。最后,价值观的多元化带来透明度的多元化。随着信息可能的存在形式的增加和价值观的多元化,单一或统一化视角变得不再可行。

3."负责任"的算法透明度

算法透明度的本质特征表明,其与算法问责的关系并不是一种必然的因果关系,透明度是必要的,但远不足以产生问责的能力。将算法透明度看作"万能神药"的观点有个致命缺陷,即把透明度当成一种伦理原则,认为仅凭透明度就能带来算法问责或者能够对其产生决定性影响。从信息披露的角度来理解透明度,它只是一种支持伦理实现的(pro-ethical)条件(Turilli, Floridi, 2009)[109-110],可以促进或损害伦理实践或原则,但不能成为促进算法问责的独立原则。

(1) 透明度的伦理本质——有利于伦理实现的条件

马特奥·图里利(Matteo Turilli)和卢西亚诺·弗洛里迪(Luciano Floridi)认为,透明度与伦理原则之间有两种关系:一是依赖(dependence),二是规制(regulation)。为了认可伦理原则,如问责、安全、人类福祉和知情同意,需要一定数量的信息。伦理原则,如隐私、匿名、言论自由和版权等则通过限制信息的访问、使用、传播和存储来规范信息流(图5.7)。当透明度提供了支持伦理原则所需的信息,或者信息如何被约束(监管)的细节时,信息透明在伦理上是可行的。相反,如果信息披露错误、不充分或者过多,伦理原则也会受到损害。也就是说,当公开的信息与伦理原则被视为"依赖"或"规制"关系时,它就成为一种伦理上的"有利"操作(Turilli, Floridi, 2009)[109-110]。

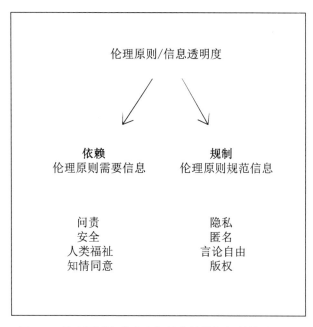

图 5.7　伦理原则与信息之间的依赖性与规制关系

透明度对伦理的正向、负向促进作用表明,透明度无法作为一支独立的力量推进算法问责,必须和一些伦理原则一起共同作用。

(2) 伦理原则在算法透明度实施过程中的两次介入

首先是伦理原则在从数据到信息转化过程中的介入(图 5.8)。算法透明度公开的是包括源代码、算法全部训练数据集和算法测试数据在内的信息,本质是一种信息透明。"信息"是一种限定,表明对用户来说什么是可访问的。信息的含义取决于具体情境,以及它被使用的目的。在实施算法透明时,所披露的信息则包括有意义的、真实的、可理解的和有用的数据。这种类型的信息称为语义信息,由可用于认知目的的真实语义内容组成。语义信息与数据有着本质的区别,数据的最小定义是"缺乏一致性"(Turilli,Floridi,2009),是"产生差异"的东西,因此,可以通过交互来感知、测量和获取。语义信息是一个行为体以原始数据作为输入,并产生格式良好、有意义且真实的数据(即信息)作为输出的一组操作的结果。由图5.9可以看出,信息的加工过程并不是伦理中立的。信息透明作为一种道德上有利(或有害)的特性,其道德本质取决于约束此类操作的一套伦理原则。例如,使用智能媒体公开一组财务报表时,没有说明所报告的信息是如何收集、关联或解释的,那么就几乎无法理解这些信息是否是道德实践的产物。因此,算法透明度不应仅披露信息,还应披露信息如何产生的细节。

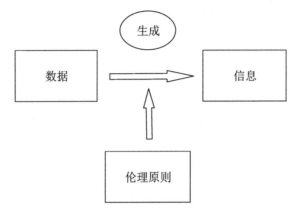

图5.8 从数据中获得信息的过程

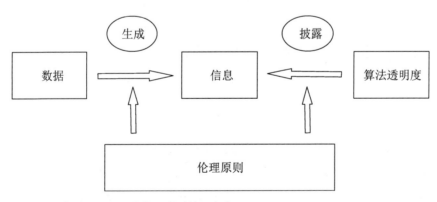

图5.9 算法透明过程中伦理原则的两次介入

其次是算法透明度公开信息过程中伦理原则的介入。此处前面已有论述。在信息生产时所支持的伦理原则与透明度实现时所支持的伦理原则之间需要保持一致性。换言之,通过透明度促进算法问责的可能性取决于这种一致性。在智能媒体责任伦理情境中,算法透明度与算法公平、算法信任共同促进算法问责。

5.2.2.3 算法信任

媒体信任危机问题由来已久。19世纪末20世纪初,美国报业进入商业化、大众化阶段,在经济利益的驱动下,报刊在选题方面偏向名人效应、暴力与色情事件。为了增加发行量,以威廉·赫斯特(William Randolph Hearst)为首的《纽约新闻报》甚至煽动社会情绪,挑起战争,黄色新闻泛滥,报纸遭遇了前所未有的信任危机。但彼时的信任危机,尚能够通过强调社会责任与制定职业道德规范来调节。而如今人工智能时代开启,智能媒体正在深度重塑传媒生态,媒介运营的逻辑彻底发生了改变,从传统的单向度、公共性传播转向多向度、智能化、个性化传播,以用户为中心的算法价值与以信息为中心的新闻价值之间的矛盾一时似乎变得不可调和起来。从采集、生产、分发到反馈,信息传播链甚至可以不再需要传媒机构与记者的介入,信息供给和消费市场出现了所谓的"脱媒"现象(disintermediation)(Osburg,Heinecke,2019)[7,18-19]。智能媒体在掀起"每个人都是媒体"的民主化浪潮的同时,也打开了"潘多拉的盒子",引发了人们对算法操纵、算法偏见与歧视等各种新伦理冲击问题的担忧。公众对媒体的信任原本是其赖以生存的基础逻辑,但当下正处于新演化导致的历史低点。

智能媒体中的算法信任由此成为伦理研究的大热点。我们能信任智能媒体吗? 信任的基点在哪呢? 对此有两种对立的观点:一种认为应建立与AI的信任关系,以人为中心,培养值得信赖的AI;另一种则认为AI不具有被信任的能力(Ryan,2020),因其没有情感状态,也无法对其行为负责。本书通过在伦理演化语境中分析信任概念的变革路径,指出上述双方争论的根源在于,针对信任定义没有达成同一性认知,不同观点导致研究聚焦的只是信任的不同切面,因而它们之间并不具有"真性"可争议性。信任的本质属性由传递性与复合性构成,可以依据美国伦理学家玛格丽特·沃克(Margaret Walker)提出的信任扩散/默认模型,通过在人与智能媒体共同主导的新生传媒生态中建构默认信任区域,来从上述对立的观点中解脱出来,探讨智能媒体算法信任新的可能性路径。

1. 关于算法信任的争论及成因分析

当下,关于算法信任主要有两种对立的研究范式,其争论的焦点在于"能不能"与"该不该"这两个问题上。

第一种范式认为,算法信任是一种合规的"软道德"方式,旨在在人的自治和人为的自治之间建立一种新的伦理上的平衡(Floridi,2019)。鉴于伦理上的不确定性极易滋生鲁莽的行为或过度的谨慎,AI必须以任何人都可以信任的方式可靠地工作,以防止人工智能被滥用、过度使用或未充分利用。例如,2020年德勤人工智能研究所发布了"值得信赖的人工智能框架"。该框架引入六个关键维度——公平无偏见、透明可解释、负责与问责、鲁棒与可靠性、尊重隐私、安全可靠,在人工智能系统的设计、开发、部署和运营各阶段综合考虑这些维度,将有助于建立值得信赖的人工智能系统。

除了上述的伦理指导原则,研究人员还探讨了实现算法信任的可能性,主要通过以下两种方式:一是以技术为中心。技术创造者应该确保获取、处理和输入算法的数据是准确、可靠、一致、相关、无偏见和完整的。同样,被选择、训练和测试的算法应该是可解释、可理解、透明、无偏见、可靠的和有用的。最重要的是,该算法及其结果应该是可审计的,且处于合理的治理监管模式之下(Srinivasan,de Boer,2020)。二是以人为中心。例如,将算法信任分为归纳信任、社会信任与道德信任,通过建立预期行为的统计模型和可解释性人工智能建立初始信任,并在受到意外行为威胁时修复信任关系来实现归纳信任,通过博弈论运作社会信任,依靠人工智能职业伦理规范来实现道德信任(Gillath et al.,2020)。

第二种范式则从"不能"与"不该"方面进行反驳。首先是"不能"这个问题。信任是对等体之间的一种关系,在这种关系中,信任方虽然不确定受信任方会做什么,但相信其所做的任何承诺。AI 是一组系统开发技术,允许机器根据一定的算法从一组数据中输出操作或知识,与之同类别的是其他软件开发技术。换言之,AI 与人类并不是对等体,因而也就没有所谓的信任一说(Bryson,2018),否则将破坏人际信任的价值,是一种把人工智能人格化的错误倾向。具体可分为以下几点:第一,以技术为中心的算法信任是一种理性信任,指根据过去的知识积累对现实情况做出客观性预测,具有一定的可靠性。然而,这种可靠性并不是信任的唯一或决定性特征。例如,撰写经济新闻的智能媒体在报道简单经济资讯时,人工智能是可以信赖的,但在分析经济走势时并不一定值得信任,因为单纯基于过去数据做出的判断并不一定能对应上复杂的前瞻具体情境。第二,以人为中心的算法信任可以分为情感信任和规范性信任。前者指委托方对受托方有一种期望,受托方会被这种期望所感动和影响;后者则指对受托方的期望不仅是他们将要做什么,而且是他们应该做什么(Ryan,2020)。双方之间的信任是基于对权利和义务的共同认知(Andras et al.,2018)。很显然,人工智能只是根据提前设计好的特定规则运行,并不具有情感感知或能够对被输入的命令进行道德判断的能力,因而也就无所谓情感与规范性信任。其次是"不该"的问题。如果人工智能可信任,则其与人类是对等体,因而理应需要为其行为负责。这样就极易造成一些人或机构将责任推卸给智能人工物,借此逃避相关处罚,引发人们对"机构洗钱"(agency laundering)现象的担忧,即通过指责算法,使自己远离道德上可疑的行为,无论这些行为是否有意为之(Alan et al.,2019)。例如,面对用户隐私数据大规模泄露事件或种族歧视等问题(Stahl,Wright,2018),Facebook 官方解释是,这一切都是算法的问题。这种把算法当借口来逃避责任的做法,还有可能导致相关领域的专家保持缄默,以避免因质疑算法引来非议。专家和算法之间的这种"默契"极易引发认知错误,如教条主义或轻信(Grote,Berens,2020)。综上,第二种范式认为,我们既不能也不应信任人工智能。

从双方之间的争论可以发现,两种范式对立的根本原因在于对奇点论的预设(强人工智能是否可能出现)以及算法信任定义的标准不同。关于奇点论,本书不做讨论(第二种范式认为强人工智能不可能出现,因而 AI 不具有情感感知和担责的能力,第一种范式则对此态度暧昧。在此,本书将不对争议性较大的奇点论进行讨论,因为就当下而言,强人工智能依然只是一个理论存在的概念,如果过度强调这个理论存在,则可能导致上述争议无法解决)(朱彦明,2020)。在概念界定方面,第一种范式主要从信任的技术应用方面出发进行探讨,而第二种范式则从信任方与被信任方之间的地位对等性角度切入,这使得两种范式本质上并没有可争论性。

2. "信任"概念的演变及本质属性探究

信任是确保人工智能被接受、不断进步和良性发展的关键要素。然而,"信任"是一个非常宽泛的术语。例如,从心理学的角度来看,信任是对他人信任行为经验的认知学习的结果;在组织管理中,信任就是暴露弱点,同时假定其他人不会利用这一点;在自动化领域,信任被看作实体的一种特征,它可以被计算为存在外部诱导的不确定性时可靠行为的概率;在哲学中,信任是基于个体之间的伦理关系侧重风险承担的讨论(Siau,Wang,2018)。它还常常和可信度、希望、期望和可靠性等混为一谈(Kohring,2004)[128],研究人员将信任的定义称为"令人困惑的大杂烩"(confusing potpourri)、"概念沼泽地"(McKnight et al.,2002)。

鉴于此,讨论算法信任,应首先尝试厘清该概念的定义与基本属性,这样才有助于超越上述研究范式的争论。

(1)"信任"概念的演变

信任最通用的定义是,信任方(A)信任被信任方(B),意味着 A 依据以往的观察和自身经验,期望 B 会做某事,也就是所谓的理性信任(图 5.10)。然而该定义的问题在于,A 信任 B,但由于 B 存在客观性困难(如身体原因),A 不一定期望 B 会做某事;或者 A 期望 B 做某事,但不一定必须信任 B。例如,小李信任小王,但由于小王身体不舒服,小李并不期待小王完成出差的任务;抑或是小李期望小王能出差,但并不信任小王。仅仅依靠期望并不能对信任的概念范围进行有效框定,需要在此基础上加入规范性要素,才能将信任放入伦理语境中进行讨论。

图 5.10 信任的最初模型

理查德·霍尔顿(Richard Holton)则开始关注到 A 与 B 的双向互动,并在信任关系中引入了 A 的"反应性态度"——感激或憎恶,即 A 期望 B 做某事,并会根据 B 有没有做某事而产生讨厌或感激的情绪(图 5.11)(Buechner,Tavani,2011)。

图 5.11 霍尔顿提出的信任模型

玛格丽特·沃克(Margaret Walker)更进一步提出,当 A 信任 B 时,A 对 B 有"规范性期望"(normative expectation)(Buechner,Tavani,2011),B 也应当对所做的事负责,即 A 对 B 的期望是建立在一定的社会道德规范基础之上的,B 也因 A 对自己的期望而需要对所做的事情负责(图 5.12)。

哲学家杰夫·布埃赫纳(Jeff Buechner)对上述观点进行了综合,提出信任的定义包含五个层面:

① A 对 B 做某事有一个规范性的期望;

② B 对 A 期望其所做之事负责;

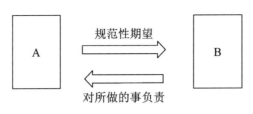

图 5.12 沃克提出的信任模型

③ A 倾向期望(规范性的)B 会负责任地做某事;
④ A 对 B 会做某事的规范性期望可能是错的;
⑤ 满足①~④条,则意味着 A 信任 B(Buechner,Tavani,2011)。

由于上述 A 与 B 的规范性期望是单向的,而在真实人际互动中,沟通交流通常是双向,甚至是多向的,因而玛格丽特·沃克(Margaret Walker)提出"默认信任"(default trust)的概念。所谓的默认信任,是 A 对 B 与 B 对 A 都有规范性期待,且相互对对方所期待的事情负责。沃克认为,当一个集体内,无论是虚拟的还是实体的,人们知道自己该期待什么,从谁那里获得期待,知道什么是正常的,什么是不正常的,这就形成了默认信任(Buechner,Tavani,2011)。

也就是说,A 与 B 之间的默认信任是基于对权利和义务的共同认知建立起的规范性信任,双方有相似的价值观与信念(Osburg,Heinecke,2019)[7,18-19]。他们可以彼此认识,也可以是陌生人,且不需要提前接触建立信任关系。相较前面几种信任模型,默认信任模式在伦理语境中更实用。它一旦建立,能够促进个体间合作,培养依赖他人的意愿(Walker,2006)[85,334-336],这反过来又使得默认信任关系在一定的时间和空间范围内更牢固(图 5.13)。

图 5.13 默认信任模型

(2) 信任的分类与本质属性

① 信任的分类

从社会关系角度来划分,信任可以分为人际信任与系统信任。人际信任,顾名思义是指关注个体之间的信任关系,而系统信任则指的是个人对社会系统或组织和机构的信任现象。随着日常生活中时空距离的增加、复杂系统的影响、社会关系的去实体化和重组、专业知识的增长(人们完全信任另一个人的专业知识而不了解他本人),以及从非智能到智能化的转向,带来了广义上的信任关系涌现。对系统的功能和可靠性以及对结构和程序的有效性的信任取代了人际信任关系,或者成为人际信任的重要补充。例如,人们每天要与诸多机构打交道,虽然没有私底下的接触,但个体必须给予其一定程度的信任,实现所谓的"信任跃迁"(trust leap),这样社会交往互动才能正常进行(Osburg, Heinecke, 2019)[7,18-19]。

② 信任的本质属性

信任的本质属性由传递性与复合性两组特性构成。

首先是传递性。从人际信任到系统信任就是一个例子。我们生活在一个高度互联的世界里,信任是一切社会活动的基础。想要建立任何一种关系,信任都是必不可少的因素。出于社会交往的需要,当 A 信任 B,B 信任 C,则 A 可以基于对 B 的信任而信任 C。随着互联网的普及,以及社交媒体平台的迅速壮大,话语沟通模式开始从自上而下转向水平、双向、多向流动,信任关系也从自上而下的层次结构(信任权威人士)转变为更横向的信任(信任朋友、网友)。信任不仅可以通过点对点的方式水平运行,还可以自下而上,从较低层次(一级信任)的个体,垂直转移到更高级别的(二级信任)实体,如公司或机制。例如,一个用户信任一个网站,可能是因为在网址栏旁边有一个绿色的小挂锁,它是一个信任触发器,标志着网站的可信任度。这种二级信任的好处是,通过将众多实体聚集到一个更高的实体中,可以减少信任关系的数量,降低创建、维护和监视信任关系的成本(Andras et al., 2018)。随着人工智能技术的发展,万物皆媒,信任逐渐演变成多向关系,形成分布式网络,英国学者瑞秋·博茨曼(Rachel Botsman)将之称为"分布式信任时代"(Botsman,2017)[265]。

其次是复合性。从上述关于算法信任的争论可以看出,研究人员通常将信任视为单义概念。然而,随着人们对该概念认识的深入,一些学者提出了"复合性信任"(composite trust),认为信任应该是多维的,如信任五维度论(性格因素、情境因素、对他人的感知、主观信任和行为信任)和信任四结构模型(信任倾向、制度信任、信任信念和信任意图)等(McKnight et al., 2002)。信任具有复合性的根本原因在于信任是情境性的,尤其是针对算法。算法以复杂的、不透明的方式记录用户选择、相关数据和行为信息,对于大多数非专业用户来说,他们无法透彻理解算法行为及其产生的后果。用户通常会依赖现有的信任机制或自我感知进行信任评估,据此产生的对算法的"信任"是情境性与主观化的,它是通过用户的认知过程重新建构的(Ryan,2020)。

综上,信任的传递性与复合性本质属性决定了探讨智能媒体算法信任问题的复杂性。此外,根据对信任定义演化路径的梳理,默认信任有两大优势:一是将信任方与被信任方基于相同的伦理权利与义务捆绑在一起,相互影响;二是解除了信任方与被信任方的人际交往的束缚,即A与B不必一定认识,也无须提前建立信任关系。因此,在智能媒体领域探讨算法信任应侧重默认信任的建构。

3. 智能媒体算法信任建构路径

相比传统的组织机构,当下的传媒生态已经从以人为主导转向"人+智能媒体"的共生生态。在这种情况下,能否或如何确立默认信任呢?

(1)算法信任可能性的论证

要想实现算法信任,需要依据一个理论,预设两个前提,处理好三种关系。

① 一个理论:信任扩散/默认模型

沃克提出的"默认信任"涉及一个"默认信任区域"的概念(图5.14)。在某区域内,当交往的个体具有相同的价值观,能够相互信任,甚至可以不用思考就知道该如何进行符合伦理的活动,表明这些行为已内化为一种习惯或具有前反思性(unreflective)(Walker,2006)[85,334-336],则该区域就是默认信任区域。例如,城市就是一个默认信任区域,在里面生活的人会自觉遵循当地的风俗习惯、交通规则等。人们对于什么是正常行为,什么是不正常行为等有一个常识性的认知,这促使他们之间形成一种默认信任。

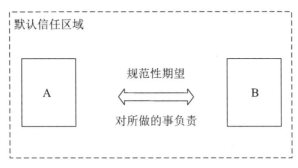

图 5.14　默认信任区域

美国哲学家杰夫·布埃赫纳(Jeff Buechner)等人认为既然在默认信任区域中,个体之间不需要有私下的接触,或者提前建立信任关系,那么 A 与 B 可以从个体拓展至包括一般大众及作为个体代理的非人行动者在内的多代理系统(Buechner,Tavani,2011),即出现信任扩散现象(信任的传递性)。例如,人们乘坐飞机时更倾向于信任航空公司会提供可靠的服务,而非信任其内部员工或飞机本身。再如在一个由技术工程师、机器、运营者、管理者、用户等构成的电子交易领域,如亚马逊网站,人与人、人与机器、机器之间都可以相互"信任",在这个特定的默认信任区域里,人们相信组织机构会确保人与机器的行为均符合伦理规范。这个时候,信任集中在组织机构上(Walker,2006)[85,334-336]。马克·瑞恩(Mark Ryan)则更进一步,提出信任扩散/默认模型在人与人工智能共同构成的异质混合系统中依旧成立(Ryan,2020)。

② 两个前提

布埃赫纳和瑞恩的观点确实具有启发性,但不足之处在于没有论证到底如何在混合系统中构建信任关系。尤其是在智能媒体应用场景中,需要考虑的是人与智能媒体能否给予对方规范性期望?智能媒体能否为其行为负责?只有满足这两个条件,默认信任才能成立。这就需要预设两个前提。

第一个前提是人为智能媒体负责。智能媒体无法为其行为进行理性反思,并受到惩罚,只能由与智能媒体行为相关的群体为其负责。

第二个前提是规范性期望。人对智能媒体的规范性期望是什么呢?判断标准是其行为是否符合传媒伦理规范与核心价值观;而智能媒体对人的规范性期望则是人在伦理允许的范围内负责任地使用智能代理,这也是智能媒体责任伦理研究的核心要义所在。

据此可知,算法信任,并不是对算法的直接信任,而是对智能媒体算法背后的人的信任,是一种二级信任。

③ 三种关系

第一种是建立人与人之间的默认信任关系。满足这一关系要求人与人之间建立共识性的规范约束,在智能媒体领域,指的就是双方遵守一定的社会伦理规范与传媒伦理规范。

第二种是建立人与机器之间的"信任"关系。瑞恩提出,人对机器是一种信赖(reliance)而非信任的关系(Ryan,2020),即人类可以依赖机器做某事,却并不能够对其有期望。但上一部分预设了两个前提,据此人与机器可以建立"信任"关系。

第三种是建立机器与机器之间的信赖关系。这种信赖关系建立在机器性能稳定之上,当它们都按照预定的程序运行时,相互之间是一种合作依赖关系。

(2) 算法信任"默认信任区域"建构路径

① 技术路径:确保智能媒体性能稳定、可信赖

要想实现智能媒体之间以及人与智能媒体之间的信赖关系,至少需要满足两个条件,一是技术上确保算法可信度,二是提供以用户为中心的可解释性。

首先是技术路径。第一种方式是从设计层面关注数据与算法伦理的。

智能媒体算法依赖的大数据应具有典型性与代表性,这是智能媒体塑造公正客观形象的根本,而算法本身也应嵌入基本的新闻伦理原则,在算法价值(侧重用户喜好)与新闻价值(侧重信息本身)之间取得某种平衡。由于智能媒体具有公共性属性,如果单纯以算法价值为导向,则极易导致公众体验感下降;如果仅追求新闻价值,则不符合人工智能时代传媒业的主流做法;只有二者有机结合,方能实现社会效应与经济效益的最大化。这需要智能媒体运营机构与设计方密切合作,根据自身定位与具体应用场景进行设计。第二种方式是从应用层面利用模型法进行判断。判断网络媒体是否值得信任有四大标准,即"MAIN 模型":模态(modality)、能动性(agency)、互动性(interactivity)与导航能力(navigability)。也就是说,可以根据是否提供多媒体链接、有否准确追踪到信息源的能力、互动性如何以及能否帮助用户在信息烟雾中导航到所需信息四个方面来对网络媒体进行可信度评估(Sundar,2008)。该模型在智能媒体中依旧适用,但需要在此基础上进行升级,以适应智能媒体的自动化、智能化属性。第三种方式是引入第三方机构,推出质量标签。例如,荷兰的非营利性组织"负责任机器人基金会"(FRR)率先做出尝试,他们开发出一个"基于人工智能的机器人的质量标签"。标签的应用与"公平贸易"认证很相似,依据诸多伦理指导原则,如安全、隐私、公平、可持续性、问责制和透明度来对产品进行评估,并颁发一枚批准印章。这个标签对生产方提出更高的技术性要求,并且能够帮助消费者对智能产品质量进行辨识,快速建立信任关系。

其次是以用户为中心的可解释性问题。智能系统的可解释性是指系统能够向用户和其他相关参与者解释和证明其决策的要求(Dignum,2019)[55]。解释可以减少信息生产、传播过程中的不透明性,提升公众对智能媒体的信任。解释的依据应与新闻价值密切相关,新闻价值推崇时效性、重要性、显著性、接近性、趣味性和真实客观性,为了体现这些价值观,智能媒体需要对其收集、生产与传播相关信息给出充分理由。智能系统解释还需注重因果性、局部化与情境化。因果性意味着系统输入与输出存在一定程度上的稳定关联,这样才能让相关人员理解系统的运行机制,使可解释性转化为可理解性。局部化指的是解释旨在为一个特定的决策或行为,而不是为系统的整体行为提供理由,这种解释是局部的。情境化指的是根据具体行业领域与应用场景提供解释(Doshi-Velez et al.,2017)。例如,智能媒体可能专门用来预测地震,或是报道某地区经济走势,抑或是政治性选举预测等。设计者与生产商应根据具体场景设定不同解释版本,而不是通用模板。

② 伦理与法律路径:软硬结合,施加规范性约束

规范性约束需要制定科学的责任分摊体系,建立相对完善的传媒伦理规范。这是形成智能媒体生态系统中默认信任的基础与关键。主要的路径可以基于人工智能伦理理论框架,提出智能媒体责任伦理基本框架,即由伦理使命(指导性)、伦理准则(引导性)与实施细则(强制性、实用性)三个层级构成,其中责任伦理使命指导责任伦理的搭建与实践;伦理准则是基本使命的具体体现;实施细则是将伦理准则落实到具体应用场景中去(陈小平,2019)。同时,从智能媒体系统设计、应用、治理与监管层面,即通过伦理规范与法律约束、政府监管,推进基于责任的传媒伦理的落地。通过混合式设计路径、阶梯式治理与监管路径,融前瞻式伦理与后置式伦理思维为一体,从理论与实践层面搭建新传媒伦理基本架构。

5.2.2.4 算法问责

责任指的是人们在设计、开发、制造、销售和使用智能媒体系统过程中所扮演的角色。随着责任链的增长,需要将智能媒体系统的决策与输入数据和参与系统决策的利益相关者的行动联系起来。因此,责任不仅仅涉及制定管理智能媒体的一系列规则,还包括在整个社会技术系统中运行的其他子系统。

在弱人工智能阶段,无论自主性和学习能力有多高,人工智能系统都是人工制品,具有工具属性,是人们为特定目的而建造的。智能媒体的自主性与学习能力是设计者根据一定的目的、设计原则赋予的,即便其在与环境的互动中,通过自下而上的方式习得一些功能,也是基于系统最初设定的目的

才这样做的,而人是设定这个最终目的的行动者(Dignum,2019)[52-60]。因而在智能系统追责体系中,智能媒体由于不具有意向性、自主性等,无法成为责任主体,而人需要为智能媒体担责。

在这种背景下,当下关于 AI 系统本身责任的讨论,主要有两种观点:一是机器只是一种工具,因此与使用其他工具一样,用户需要风险自担;二是机器运行出现错误或故障,由开发商、生产商、运营商共同承担责任。然而,这些观点也引来诸多争议:用户、生产商、开发商、运营商能在多大程度上为智能产品负责?如何负责?责任分摊的依据又是什么呢?

1. "责任鸿沟"引发的争议

(1)"责任鸿沟"的提出

2004 年,安德里亚斯·马蒂亚斯(Andreas Matthias)在一篇被视为技术伦理学里程碑式的文章中称,当前人工智能系统自主性技术的发展正在造成所谓的"责任鸿沟"(responsibility gap)(Matthias,2004)。

首先,责任主体发生变化。过去对机器运行负责的是机器的生产商/操作者(在道德上和法律上)。如果操作人员按照生产商制定的规则条款进行操作,那么机器一旦出现故障,则由生产商负责;假若操作人员没有按照操作手册来,则由其自行承担责任。然而,现在智能人工物能够在没有人类干预的情况下做出自主化决策并采取行动,它们的行为规则在实际运行过程中,能够通过自主学习,不断改变。这个时候,操作手册已经无法穷尽各种状况,乃至无论是生产商,还是操作人员都无法完全控制或影响机器的行为,责任主体开始由清晰变得模糊。其次,设计人员(程序员)的角色发生转变。一开始,程序员对其设计的机器的各种程序了如指掌,并能够预设各种意外,即使没有预测到,也可以根据后续使用中接收到的反馈来对产品进行改进。然而,随着人工智能技术的发展,程序员逐渐失去了对机器的控制。一是程序员与机器在空间与时间上的脱轨。智能人工物可能会常常脱离设计者的观察范围,超越物理空间的束缚运行,随着算法的演化升级、复杂化,不同设计成员的加入,时间上的延展使得没有一个人能够彻底理解机器运行原理。二是程序员对机器的控制力部分转移至使用情境与用户上。程序员的角色从程序员转变为"软件有机体"的"创造者"。机器与环境、用户互动,并在各种操作环境中不断学习和适应,程序员对产品的部分控制转移至环境与用户上。上述的情况导致追责体系的坍塌,没有人能够为智能人工物的行为完全负责。马蒂亚斯认为,有些行为必须归因于机器本身,而不是设计者或操作者:一是程序员失去对最终产品的控制权,无法及时检查出算法运行过程中出现的错误;二是机器的行为不再仅仅由一些初始的固定的程序来定义,而是越来越多地由它与操作环境的交互来塑造,机器从操作环境中适应新的行为模式;三是如果机器在信息处理方面优于操作员,那么就无法对机器进行人工监督。综上,马蒂亚斯认为,目前人工智能系统的发展正在生成一种责任鸿沟,如果不加以适当处理,将会对社会伦理框架的一致性和法律上责任概念的基础构成威胁(Matthias,2004)。故而当下迫切需要解决的问题是:我们应该如何应对日益扩大的责任鸿沟?

(2)责任归因难题

对于责任鸿沟,有两种对立的观点:技术悲观主义者认为,责任鸿沟无法弥合,人工智能的使用将使人类无法对技术造成的伤害和损害负责,因而必须大幅削减对其的使用,甚至完全停止部署人工智能系统(Char et al.,2018);技术乐观主义者则认为鸿沟是可以弥合的,关键在于面对潜在的日益扩大的鸿沟,我们如何能够找到责任分配的关键所在。不过乐观派内部也存在分歧,各方对于如何定位责任意见并不同(Nyholm,2018)。

2. 责任分摊困境的破解路径

(1)技术责任鸿沟(techno-responsibility gap)是否存在?

不管是技术乐观主义者还是技术悲观主义者,似乎都同意一个基本的前提假设,即技术给我们现有的伦理和法律实践带来了重大挑战。除了这两种范式的认知,还有一种从认识论层面入手的观点,即反对存在基于技术的责任鸿沟的普遍假设,认为伦理责任是一个动态而灵活的过程,它可以有效地包含新兴的技术实体(Mike,2015)。本书赞同该观点。

责任鸿沟本质上是一种"规范性错位"(normative mismatch)。规范性错位有两个关键特征：认为某人在某种程度上（Degree，简称"D"）为某件事负责是合适的；与前者矛盾的是，要么没有合适的人选来负责某件事，要么看似可以负责的人负责某件事的程度与 D 不符。这种"规范性错位"强调的是对过去责任的追溯，但蒂加德认为责任的概念是多维度的，包括问责与可归因性（attributability）、可回答性（answerability）。责任鸿沟更强调的是问责方面的困难。虽然看似追溯过去责任并对此进行解释存在一定的困难，但不代表完全做不到，可以根据类似飞行日志等设置来进行责任归因，而且责任实践不仅需要"向后看"，还需要"向前看"，除了要对已经发生的事情负责，还要对预测的未来可能会发生的事情负责，这是责任伦理的核心所在。这意味着，可以通过分析事故或意外发生的原因，进行前瞻性预判，采取惩罚、纠正措施，来提升智能系统性能的可靠性与稳定性，以此来防范风险。简言之，责任归因中潜在的规范性错位可以通过采集智能人工物过往的行为追溯责任，进行改进，也可以通过在我们与技术的交互中采用前瞻性思维来防范(Tigard，2020a)。

通过分析，蒂加德认为技术引发的责任鸿沟问题依然可以用传统的责任体系来解释，因而也就无所谓责任鸿沟一说。

蒂加德的观点具有其合理性，但也有不足之处，即将责任与意图紧密连接。事实上，由于智能人工物并没有情感与意图，因而分析智能系统时，应该采用结果论导向，将意图从责任中剥离出来。本书将在后面对此进行详细论述。

单就智能媒体系统来说，在弱人工智能阶段，智能媒体尚未能完全自主进化，人类依然是决定其目的、功能的关键，因而对于智能媒体的追责落点在于对与其互动的人类进行追责。虽说当下的问责体系还不够完备，但不代表智能人工物引发了无法用现有追责体系处理的责任鸿沟。

（2）伦理责任概念的内涵与外延

上述观点之间的争论反映出这样一个问题：当下对伦理责任概念的内涵与外延尚未达成一致。责任是当下最流行的词汇之一，像"负责任的人工智能""负责任的机器人""负责任的研究和创新""负责任的技术"等,它们传递了道德善良或伦理认同之感(Tigard,2020a)。在针对智能人工物的讨论中,出现了多种不同的观点,或矛盾、或焦虑、或恐惧、或盲目乐观。这些争论最大的问题在于责任伦理的概念往往要么过于空洞、宽泛,要么过于狭窄,它似乎被用作诸如道德善良或伦理认同之类概念的占位符,从而激发与自我调节、社会接受或政治正确的心理联系(Mike,2015)。

①伦理责任类型

按照责任分摊的方式,责任可以分为个人责任、集体责任与分布式责任。

传统追责倾向于个人担责。集体责任指的是一群人要为其中一些成员的道德(通常是不道德的)行为负责,甚至即便群体中的一部分人根本没有参与这些行为。责任以一种完全的、按比例的,或根本没有辩解余地的方式分摊到所有人的身上。

分布式伦理责任(distributed moral responsibility,DMR)的概念由来已久。人工智能代理组成的网络越来越有可能导致分布式道德行为(distributed moral action,DMAs)。这些行为是由局部互动引起的道德上的善或恶(即道德承载),尽管局部互动本身既非善也非恶(Floridi,2016b)。分布式责任与集体责任的最大区别在于前者是根据具体情境进行责任分摊,而后者常常采取一刀切的方式。

根据责任的功能不同,可以将其分为规范性责任(normative responsibility)、占有性责任(possessive responsibility)与描述性责任(descriptive responsibility)(表5.2)。

表5.2 三种责任类型的区别

类型	侧重点
规范性责任	积极的责任,一种期望
占有性责任	责任或义务,一种品质
描述性责任	具体情境性的解释

规范性责任指的是某种倾向或希望以积极、可取或社会可接受的方式行事;占有性责任指的是有一种责任或义务,将一种品质归于某人或某机构;描述性责任则追究发生某事的根源或原因,诉诸某些规范和价值观,评估发生了什么及主体应该负责的程度。描述性解释中的"负责任"并不判断责任本身是积极的还是消极的,与规范性解释不同,后者规定负责任是好事,不负责任是坏事(Tigard,2020b)。

规范性责任通常用于"负责任的人工智能"和"负责任的机器人"等句式中。蒂加德认为该种责任危害很大,它传递了一种人工智能可以以一种可靠的方式运作的认知,但这种建立在对过去观察的广泛概括之上的结论并不能保证人工智能不偏离其正常运作的轨道。换言之,该说法非常吸引人,但危害很大:一是对人产生误导,让人们降低对智能产品的质疑与提防之心;二是可能被不良商人利用,成为其广告宣传的噱头,使其不仅在"道德漂白"中取得成功,又获得巨大的利润,如在部署智能媒体系统中推广"责任"之类的术语,从而将社会价值观作为一种手段,以获得更大的技术市场份额;三是并没有为智能设备产生负面影响时提供有效的解决方案。故而,责任不应该仅仅是一种积极的认可标志(Tigard,2020b)。

占有性责任将"责任"看作道德善良或伦理认同之外的东西,认为其是一个人或群体可以拥有的一种财产或品质。例如,弗吉尼亚·迪格纳姆(Virginia Dignum)在《负责任的人工智能》一书的开头提及一系列利益相关者,研究人员、开发人员、生产商、供应商、政策制定者、用户,并声称他们都有不同的责任。与规范性责任不同,对人工智能或机器人技术承担责任可能是积极的,也可能是消极的,这取决于一个人履行责任的程度。例如,当记者通过故意篡改数据,利用智能媒体进行有失偏颇的报道时,就意味着他并没有履行公正客观报道真实事件的责任。迪格纳姆认为责任是对一个人的行为负责的义务,当一个人将一些任务委托给代理时,无论是人工的还是人类的,任务的结果仍然是委托人的责任(Dignum,2019)[52-60]。因此,即便将任务委托给智能媒体时,我们仍然对此负有责任。

描述性责任,指的是描述某人(或某事)负责任的状态,他们在哪些方面负有责任?为什么?相较前两种类型的责任,描述性责任更强调情境性。不同的场景可能会涉及不同的责任描述,属于微观层面上的责任视角。

在智能媒体领域,描述性责任聚焦的是对具体智能媒体在不同使用情境的责任描述与刻画。根据研究需要,本部分侧重讨论占有性责任与描述性责任。

② 伦理责任本质属性

通过上述对伦理责任的类型与构成,以及技术责任鸿沟的分析,可以发现该概念本质属性由相对性、多维性、社会性与关系性几组特征构成。

特征一:相对性。首先,个人责任与集体责任无法严格割裂开来。虽然在传统意义上以个人责任为重,但当下很多问题需要引入集体责任的概念。很多人质疑,如果没有参与某些行动或决策,为何要为其负责呢?然而,随着科技的进步,社会越来越倾向于作为一个整体来构成责任的道德行为体与道德承受体,即既是责任的主体,又是责任的客体。例如,一个人工智能算法存在偏见问题,但这种偏见存在于语言中,那么不仅当前说该种语言的用户个人,而且该语言所处的整个文化圈都有责任,这是出于空间维度的考量。还有一个时间维度问题,特定的语言一般有较长的发展演变史,不同时期的地理、环境、人口等因素都会对其产生影响,这些或直接或间接影响着当前的语言使用者,进而影响 AI 的决策、行动及其后果。如果只考虑个人的责任,显然是不合适的。例如,语料库中可能存在某些偏见,如果机器学习算法根据网络文本进行训练,那么它极有可能会重现某种历史偏见,如性别偏见。在这种情境下,需要考虑集体担责的可能性(Tigarda,2020)。其次,在当下社会、文化与历史背景下,责任不能也不应该是绝对的。即使人类使用人工智能等技术是自愿行为,但是许多环境、历史、制度因素等超出了我们个人甚至集体的控制范围,它们也参与塑造了技术的行为和发展轨迹。在这种情况下,人工智能和其他技术的责任可能在某种程度上是有限的(Coeckelbergh,2011)。虽然存在追责困境,但并不意味着不能或不应采取任何行动来处理这些问题。例如,数据集或算法中或许存在种族或性别偏见,因为它们部分存在于我们的语言与文化中,而人类社会可能永远无法消除这种不公正的偏见,但在特定的情境与场景中,至少可以通过技术系统或人类参与进行纠偏。最重要的是,应该鼓励社会大众参与讨论,即引入商谈伦理,来共同商讨智能技术带来的追责困境,而不是试图以一种技术或哲学上的规范性理论来提供标准化的"正确"答案(Coeckelbergh,2009)。此外,引入集体责任的概念并不意味着个体责任并不重要。针对具体事件,追究个体责任依然是当下最通用、有效的手段。

特征二:多维性。责任的构成要素包括可追因、可回答性、事后性问责和前瞻性问责。前三个方面很容易理解,通过追溯事故或伤害发生的原因,进行问责,并向责任主体和大众提供令人信服的解释。很多人往往会忽视前瞻性问责。这要求相关责任主体有道德前瞻性,即前面所说的"道德想象力",能够预判各种风险,并积极采取措施来避免。可追因、可回答性、事后性问责和前瞻性问责(问责的双向维度)四者,构成了一个完整的、立体化的责任概念。

特征三:社会性与关系性。伦理责任从根本上讲是与社会角色相关,并以社会角色为基础,建立在因果关系之上的。正如上述论述的,只有同时满足角色责任、因果责任与能力责任,才构成责任伦理本身。从关系的角度来看,责任关系中不仅有道德行为体,也有道德承受体。伦理责任的社会性与关系性特征还体现在 AI 可解释性方面。如果将责任视为一种可回答性,那么从伦理角度来说,重要的并不是将可解释性作为 AI 等技术系统的一种特征,而是作为人类使用和开发 AI 部分的可解释性。技术上的"可解释性",即 AI 系统可以"说"或"回答"什么,应该被看作服务于更普遍的道德要求,即人类行为体借此向受技术影响的人提供可解释性和可回答性(Coeckelbergh,2009)。换言之,可回答性不仅包括技术层面针对技术系统的可解释性,还包括行为体使用包括可解释性的 AI 和其他手段,来增进被技术影响的人对当前状况的了解。简单来说,由于认知的局限性与相关知识的积累,人们仅靠技术系统提供的解释并不一定能够充分理解智能系统,这时需要开发者、运营商或者第三方机构等来给出解释和理由。通过人际沟通和人机互动两个维度,用户才能清楚了解智能系统(但这涉及一个问题,当智能系统自动化到一定的程度后,大量与高速的决策让人来不及问为什么,因而也就无所谓解释或给出理由了)。

(3)无过错责任与责任分摊

当下关于算法责任分摊有两个误区:一是倾向于个人责任,关注责任的行为体而不是承受体;二是"控制"和"认知"条件均强调意图性,但将其用在分析没有情感的智能媒体系统时,显然是不合适的。

迄今为止的伦理学主要有三种研究范式:道德行为体导向(agent-oriented)、行动导向(action-oriented)和道德承受体导向(patient-oriented)。随着对责任概念认识的深入,负责任人工智能研究范式被认为需要两种转向:从道德行为体导向转向道德承受体与行动导向;从个体责任转向分布式责任,从绝对责任转向相对责任,即关注伦理责任的本质属性——相对性、多维性、关系性与社会性。

需要先明确的是,经典伦理学强调的是个人惩罚和奖励的分配,特别是出于社会法律和宗教原因。如果行为体的行为不是故意的,那么进行表扬、惩罚或奖励就会适得其反,因为这种责任归因将是武断的,与纯粹的随机分配并没有多少区别。这就违背了责备或表扬、惩罚或奖励的目的,因为它们旨在引导人们进行正确的选择,从事正确的行为,以造福社会。然而,实际上,意向性与责任中的因果关系并不存在必然联系(Floridi,2016b)。在智能媒体系统中,意图性并不是判断责任的关键标准,即便可能是相关标准。伦理责任中的因果责任要求更加注重因果关系的考量。这就要求以结果论为导向,关注智能媒体决策、行为本身及其产生的影响。

弗洛里迪提出了"无过错责任"(faultless responsibility)概念,主张对网络中所有相关的节点/代理,依据因果关系而非意图性来进行伦理责任分配。弗洛里迪认为:在智能网络中,第一,应关注哪些行为者对道德分布的行为负有因果责任,而不是关注行为者意图及其行为的伦理性质;第二,假设通过网络的反向传播,能够确定每个节点应承担的责任,并使其据此做出响应来改善行为;第三,网络中所有涉及的代理都知道责任反向追踪链的存在,并且需要为自己的不当行为负责(Floridi,2016b)。当这三种条件满足时,则可以构建负责任的人工智能。

本书认为可以运用上述理论来分析智能媒体责任分摊问题。当下的智能媒体传播生态的本质依然是人机互动,即便是完全自动化操作的智能系统,其功能的设定者与监督者依然是人类,因而,智能媒体虽然无法成为责任主体(没有自主性、自我意识,无法为其行为负责),但可以根据整个传播生态链引起的善恶责任来反向追究各节点上的人类代理的责任。在算法的可追溯性方面的研究和尝试,如反向审计、类似飞行日志的数据记录等,为此类实践提供了依据。

难点在于:第一,善恶责任如何来评判,是通过职业行为准则与伦理规范来进行约束,还是通过量化标准？第二,整个传播生态中的人类代理明确知道的追责机制到底怎么设定,是通过引入商谈伦理,由公众集体制定,还是自上而下,通过权威部门制定？

(4) 可解释性

无过错责任提供了一种较为可行的问责机制,但如何正确问责,尚需要算法的可解释性,这样将有助于确定每个节点在某些行为中到底参与了多少。

解释指对决策者采取一组特定输入并得出特定结论的过程的可由人解释的描述(Doshi-Velez et al.,2017)。根据本章前面部分提到算法责任关系生态,即算法责任的核心要素之一可回答性,要求智能系统可解释性服务于更广泛的伦理层面,代理人需要通过系统可解释性与其他多种手段来提供关于智能系统的可回答性。

① 智能系统的可解释性

智能系统的可解释性是指系统能够向用户和其他相关参与者解释和证明其决策的依据。为了确保问责制,需要一套解释体系,从所使用的算法决策机制衍生出来并能够对其进行解释。它还要求以开放的方式说明该机制的伦理价值、社会规范及其操作性原理,所有利益相关方都应参与其中(Doshi-Velez et al.,2017)。

换言之,可解释性是给出解释的能力,即智能系统能够报告和解释自己的行动和决定。人们愿意信任自主系统的关键在于,该系统能够依靠一个安全、可靠的设计过程来解释和报告系统是如何工作的。

通过公开决策背后的逻辑,解释可以用来防止技术误用、滥用,促进信任。不过反对的意见认为,这样会侵犯知识产权,扼杀创新;可能会迫使商业机密被披露,降低企业的竞争力;甚至将以牺牲系统准确性或其他性能目标为代价。这就提出了一些棘手的问题:是不是所有应用场景都需要解释?这样只会带来信息冗余以及人力、物力资源的浪费。此外,一个解释可能会掩盖比它所揭示的更多的信息,人类为决策提供事后的理论依据常常是不准确的,而且即使一个解释是准确的,我们也不能确保它将以一种对社会负责的方式被系统应用。所以到底什么时候需要解释?如何确保其效用大于生产成本呢?来自哈佛大学的菲纳利·多希-维莱兹(Finale Doshi-Velez)等学者提出,必须同时满足以下三种情况时,才需要机器给出解释:一是这个决定必须以一种对其他人而不是决策者产生影响的方式来执行;二是知道决策是否错误是有价值的,对人类有用的;三是有理由相信在决策过程中发生了或将会发生错误(Doshi-Velez et al.,2017)。

这里面其实还漏了一点,就是监管层面的需要。即便一个算法决策可能只对决策者产生影响,但出于监督管理方面的考虑,算法还是需要提供一定的可解释性。

至于解释的边界,就需要公众理性地针对具体领域进行讨论。智能媒体解释的边界衡量标准与新闻价值密切相关。新闻价值推崇时效性、重要性、显著性、接近性、趣味性和真实客观等,为了体现这些价值观,智能媒体需要给出其收集、生产与传播相关信息的理由。

就目前而言,人工智能系统可以而且应该被视为与人类当前的解释标准相似,未来则可以尝试为人工智能设定不同的标准(Doshi-Velez et al.,2017)。

② 人际互动式解释

此处的人际互动指的是智能媒体的多对多传播,兼具一对一人际传播与一对多大众传播的特性。

由于算法黑箱属性、接收者的知识储备、认知惰性等主客观原因,单纯靠智能系统的可解释性并不能确保公众对系统的了解。智能系统的可解释性只是一种工具性功能,如何用好它关键还在于人。换言之,生产商、运营商等可以使用机器可解释性功能来回答各方提出的诸多问题,但单凭来自机器层面的可解释性是不够的,还需要借助许多其他手段,这就涉及传播效果论。当解释的主体是机器时,还有多少人愿意相信机器这一点很难说。但当解释的主体变成可以发挥舆论领袖作用或者有一定权威性、知名度的人类时,对于解释的传播接收效果会更好。

显然,想要解释的效用最大化,对提供解释的主体有几个要求:机构或个人在某领域应具有一定的权威性、专业性;受过良好的教育,有较高的科学素养以及足够的知识储备;愿意通过各种尝试来推进人们对算法的理解。解释的接收端也应培养以下三个品质:一是算法素养,对于一个根本不在意算法工作原理的人提供可解释性是无意义的,甚至会被视为一种垃圾信息;二是媒介素养,对于算法与人工智能技术的利弊有着一定的认知,能够意识到智能媒体可能引发的算法权力、侵犯个人隐私等问题;三是参与意识,对于算法解释能够提供一定的反馈,助力解释的升级完善。

3. 责任委托与责任分摊

智能媒体涉及太多利益相关者,该如何进行责任分摊呢?无论是采用集体责任,还是分布式责任,其根本的突破点还在于算法开发公司。其不仅要对算法性能的可靠性负责,还要对算法决策中谁做什么负责,并设计出个人与机构在算法决策中分别扮演的角色。这是因为:第一,既然算法对决策负有主要责任,那么开发人员就应该承担责任,即需要对算法产生的伦理问题负责,即使它们是按照预先设定好的程序运行的。算法复杂性、算法黑箱之类的辩护并不能免除公司的责任。第二,设计公司能够胜任该项工作。它们对设计决策非常了解,并且有能力将算法决策的角色和责任分配写入算法。鉴于专业门槛的限制,开发人员是所有利益相关群体中最有能力在算法设计过程中做出改变的人,有时甚至是唯一能够改变算法的人。法国学者玛德琳·阿克里奇(Madeleine Akrich)认为,技术的设计是技术在一个由人和非人行动者共同构成的网络中如何运行的投影。例如,设计汽车时,要考虑驾驶者类型、道路构造、乘客数量和他们的行为方式、道路上其他车辆的大小等因素。创新者的很大一部分工作是将这种对世界的愿景(或预测)嵌入新产品的技术内容中。这项工作的最终成果称为脚本(script)或场景(Martin,2019)。这个过程中出现了责任委托现象。拉图尔提出,安全气囊、安全带、驾驶员和喇叭组成的系统能够在发生撞车事故时,确保驾驶员的安全。如果想知道一个非人类行动者能够做些什么,简单地想象一下,假设这个角色不存在,那么人类或其他非人类会做些什么(Latour,1992)[150-157]。把司机的安全委托给技术,设计者减轻了个人必须承担的责任。换言之,设计人员在创建算法时能够决定人与算法之间的角色和责任分配,从而厘清并简化责任链。第三,当开发算法的公司出于特定目的出售算法给客户时,就产生了一种义务(Martin,2019)。例如,为传媒机构研发智能媒体的任务,使生产商有义务了解传媒机构应遵循的伦理准则。

关于责任如何在各利益相关者之间分配,算法开发公司只是处在执行者的位置上,并不是决策者,整套机制还需要社会公众共同参与,并在相关政府权威机构的主导下,根据具体国情和使用情境进行研究设定。

5.2.3 实践治理路径

5.2.3.1 设计阶段

设计阶段指的是将伦理原则转化为规则性约束的过程。该过程涉及设计原则与路径的选择,以及责任分摊原则的嵌入。

1. 设计原则总体框架

在设计原则方面,目前较通用的是弗洛里迪提出的 AI 赋能社会设计七大原则,分别是可证伪性与增量部署、防止预测者操纵、接收者情境化(receiver-contextualised)干预、情境化解释与目的透明、保障隐私及当事人知情同意、情境公平性、友好型语义化。这七大原则通常相互交缠且具有同等重要性。

可证伪性与增量部署原则。该原则是一种验证与测试技术的行为。例如,我们无法确定一个给定的应用程序是否有效,除非能够在所有可能的情境中对该程序进行测试,这就是证伪,借此来判断该程序什么时候性能稳定。之后是增量部署。开发者需要确保应用程序关键的假设是可证伪的,如果这些假设在小范围环境中没有被证伪,便可以扩大范围,然后再根据具体情况停止测试或继续扩大部署范围。可证伪性与增量部署的实质是在从实验室到"外部世界"的渐进步骤中测试产品的性能。智能媒体在正式推出前,也需要在一定范围、情境中进行测试,再进一步扩大应用范围。例如,微软的聊天机器人Tay,在实验室中并未出现运行异常情况,但被投入使用后,在与用户的互动中学会了满嘴脏话,言论偏激,以至于微软不得不在该产品上线没几天后就将其撤回。在反复测试、评估、验证,以及接收用户反馈的过程中,设计师能够考虑到更多的状况,找寻解决办法,不断改进产品性能。

防止预测者操纵原则。当下对人工智能产品有两个最基本的担忧:对输入数据的操纵和对非因果性指标的过度依赖。古德哈特定律(Goodhart's Law)发现,"当一项措施成为目标时,它就不再是一项好措施"。也就是说,一旦一些利益相关方介入,篡改训练智能媒体的数据,则会导致其信息失真,轻则误导用户,重则影响社会的公平、公正。

接受者情境化干预原则。智能人工物只能以尊重用户自主权的方式介入用户的生活,必须在过度干预与完全不干预之间寻求一种平衡。例如,算法新闻推荐系统的设计,除了对于媒体机构利益的考量,还需要结合用户个性特点,使其有权调整针对自己的新闻推荐类型。

情境化解释与目的透明原则。程序设计应使系统的操作和结果可解释,并使其目的透明。使人工智能系统可解释是算法问责伦理原则的重要组成部分,设计者可以通过多种方式在具体情境中增加决策系统的可解释性。提高透明度,同样会增加用户对智能媒体系统的接受度,从而提升使用率。

保障隐私及当事人知情同意原则。个人隐私作为一项基本权利,构成了世界各国立法的基础。然而,以智能媒体为代表的智能人工物的普遍应用对用户隐私保护提出严峻挑战,应对隐私保护困境,设定知情同意显得尤为重要。

最后,将情境公平性原则与友好型语义化原则一起介绍。AI开发者通常依赖于数据,这些数据可能带有偏见,继而影响到算法决策,违反公正原则。例如,输入有偏见的数据,会输出具有歧视性的算法决策,而这些决定会反馈给原来数据集,导致其更加有偏见,从而形成一个恶性循环。因而设计师必须净化用于训练智能媒体的数据集,从相关数据集中删除与结果无关的变量和代理。智能媒体软件定义语义需要遵守以人为中心的语义化原则,允许人们针对某事物进行语义化,即赋予其意义并使其有意义(Floridi et al.,2020)。

2. 混合式设计进路

在上述设计原则的指导下,在智能媒体中依据价值敏感设计方法论,嵌入伦理原则。目前主要有三种方法。

一是自上而下的方法。该方法是"从一般到个别",假定一套给定的伦理理论,并将其应用到具体场景中。

二是自下而上的方法。该方法是"从个别到一般",通过观察、收集具体情境中行为人足够多的关于伦理决策及结果的数据,基于此得出一般性的结论,开发模型。认知科学家马勒·伯特伦(Malle Bertram)表示,机器人应该嵌入一个能够"持续学习和改进"的机制,它们需要学习伦理规范,就像小孩子一样,从而获得进行伦理反思的能力。

第一种方法预设在伦理上被接受的东西在社会上也可以被接受。第二种方法则相反,预设被社会接受的东西在伦理上也是可以接受的。然而,问题在于,社会可接受与伦理可接受并不具有必然的关联,有些立场可能伦理上不能够被接受,但在社会层面可接受;有些立场可能事实上并没有被接受,但从伦理的角度来看,是完全可以接受的。社会可接受和伦理可接受的区别在于,前者是经验事实,而后者是一种伦理判断。

目前比较通用的做法,即第三种方法是采用将自下而上和自上而下方法结合起来的混合路径,因为无论是通过编程方式的自上而下的进路,还是基于具体情境的自下而上的进路,都不足以实现较为科学的伦理决策。采取混合式进路的好处在于,能够确保人工智能系统的伦理推理不仅是合规的,而且是为社会所接受的(Dignum,2019)[71-81]。

5.2.3.2 部署、使用阶段

1. 技术内在治理路径

技术治理路径,顾名思义,指的是用技术解决技术应用过程中的各种伦理问题(Dignum,2019)[94-102]。在智能媒体具体场景中,应用如下:

如第3章所述,大数据是智能媒体的生产要素,诸多伦理问题来自数据质量和数据脱离原有语境等问题。因而在具体实践中,应确保智能媒体在不同应用场景中所使用的数据具有准确性、典型性与代表性。

生产方应在确保智能媒体性能的基础之上,设定产品日志、产品说明和人机互动界面。

产品日志类似航空业中的飞行数据记录仪(Flight Data Recorder,FDR),一旦飞机失事,调查人员可以从FDR上寻找事故的起因。同样,智能媒体产品日志须详细记录所有版本的代码、算法,以及相关训练数据库,并使用适当的加密技术来防止伪造,或对数据进行的恶意篡改(Shneiderman,2020)。

产品说明详细列出智能媒体的优缺点,以及导致智能媒体功能失灵的可能性原因与应对方法。虽然在具体应用场景中,导致智能媒体偏离正常运行轨道的原因相当复杂,但产品说明书在一定程度上还是能够发挥一定的说明与指导作用的。

可解释的用户界面。侧重以人为中心,通过提供算法可解释性,使用户花更少的时间就能充分理解智能产品;通过提供更多可选择性操作,调动用户主观能动性,积极探索智能产品的各种功能,从而提高用户对智能媒体生产的内容和智能推送的信息的满意度。可解释的用户界面设计在尊重用户自主权的基础之上优化了算法个性化服务(Shneiderman,2020)。

2. 媒介生态学与价值敏感设计相结合的治理路径

媒介生态学是研究不同传播媒介、技术和社会、文化等之间的关系。1968年,尼尔·波兹曼(Neil Postman)最先提出"媒体环境的研究"一词。他在《技术垄断:文明向技术投降》一书中写道:我们被机器的奇妙效应所包围,从而对技术所承载的意识形态视而不见。媒介生态学家致力于批判性地分析媒介所携带的意识形态偏见,旨在揭示和理解传播媒介的形式和固有偏见如何共同作用,以及对环境产生的影响,探究人类在使用媒介时所扮演的角色,以及媒介塑造世界的方式。该思潮的代表性人物有哈罗德·英尼斯(Harold Innis)、刘易斯·芒福德(Lewis Mumford)、伊丽莎白·爱森斯坦(Elizabeth Eisenstein)、马歇尔·麦克卢汉、尼尔·波兹曼、保罗·莱文森等。这些学者均认为媒介和信息技术并不是中立的,而是有偏见的,它们倾向于推广某些意识形态,而模糊其他意识形态。"不同的媒介会引发不同的认识论偏见。"哈罗德·英尼斯在《传播的偏向》一书中提出,传播媒介具有不同的时间和空间上的偏向。麦克卢汉提出"媒介即信息"。克里斯汀·奈斯特罗姆(Christine Nystrom)认为,由于编码信息的符号形式的可及性,不同的媒介承载一定的政治偏见与社会偏见(Zimmer,2005)。

媒介生态学旨在揭示媒介技术的形式和偏见如何影响我们的日常生活,推崇的是技术决定论,即假定社会、经济和文化发展等在很大程度上是由技术决定的。

梅里特·斯密斯(Merritt Smith)在前人研究的基础上区分了技术决定

论的两个层次——硬决定论和软决定论。前者认为技术是社会变革的唯一原因,发明者在技术人工物中嵌入个人偏见,并使之成为技术的一部分;后者则将技术置于复杂的社会、经济、政治和文化大背景中。此种思潮催生了外生技术理论(The Exogenous Theory),该理论认为,外部社会力量在很大程度上决定了技术的设计、部署和使用。技术人工物的价值承载并不是由发明者嵌入技术中的,而是社会塑造的结果,这一过程往往是设计师无法控制的。这一理论类似于社会建构论,后者认为技术是由不同社会群体之间的战略谈判过程建构的。总的来说,外生技术理论的观点是:社会创造、塑造和决定技术的设计、使用和价值承载。受到外生理论的启发,有学者提出互动理论(The Interactional Theory),该理论认为,一项技术的特征和价值承载在一定程度上是原始设计和社会力量共同作用的结果。外生技术理论揭示了不同社会群体之间的互动如何影响一项技术的发展,其专注于一项技术从无到有的形成过程,是一个闭环。互动理论则认为,技术很少达到这种封闭状态。技术可能是为特定的用途而设计的,但它会随着时间的推移,通过与人之间的交互而不断迭代。互联网的发展史就是一例。互联网的前身是美国国防部在20世纪60年代资助的高级研究计划局网络(ARPANET)项目——阿帕网,最初主要用于军事用途。然而,随着网络规模不断扩大,越来越多的人参与其中,阿帕网通过与不同类型的用户不断交互,从而从军事方面转向最大限度地实现人与人之间的沟通交流。媒介生态学研究学派最初奉行的主要观点是技术决定论。不过随着研究的推进,部分人员开始转向互动理论。例如,爱森斯坦提出了媒体技术和社会变革相互影响的观点,认为媒介技术与人的互动才是媒介生态的主体,而不是技术本身。媒介生态本身就是人际关系的产物(Zimmer,2005)。

价值敏感设计建立在技术承载价值的前提下,包括概念调查、经验调查和技术调查,旨在在整个设计过程中不断平衡直接和间接利益相关者群体的价值。它通过设计影响技术的发展路向,拥有前设、互动、迭代和关涉利益相关者等特征(刘宝杰,2015)。

价值敏感设计的指导思想是技术既能塑造社会,又受社会因素的影响,因此，在复杂的社会技术系统中，设计技术人工物应充分考虑人类和技术之间的相互作用。

价值敏感设计中的概念调研聚焦在人类价值观是如何被特定的设计支持或削弱的。例如，在设计一个监测公民使用互联网和电子邮件的系统时，需要首要考虑隐私保护和知情同意原则。之后是经验调查，侧重于定量和定性测量，从技术和价值评估方面来评估设计，调查设计如何影响人的感知、行为和竞争性价值的优先级排序等。在技术检视阶段，对技术进行分析，以评估它们是如何支持特定的价值的。价值敏感设计具有以下特点：首先，价值敏感设计是积极主动地影响设计。媒介生态学倾向于回顾和评价历史上或当前的媒介技术，而价值敏感设计倾向于影响未来的媒介和信息技术；其次，价值敏感设计扩大了技术偏见的研究范围，将道德和伦理偏见纳入其中；最后，价值敏感设计支持互动理论。技术的价值承载取决于技术的实际使用，以及与它互动的人对其的使用方式和所持有的偏见。例如，一支钢笔适合做笔记，但它也可以被用作书签、武器，甚至是开锁工具，通过与不同用户群体的互动，钢笔的价值承载发生了变化。价值敏感设计关注两类利益相关者——直接和间接的，将不同的用户群体纳入其中。直接利益相关者是指与技术系统产生直接互动的个人或组织。间接利益相关者是指受到系统使用或存在影响的所有其他各方。价值敏感设计努力给予间接利益相关者特别的关注，虽然这些人在设计过程中经常被忽视，但他们仍然是重要的存在。迈克尔·齐默（Michael Zimmer）提出，将价值敏感设计理论与媒介生态学研究路径相结合，将丰富和促进对传媒伦理的研究，有利于传播媒介的治理（Zimmer，2005）。

近年来，该种尝试越来越多。例如，人机交互社区致力于研究、设计支持人类价值的计算机系统和用户界面。

媒介生态学与价值敏感设计相结合的治理路径强调系统性与前瞻性，这一点与责任伦理的核心诉求不谋而合。该路径有助于从整体视角与未来视角对智能媒体进行伦理治理，弥补了现有伦理规约体系的不足。

尼古拉斯·迪亚科普洛斯（Nicholas Diakopoulos）提出，人类创造出来的技术一般都负载人类价值,设计者可以将特定的新闻价值观和伦理道德嵌入智能媒体中,使其更符合人们对其的职业期待。设计师和操作者在智能媒体的负责任使用中扮演着举足轻重的角色。他们对算法如何参数化、默认值选择、其所承载的核心价值观能够做出关键性选择。例如,对于美联社来说,文本模板和片段反映了该机构基于一定的新闻价值观对新闻体裁、风格、用词等进行设定。换言之,在智能媒体的负责任使用方面,基于媒介生态学视角,使用价值敏感设计,为传媒机构提供了一个战略性机遇,即它们有能力将自己的组织定位和价值观嵌入技术中,主动性建构新闻生产传播流程(Diakopoulos,2019)[9]。

3. 实践转向——算法问责报道

在传媒领域,近年来,西方的一些新闻机构及其从业者开始从利用算法进行报道转向聚焦算法本身,目的是阐明算法权力结构,并描绘算法运行过程中的错误与偏见以及随之而来的社会影响,这种报道类型被称为"算法问责报道"(algorithmic accountability reporting)(Diakopoulos,2019)。

算法问责报道是算法问责在新闻领域的实践与应用,是传媒业在人工智能时代对其传统监督与问责职能的重新定位。它破除了计算新闻的工具导向,直接关注算法,与行政监管、机构审计等问责途径一起,共同建构了一个算法问责大矩阵。

计算新闻从萌芽到壮大,从边缘到主流,大致可以分为五个发展阶段,分别是孕育期、形成期、发展期、兴盛期与转折期。

(1) 孕育期

计算新闻的雏形在计算机出现之前就已经存在,其特点是使用数字或分类表述的方式来传播新闻,最早的实践可以追溯到英国1821年5月5日出版的第一版《曼彻斯特卫报》和1848年12月22日出版的《纽约论坛报》。新闻编辑室对新闻所涉及的人、事物、概念、事件和地点进行分类,制作手工索引卡片系统,以此进行报道与编辑。

(2) 形成期

20世纪40年代,西方传媒业开始使用数字计算机进行自动化计算,现代意义上的计算新闻逐渐形成。例如,1952年,CBS使用计算机预测总统大选的结果;20世纪60年代,《底特律自由报》和《迈阿密先驱报》先后刊发了基于计算分析而撰写的新闻故事。此后,各种用于收集或分析新闻资料的计算实践应运而生,被统称为"计算机辅助报道"(Computer Assisted Reporting,CAR),该阶段记者在传统新闻的框架内采用计算的方法来解决具体的实际问题。

(3) 发展期

20世纪90年代中期,随着互联网技术的发展,计算新闻不再仅仅被当作一种对新闻业有用的工具集合,而是被当作一种可能的手段,新闻业可以利用它在网络信息生态系统中保持影响力和经济的可持续性增长。在这种背景下,大型新闻编辑室中的计算新闻开始出现专业化趋势,这集中反映在新职位和部门名称、数字设备预算的增加等多个方面。

(4) 兴盛期

20世纪末,数据新闻、自动化新闻、传感器新闻、结构化新闻、会话新闻(如聊天机器人)等计算新闻新变体开始出现。它们均以数据与算法为基础,试图探索新的新闻报道样式。

(5) 转折期

算法在促进新闻实践的同时,其自身引发的诸多问题也开始被关注。2016年,美国的一家以调查性新闻见长的非营利性新闻网站——ProPublica推出"机器偏见"(Machine Bias)系列报道,内容涉及调查揭露刑事风险评估算法中的种族偏见、电子商务网站的价格歧视、在线评级系统的不公正,以及社会推荐系统的隐私影响等,在西方引起了强烈的社会反响,这标志着计算新闻开始出现重大转向,算法问责报道逐渐兴盛起来(Caswell,Anderson,2019)。

计算新闻最初被认为是计算机技术在传媒业中的应用,使新闻从业人员能够完成信息收集、组织、故事讲述和传播等任务(Diakopoulos,2010),

并能从事与数据驱动调查相关的活动。计算新闻通常具有工具导向（tool-oriented）特征（Lewis，Usher，2013），主要侧重研究社交媒体等应用领域新工具和技术的发展。计算新闻权威尼古拉斯·迪亚科普洛斯认为："计算新闻是运用认同新闻价值理念的算法进行信息和知识生产，以及关于算法的报道。"（彭增军，2019）这是目前关于计算新闻较通行的定义。

算法问责报道作为计算新闻的一个新分支，颠覆了传统计算新闻的工具导向，从借助算法进行报道转向将算法作为新闻研究的直接对象，试图阐明算法权力结构、偏见以及社会影响。算法问责的核心是描述、解释，甚至为算法决策的行为提供理由，特别是在算法出现错误或异常的情况下。算法问责报道是算法问责在新闻传播场景中的应用。作为一种独立的新闻报道样态，它通过关注具有公共价值与社会意义的算法运作，助力公共问责。进行算法问责报道基于这样一个前提，即算法是人类创造之物，人应该对其负责。它将算法理解为社会技术组合，即它不仅包括软件、模型和数据等技术组件，还包括无数的动态实践以及利益相关者与系统之间的关系。此外，由于报道对象的特殊性，进行算法问责报道的主体需要有一定的算法知识储备与新闻敏感性，因而主要为专业新闻从业人员，其中也包括小部分社会公众。算法问责报道主要关注具有新闻价值的算法。西方新闻界认为新闻价值包括新奇或古怪、冲突或争议、兴趣、重要性、影响或后果、轰动效应、及时性和接近性。算法是否具有新闻价值，取决于它是否做了一个"糟糕"的决定，如算法做了不该做的事情，以及没有做应该做的事情，关键考量就是公共重要性问题和错误决定产生的后果。迪亚科普洛斯提出，具有新闻价值的算法主要分为算法歧视和不公平、不准确的预测和分类、违反法律或社会规范，以及算法滥用四大类型（Diakopoulos，2019）[178-192]。

鉴于算法的黑箱特性与复杂性，没有一种方法可以理解和揭示算法决策是如何运用的。有些需要利用社会科学审计技术的方法，而另一些则得益于准民族志方法，或者从现象学上个人的使用与体验来理解算法反应，还有的需要通过传统的新闻来源寻找受影响的个人或相关政府文件。一般来说，算法问责报道常用的方法与手段有以下四种。一是逆向工程（reverse engineering)。逆向工程指的是通过严格的审查,利用领域知识、观察和推论来阐明系统运行机制的过程,旨在揭示系统工作模型及原理。它是从人造事物中提取知识或设计蓝图的过程(刘伟军,孙玉文,2008)[III]。逆向工程方法可以揭示算法的具体细节,以及这些技术系统如何发挥作用以达成某些决策的机制。二是审计技术。三是现象学方法(该方法很常见,如记者通过在社交平台亲身体验,发现算法的某些关键弱点)。四是检查代码(Diakopoulos,2015)。

算法问责报道可以增强算法可靠性和促进社会大众的积极参与,值得中国传媒从业者借鉴,但在实际开展过程中,也面临着来自技术、人才、法律、伦理等方面的诸多挑战。面对各种挑战,为促进算法问责报道规模化、体系化需要做出以下努力:

第一,克服技术障碍,通过多种渠道获取算法相关信息。

第二,尝试组建包括精通计算的记者与精通技术的计算机科学家的团队。在这方面美联社是先行者,技术和非技术领域专业知识的结合促使了算法问责报道的进一步深入。此外,技术的发展对新闻记者提出了更高的要求。未来的记者需要是多面手,能够利用算法工作,并对算法可能产生的错误敏感,甚至精通审计与逆向工程算法。

第三,学界呼吁适度的法律干预,以确保研究人员和社会活动家能够在不承担法律责任的情况下应用和改进算法问责报道的方法;制定法定豁免权,使研究人员免于对他们在算法问责调查过程中故意的但最小的违法行为负责(Diakopoulos,2019)[178-205]。

第四,针对伦理方面的挑战,普遍的做法是借鉴人工智能领域的算法透明度实践和在其他领域中被广泛使用的透明度政策,以此来推测算法问责报道中某类算法透明化程度。

第6章
国际智能媒体的现状与发展态势

通过对路透社研究院与牛津大学联合发布的《新闻、媒体和技术趋势与预测》(2020年、2021年、2022年)、《数字媒体趋势》(2020年、2021年、2022年)、《变化中的新闻编辑部》(2020年、2021年)等多份深度调查报告的文献梳理与国际知名传媒机构网站的跟踪观察,发现国际智能媒体发展现状与态势集中表现在产业生态与政策战略两个方面。

6.1 产业生态

6.1.1 机遇——传媒产业形成良性生态

6.1.1.1 传媒产业发展前景向好,掀起兼并收购浪潮

路透社研究院与牛津大学在2022年初针对52个国家和地区的246位在传统或数字传媒机构担任高级职位的从业者进行了一项在线问卷调查。调查显示,超过半数(59%)的从业者表示,其所在媒体的总体收入有所增长,73%的传媒机构表示对未来一年持乐观态度(Newman,2022)。

传媒机构趋向半虚拟化运营,如疫情使居家办公、线上办公成为常态。

路透社研究院预测,将会有更多的传媒机构完全关闭办公室,或至少朝着这个方向迈进。例如,创办于 2012 年的 Quartz 网站宣布,它将成为一家"完全分布式的公司",在全世界各地雇佣工作人员。与此同时,英国区域性传媒机构 Reach 已经关闭了 75% 的办公室,将员工转变为远程工作者;而另一家传媒机构 Archant 在 2022 年 3 月关闭了三分之二的办公室,称在家办公现在是大多数员工的首选。还保留实体工作区的传媒机构则提倡远程办公,并将部分区域开辟出来,用于与粉丝的互动。

如今,人们逐渐转向并适应数字化虚拟生活,传媒机构意识到,想要在新形势下获得一定的生存空间,必须与用户建立数字关系,因而他们比以往更加注重数字化转型。传统媒体纷纷加速推出电子化格式,部分报纸甚至彻底放弃纸质版印刷,全部转战线上。以 BBC 为例,BBC 大胆提出打造数字优先的公共服务媒体组织,对内容和服务进行大刀阔斧式改革,包括关闭线性服务。BBC 将每年投资 5 亿英镑,实现机构向数字主导型企业的转变,并追加 3 亿英镑,提升内容质量与产品开发,停播影响力较小的线性频道,如儿童频道(CBBC)和侧重艺术和文化领域的 BBC 第四频道。

经过"断臂求生"与发展新业务等一系列努力,国际传媒机构的收入整体开始呈现上升趋势,主要体现在四个方面:一是用户已经习惯数字化生活,带动了订阅量强劲增长;二是电子商务活动带来客观利润;三是从技术平台获得部分授权收入;四是数字广告强势反弹。数据显示,受疫情影响,数字广告在 2021 年实现前所未有的增长(同比增长 30%),目前占所有广告支出的约三分之二(64%)(Newman,2022)。

虽然国际传媒业整体一片向好,但是没有及时进行数字化、智能化转型的媒体生存前景依然堪忧。此外,包括美国和英国在内的一些国家的新闻消费总量大幅下降。专家认为,产生该种现象的原因在于,疫情期间人们不愿意再接收更多的负面新闻,同时部分公众开始将更多时间花在游戏娱乐等其他项目上。为了挽回用户,建设性新闻与解释性新闻再次兴起。建设性新闻一改西方传统新闻理念,从正面积极的角度切入事件,而非专注负面报道。瑞典电视台甚至明确要求在晚间黄金时段推出至少一个建设性节目。解释性新闻则更偏重用数字说话,用不偏不倚的客观方式来呈现新闻事件,在该方面有着突出表现的是 BBC。

为了保持核心竞争力,赢得更大的市场份额,传媒业掀起一股并购浪潮。首先数字原生代企业开启大规模收购。BuzzFeed 创始人乔纳·佩雷蒂(Jonah Perreti)一直主张,数字传媒机构之间应该进行资源整合,以一定的规模优势对抗 Facebook 和谷歌的霸主地位,加大对广告主的议价权。美版今日头条 BuzzFeed 成立于 2006 年,一开始只是共享各种新奇内容,靠吸引眼球的标题党和病毒式传播吸引了一批年轻用户,随着知名度的打开,2011 年 BuzzFeed 成立了专门的新闻部门,开始追求原创内容与品质。其成功模式是精准定位年轻用户,充分利用短视频与原创内容等吸引流量,扩大传播阵地。2020 年,BuzzFeed 收购了《赫芬顿邮报》(The Huffington Post);2021 年 12 月完成了上市;随后,BuzzFeed 收购娱乐公司 Complex Networks,该公司涉足街头服饰、时尚、食品、音乐、运动鞋和体育等领域。通过兼并收购,BuzzFeed 的业务范围得到极大拓展,形成三足鼎立之势:针对年轻群体的 Complex Networks,专业新闻编辑室——BuzzFeed News 和 HuffPost(获得过普利策奖),以及娱乐板块 BuzzFeed Entertainment。

数字媒体 Vice、Vox Media 和 Bustle 也纷纷主动出击收购。2019 年,Vox Media 收购了《纽约杂志》及其网站,以及传媒集团 Group Nine Media (拥有新闻出版商 NowThis 和美国数字化女性生活方式品牌 PopSugar 等)。同年,加拿大数字媒体集团 Vice Media LLC 收购针对当代女性受众引领潮流的生活方式的媒体,美版小红书 Refinery29。美国女性新闻网站 Bustle,2017 年收购《每日邮报》旗下娱乐新闻平台 Elite Daily,2018 年兼并博客网站 Gawker、出版商 Mic 和时尚生活媒体品牌 The Zoe Report,2019 年收购科技/文化网站 the Outline。Bustle 已打造出一个超级媒体帝国,其中包括 Input(聚焦体育)、高端数字媒体 Inverse(针对男性)、网站 Mic(定位年轻用户)、Romper(服务对象为新手妈妈)等。通过不停地兼并收购,"大鱼吃小鱼",数字媒体公司扩大了涉足领域、辐射范围,获得了多样化用户群体,加快了业务转型升级,实现了更快的盈利。

与此同时传统传媒机构也通过收购相关品牌来扩大自身的服务范围，增加会员订阅包的"含金量"，以便为更多的用户提供更高质量、多样化的服务。德国的 Axel Springer（阿克塞尔·施普林格）是欧洲数一数二的出版公司，拥有众多媒体品牌，业务遍及40多个国家。2021年，Axel Springer以8.44亿英镑价格收购金融时报集团，又以10亿美元左右的价格收购了美国知名政治新闻网站 Politico。2022年，《纽约时报》以5.5亿美元左右的价格收购体育网站 the Athletic。该网站在多个体育细分市场进行过深度报道，订阅用户数量超过100万。

6.1.1.2　创作者经济方兴未艾，人才争夺战打响

近年来，在以人工智能技术为代表的智能技术集群的加持下，自媒体迅速成长至足以与传统传媒机构相抗衡。以美版微信公众号 Substack 为代表的新兴科技平台为自媒体人士提供了便利的平台。传统的传媒从业者纷纷转向其中，提供高质量的稿件，获得一定量粉丝的喜爱，通过在线付费分成的方式赚取丰厚的收入（Newman，2022）。

2021年11月，Substack 宣布平台上的付费订阅总量已经超过了100万，其中顶级大V从该平台上获得了上百万的收入。Substack 2017年成立，总部位于旧金山，公众可以注册登录该平台，撰写并发布新闻信（通过电子邮件传输的信息），设置订阅功能，通过关注者付费获得收入。Substack 之所以受到青睐是因为创作者可以通过简单操作，设立自己的品牌账号，并迅速吸引一批读者，通过付费订阅实现盈利。此外，Substack 支持免费试读功能，用户在做出订阅决定之前，可以先充分了解各号的内容质量与风格是否符合自己的口味与审美，此番操作能够帮助作者获得一批忠实的粉丝。

Facebook 和 Twitter 也推出了 Substack 的相似版本，并加入一系列其他功能来激励创作者。例如，Twitter 在2021年9月推出了超级关注订阅功能（think bonus tweets）；Facebook 引入了粉丝订阅和明星机制，这两种机制均为最受欢迎的内容作者提供奖励（Newman，2022）。与此同时，播客

平台也在免费服务的基础上提供类似的订阅或打赏服务,科技公司通过多种方式极大调动了自媒体创业者的热情,"创作者经济"方兴未艾(Newman,2022)。

  Puck 是由前《名利场》编辑乔恩·凯利(Jon Kelly)创立的初创公司,招揽了一批资深传媒从业者,专门聚焦硅谷、好莱坞、华盛顿、华尔街几个方面进行深度报道。Puck 的产品有新闻信与博客,用户缴纳不同年费将获得不同的服务。例如,普通会员每年的费用为 100 美元,可以接收邮件新闻,并现场近距离接触顶级大 V,还能获得独家的博客内容,不受限访问 Puck 所有文章和档案,定期收到只有会员才能享有的礼品。超级会员每年的费用为 250 美元,除了享有普通会员所有的福利,还能够参加 Puck 的非正式电话会议,和自己喜欢的作者或工作人员直接沟通,参加 Puck 组织的其他各种聚会,在新闻产品尚未正式推出前拥有优先访问权,并且能够获得 Puck 联合各大品牌推出的纪念品等。Puck 的成功离不开其核心创作团队。其网站首页上的 10 位成员全部拥有在传媒机构的工作经历,并在不同的领域有着很深的造诣。Puck 的口号是"从新闻结束的地方开始",号召传媒创业者转型挖掘新闻背后的故事,探索新的商业模式。

  此外,随着自媒体群体的增长,部分网红的影响力甚至超过专业的传媒从业者,尤其是电子游戏领域。西班牙的 27 岁小伙伊瓦伊·拉诺斯(Ibai Llanos)在 Twitter、Instagram、YouTube 等平台上拥有超过 250 万的粉丝,2020 年时他在 Twitch(面向视频游戏的实时流媒体视频平台)世界高收入网红榜上排名前三,年收入超过 116 万欧元。2021 年,梅西转会巴黎圣日耳曼俱乐部当天,伊瓦伊·拉诺斯击败了专业记者,获得了第一个独家采访权。该次采访吸引了超过 30 万人观看。

  以 Substack 为代表的自媒体平台已经进入发展成熟期,早期进入者获得的红利最多,后来加入者则面临激烈的竞争。在这种形势下,主流媒体开始笼络一批成功试水自媒体的大 V,与其合作,作为增加其自身订阅量的一种方式,因此引发了一场人才抢夺大战。部分传统媒体的成功转型使得原本转向自媒体的内容创作者开始反向回流到传媒机构。例如,美国知名媒体人查理·沃泽尔(Charlie Warzel)早早借助 BuzzFeed 成为资深科技领域撰稿人,其关注虚假新闻和信息战,并在 Substack 上、播客领域有着亮眼的表现。随后,沃泽尔与《纽约时报》合作,成为观点版的自由撰稿人。《大西洋月刊》(The Atlantic)看中了沃泽尔的超高人气,高价签约他为其撰写时事通讯专栏《银河大脑》并与沃泽尔达成共识,凡是其粉丝,均可免费订阅一年的《大西洋月刊》,但一年之后需要付费。不过依靠名人效应带动订阅量的提升,此举是否具有长期可行性,还有待观察。

6.1.1.3　AIGC 等技术聚合式发展,加速传媒业自动化

人工智能技术消解了传媒业的传统边界,重构了新的实践场域。机器学习、深度学习、自然语言处理和自然语言生成等技术已经越来越多地嵌入传媒业的方方面面,形成了新生态新模式。

以自然语言处理和生成为例,2022 年底,人工智能非营利组织 OpenAI 推出 ChatGPT,该模型被称为"万能生成器",除了生成文章,还能写诗、回答问题、生成数学公式与代码等。2022 年,谷歌旗下的 AI 实验室 DeepMind 发表论文推出全新智能应用 Gato。Gato 能够执行 600 多项任务,包括聊天、写诗、玩游戏、为图像添加字幕等。此外,其他辅助性智能工具也越来越大众化。例如,自动转录工具有 Trint、Happy Scribe、Speech to Text,编辑神器 Echobox 能够分析网站内容和受众结构,并以此自动计算和决定推送文章的时间、标题与配图,这大大提高了新闻生产传播的质量与效率。Echobox 还能够实时监测社交网络上的热点消息,据此及时调整内容,让热点文章优先发布。人工智能技术还能够提供同样内容的不同展现版本——长文章、短文章、摘要、图片、长短视频与音频,大大满足了用户多样化需求。

传媒机构纷纷借助人工智能技术对现有工作流程进行优化,对业务进行升级。BBC 最新的 Modus 原型使用了两种不同的 NLP 方法来生成故事,自动为系统图库中的图片添加文字性说明,并已经在政治大选、健康、体育和商业等诸多领域进行了信息自动化生产与分发的相关尝试,取得了不

俗的反响。

《华尔街日报》使用人工智能撰写有关市场状况的例行报道。天空新闻（Sky News）使用人工智能从 PDF 和其他以前无法访问的格式中提取公共卫生数据，然后用这些数据不断更新其输出的网页和电视图像（Newman，2022）。《卫报》采用了一款智能纠错工具 Typerighter，该种技术与今日头条、百家号的功能相似，当作者表述不当或者出现错字时，系统会自动予以标记。该款应用大大提升了报纸的内容质量与记者的工作效率。《金融时报》设有 My FT 板块，允许用户根据自己的兴趣来订阅和关注相关板块，并根据算法预测热门话题进行精准推送，为用户提供更好的数字化体验。

2022 年，《环球邮报》（The Globe and Mail）人工智能自动化和优化平台的 Sophi.io 入围 INMA 2022 年全球媒体奖（Global Media Awards），新闻编辑部转型最佳创新类别决赛。该平台能够助力报刊实现自动印刷排版，并提高印刷效率。其与挪威区域性日报《Naviga》合作，创建了一种人工智能驱动的印刷系统。该系统算法能够根据特定新闻标准创建报纸页面，在几分钟内完成排版打印，人类编辑只需要对新闻按照特定标准进行排序。

部分传媒机构开始采用新一代的模块化内容管理系统，并且实现了对同行的平台输出，如《华盛顿邮报》的 Arc 内容管理平台。《华盛顿邮报》跨界技术研发，在智能化转型过程中有着较为成功的尝试，甚至被称为一家科技公司。除了较早使用 Bandito（多处理式内容测试工具），对同一篇新闻用不同风格来展现，根据用户的喜好生成不同的标题、内容、配图等，其最有影响力的是邮报推出的 Arc 内容管理平台。2013 年，为了解决报纸内容管理系统的混乱，《华盛顿邮报》技术团队研发了一个内容管理系统——PageBuilder。刚开始该款应用只是在内部试用，其性能不断得到完善，如规范工作流程、图片和视频编辑等。2014 年，《华盛顿邮报》将这一工具平台免费向包括耶鲁大学在内的十所高校学生报纸开放。2015 年，Arc 开始面向社会提供有偿服务。Arc 功能强大，覆盖内容生产、分发、反馈、订阅全流程，迅速得到一些经济实力较弱的传媒机构的支持，尤其是诸如《芝加哥论坛报》《洛杉矶时报》《纽约每日新闻》《波士顿环球报》等地方报纸和美国本土以外的传媒集团。借助 Arc，它们可以将更多的资金和精力投放在内容，而非技术研发上。Arc 成为《华盛顿邮报》除广告、订阅之外的第三大重要营收来源。

为了推动传媒机构及从业人员对人工智能技术的接受度，一些国际行业团体开始组织相关活动，进行案例、经验分享与技能培训。伦敦政治经济学院下属国际新闻智库 Polis 和谷歌联合推出的新闻业 AI(Journalism AI)项目。2021 年，双方共同举办了为期一周的人工智能记者节(Journalism AI Festival)活动。该活动吸引了来自全球的新闻机构参与。在第一届人工智能记者节上，BBC 新闻实验室就分享了其智能化操作系统的优势：使用谷歌 AI 模型对文章要点进行提炼，使用图形故事编辑器帮助记者快速将新闻文本改造为多种新闻形式，便于在不同平台分发。国际报业营销协会(the International Newspaper Marketing Association, INMA)也定期举办人工智能网络研讨会，传播 AI 知识，为初学者提供相关指导。

6.1.1.4 新模式涌现，数字音频、直播等备受青睐

数字音频市场蓬勃发展。近年来，智能手机、耳机，以及 Spotify、苹果、谷歌和亚马逊等科技公司对播客的投资，推动了数字音频消费的增长，其中主要类型包括音频文章、flash 简报和音频消息，以及社交音频等。路透社研究所发布的调查报告指出，音频能够提供比文本或视频更大的用户黏性和利润(音频制作成本较低)(Newman, 2022)。

传媒机构与平台型媒体都在积极布局音频市场，试图给用户提供更好的体验感。Clubhouse 是一款主打即时性的音频社交软件，诞生于 2020 年 3 月，被称为第一个"airpods 社交网络"，成立的极短时间内便俘获了大批粉丝，随后多个主要平台，如 Twitter(Space), Facebook (Live Audio Rooms), Reddit (Talk)等都迅速推出了克隆版本，允许消费者创建和编辑简短音频故事(Newman, 2022)，打造类似音频版的 TikTok。

主攻音频的 Tortoise Media(2018 年成立，通过一种更有思想、非即时

的方式思辨性报道新闻,以此打破当下人们短平快的新闻消费方式,带动了慢新闻的发展)推出的 Sweet Bobby 播客频道 2021 年在美国 Apple podcast 排行榜上排名第一。2020 年的调查显示,《纽约时报》从播客广告中赚了 3600 万美元。《纽约时报》计划在今年推出一款听力产品,内容包括 Audm 与 Serial Productions(这两家公司都被《纽约时报》于 2020 年收购)的产品,公共广播节目《美国生活》以及《每日新闻》(The Daily,热门播客,每月有超过 2000 万听众)下午版。Audm 成立于 2007 年,用户可以通过它获取由 BuzzFeed、《纽约客》(The New Yorker)、《连线》(Wired)以及《纽约时报》发表的故事的改编音频。Serial Productions 制作公司推出了现象级播客 Serial。Serial 在 2014 年走红于美国播客的兴起,作为芝加哥电台制作播出的一档叙事类播客节目,其主播柯尼希是一位资深记者,同时也是知名广播制作人。节目推出的首月下载量就突破 500 万,还在 2015 年获得有着广播界的普利策新闻奖之称的"皮博迪奖"。挪威希普斯泰德(Schibsted)出版集团继收购瑞典平台 PodMe 之后,也在北欧国家开发免费和付费的音频产品。希普斯泰德出版集团表示,包括播客、书籍和短音频现在是其核心战略。然而,还有一些公共广播公司持观望态度,它们不太愿意在科技平台上分享自己的独家内容,以防止用户流失至平台,为他人作嫁衣。

除了单独的音频程序,一些应用程序,甚至是约会网站也将其嵌入其中。2021 年,约会应用 Hinge 推出音频功能,使之成为照片与个人文字简介两种方式之外个人信息的有力补充,聊天界面用户还能够交换语音笔记。Hinge 的竞争对手 Bumble 和 Happn 等也随之推出与该款程序相似的应用。

付费播客平台的兴起离不开苹果与 Spotify 两大巨头的助推。2021 年,苹果首次开放播客订阅服务,用户完成订阅操作之后,便能享受到诸多福利,如免费收听特别节目、不受广告打扰、新节目抢先听到等。互联网音频刚诞生,乔布斯就明确表示支持。不过随着苹果手机的走俏,苹果逐渐忽略了音频,但是 Spotify 的成功让其再次看到音频市场的巨大商机。播客创作者想要在苹果上线付费音频内容,需要支付一定的费用,该公司也从订阅者的订阅费中抽成,第一年是 30％,逐步降至每年的 15％。当然,苹果之所以收取这么多佣金,是因为其提供了一个全流程服务平台,播客创作者不必自行管理会员服务、订阅源以及支付方式等相关问题。与苹果不同,Spotify 在头两年不收取提成,以此吸引更多优秀的人才加盟。Spotify 原本只聚焦音乐领域,但近年来尝试打造全球最优数字化音频超级平台,不只是音乐,它还涉足新闻、故事、有声读物等。Spotify 仿照 TikTok、YouTube 和 Instagram,利用人工智能算法为用户提供最具个性化的音频流。

为了与大平台竞争,新生代播客平台积极布局更加垂直的领域。以 Podimo 为例,Podimo 成立于 2019 年,是一家快速成长的音频娱乐和播客订阅平台,总部位于丹麦首都哥本哈根,在丹麦、挪威、德国和西班牙等国拥有 10 万多名付费用户,为其提供本土化音频服务。

数字音频的快速发展也带来了监管问题,如何借助智能技术对其进行监督管理成为当下的一个难题。

短视频与直播业态蓬勃发展。Facebook Live 早先推动过一波直播热。2016 年,Facebook 推出 Facebook Live 360,也就是 360 度全景视频直播。用户不仅可以看到 Facebook 直播的视频内容,还能够通过多种操作拥有 360 度全景视角。创刊于 1896 年的《每日邮报》是最早运用 Facebook Live 的媒体之一,2017 年就开始了进军直播,主题包括时尚、美食、每日新闻等。同年,视频直播已经成为天空新闻的支柱业务。尽管如此,视频直播早前并未在较大范围内掀起太大水花,直到疫情期间,才开始爆炸式发展,尤其是短视频,其中 TikTok 一枝独秀。TikTok 是字节跳动旗下海外短视频社交平台,于 2017 年 5 月上线。短短四年,2021 年 TikTok 就扩张到电视领域,并成为世界上访问量最大的互联网应用之一,月活用户达到 10 亿。TikTok 利用算法推荐用户喜欢的内容,深受欧美年轻人的喜爱。Facebook 和 YouTube 也相继推出了竞争性版本 Reels 和 Shorts,抢占短视频市场。

传媒机构纷纷进军短视频平台,抢夺资讯市场。以德国公共广播联盟为代表的大批欧洲媒体,开始纷纷尝试为 TikTok 和 Instagram 等第三方平台创建更多定制视频内容,一方面是从短视频市场分一杯羹,另一方面是为了夺回流失严重的被新的科技应用吸引走的年轻用户。2021年,西班牙数字原生媒体Ac2ality已经在TikTok上收获了数百万粉丝,用户黏性指标位居新闻媒体之首,但粉丝数量的榜首位置被英国媒体《每日邮报》取代。此外,TikTok上前30家最受欢迎的媒体名单中,德国媒体居多。

鉴于TikTok的视频属性,广播电视媒体具有先天优势。传媒机构进军TikTok,主要有三种做法:一是继续坚持新闻路线。通过提供高质量的新闻视频,获得粉丝的喜爱。《华盛顿邮报》属于较早一批进军TikTok的传媒机构之一,其一改往日严肃的路线,用年轻人能够接受并且喜欢的方式做新闻。《华盛顿邮报》不仅将自己的新闻资源发挥到极致,还根据时间节点策划重大事件,采访具有重大影响力的人物,通过短视频的方式为报纸引流。目前,其账户粉丝量已突破百万。二是走娱乐化路线。英国《每日邮报》就探索出了一条属于自己的路,它主攻娱乐,聚焦儿童、动物、明星等视频。虽然收获了大批粉丝,但是该种风格不利于为《每日邮报》引流。三是新闻与娱乐综合路线。大多数传媒机构选择了这种折中的方式。

短视频应用的快速发展也带来虚假新闻泛滥的问题。为了应对该现象,道琼斯(Dow Jones)和BBC的前任高管集结了一批年轻记者,创立了"新闻运动"(News Movement)公司。该公司主要通过文字、图片和视频等多种手段提供公正客观的信息,以反击虚假新闻。目前新闻运动已在诸如TikTok、Instagram、YouTube等多个社交平台上运营。

社交平台在线直播购物大受欢迎。随着Instagram、TikTok和Snap等成功试水电子商务,直播购物渐成气候,消费者在线消费模式已经从浏览传统购物网站转向社交媒体。为了提高用户的在线体验感,各大科技平台大力发展人工智能、VR/AR等技术,帮助用户虚拟试穿珠宝首饰和衣物等。

尴尬的是,传媒机构虽然能够凭借一定的公信力,在短时间内吸引众多粉丝关注,但是其不能随随便便像科技公司那样直播带货,否则将会降低公众对其的信任度。不过,传媒机构可以选择其他方式来变现,如CNN已经将其直播收费作为"CNN+"服务的一部分,其中包括独家点播节目。

6.1.1.5 实践路径创新,探索多元化盈利模式

《新闻、媒体和技术趋势与预测(2022年)》提出,传媒机构想要实现健康良性发展态势,需要拥有三四种不同的稳定收入来源(Newman,2022)。

订阅和会员模式发展成熟。该模式最早期实践是付费墙制度,即对在线内容设置收费门槛。1997年,《华尔街日报》宣布设立付费墙,成为美国乃至全世界在内容收费方面的先行者,并在之后的一年赢得20多万用户付费订阅。《华尔街日报》的成功引来诸多传媒机构的效仿。然而,由于并没有《华尔街日报》这样极具竞争力的稀缺内容,很多机构的内容付费尝试并不成功。例如,《纽约时报》和《洛杉矶时报》2005年尝试付费墙模式,却导致网站浏览量急剧下滑,从而直接影响到在线广告的收入,最终前者选择免费开放大部分内容,后者直接宣布终止付费墙。在大报率先进行尝试摸索出一定经验后,中小型报纸开始纷纷跟进。付费墙模式最早采用硬付费模式,即如果不付费,用户将完全无法浏览内容。但是随着手机应用越来越被大家接受,硬付费已经转向软付费,部分内容免费,部分内容需要付费,也即现在的会员模式。2019年以来,大多数传媒机构的订阅量持续增长,会员模式发展运作进入成熟期。2020年,《纽约时报》就宣布其第二季度的数字业务收入首次超过纸媒业务收入。该报刊目前拥有840万订户,其中760万是数字订户,2025年前有望达到1000万(Newman,2022)。

数字收入是传统报业转型实现可持续发展的有力探索。一些规模较小、读者收入可观的数字出版公司也获得了可观的利润,如西班牙的数字出版物"el diario"、马来西亚的"当今大马新闻网"、丹麦的在线杂志Zetland等,订阅模式成为其重点推进事项。以Zetland为例,该杂志在2019年就已经拥有超过1.4万名的丹麦语付费读者。Zetland推出的文章不含广告,主要聚焦民众关心的公共事件,探究争议性事件的解决方式。2016年,当其他媒体还在观望时,Zetland大胆决定,转型进军音频领域。2019年,该机构宣布,已经实现听新闻的用户远超过读新闻的群体。

除了大力发展订阅模式,BuzzFeed(美国的新闻聚合网站)和Vox(欧洲音乐品牌)等机构也正在寻求一些替代方案,探索多种盈利途径,如拓展广告、电子商务业务。例如,与一系列大品牌合作,进行事件营销,扩大规模与影响力。使用人工智能技术升级已有产品与服务,开发新产品,进军高端领域,通过降价与差别定价也来留住和吸引更多用户。《纽约时报》在填字游戏、烹饪应用程序、购物等方面已经成功试水,甚至把产品评论网站Wirecutter(向消费者发布购物指南)移到了收费墙后面,并且开始只向订阅用户提供以前由明星作家卡拉·斯威舍(Kara Swisher)撰写的免费文章。还有机构将付费播客和有声书进行捆绑销售,或是通过邮件建立定向发布渠道。《磨坊报》(The Manchester Mill)是英国曼彻斯特地区一份新的高质量报纸,通过电子邮件发送新闻信,目前有2万名左右的读者,其部分政治、教育、商业和文化等方面的本地信息和深度报道是免费的,但想要获取全部信息需要成为付费会员。《磨坊报》成立于2020年6月,旨在通过定向发邮件来减少广告、社交媒体无效推送等对用户的打扰。依靠该模式,其姊妹报纸《谢菲尔德论坛报》(Sheffield Tribune)与《邮报》(The Post)的发展前景也一片向好。

传媒机构涉足电子商务活动。例如,BuzzFeed就创建了与其广受欢迎的"美味品牌"(Tasty Brand)相关的品牌烹饪产品系列。Tasty品牌设有网站、App、网上商城和多个社交网站账号矩阵,并开发了多个子品牌。其在全球拥有5亿多用户,并与沃尔玛达成战略合作,不仅在自己的页面上为沃尔玛多种商品做导流,还推出美食视频,并提供美食原材料在沃尔玛商城的链接,允许用户边看边买。

搭建平台从中抽取提成。传媒机构通过建构一个平台生态,吸引更多的创作者和企业入驻,增加其订阅量,并从中抽取佣金。例如,苹果公司一直在收取订阅费,雅虎(Yahoo)也在为Netflix和Peloton(互动健身平台)提供特价服务。

疫情促进了数字生活的繁荣发展,用户对Zoom、Houseparty和谷歌Meet等在线工具的高频率使用,为B2B和B2C带来了新的机遇。与此同时,线上活动由于更可控,成本更低,影响力更大,受众更多,受到传媒机构的偏爱。例如,《经济学人》会邀请撰稿人在线与用户面对面交流,并曾对比尔·盖茨的现场采访进行直播,仅限付费会员观看,此举吸引了数万名用户同时在线。通过举办虚拟付费活动,传媒机构发现了新的提高用户忠诚度的办法,主要因为年轻一代对体验感的追求胜过商品本身。传媒机构现在更加注重产品的易用性、服务的便捷性(如更容易登录、暂停或继续订阅、更改账单细节等)。

此外,还有降价和差别定价促销手段。如《华尔街日报》等机构针对学生、失业人员、弱势群体等提供特别的"优惠"服务。

6.1.1.6 争相前瞻布局,抢占元宇宙新赛道

元宇宙是一个共享式 3D 虚拟世界,人们可以通过数字技术化身在多维环境中进行社交、协作、学习和游戏等活动。2021 年,扎克伯格将 Facebook 公司改名为 Meta,在全球引爆了该概念。马克·扎克伯格认为元宇宙是下一代互联网。另一些人则深表怀疑,认为元宇宙只是商家炒概念,尤其是大部分的构建模块技术发展还不够成熟。

美国数学家兼科幻小说家弗诺·文奇(Vernor Vinge)1981 年在《真名实姓》(True Names)一书中提出一个大胆的想法:人类可以通过脑机接口的方式进入一个与现实物理世界完全不同的虚拟世界,并在该世界中获得前所未有的身体感官体验。1992 年,美国小说家尼尔·斯蒂芬森(Neal Stephenson)在科幻小说《雪崩》中首次提出"元宇宙"这个词。该词由两个部分构成——"元"(Meta)和"宇宙"(Verse)。"Meta"来自希腊语前缀和介词 Meta,意思是"在"或"超越"。在英语中,meta-与单词连用时,常表示"变化"或"改变",如在单词 metabolic(新陈代谢)中。"Verse"来自拉丁语 vertere,意思是"转向"(来源)。两者结合起来指的是一个"改变"或"超越"我们当前宇宙范围的宇宙。该词较易与 Multiverse 混用,多元宇宙可能包含无限个平行宇宙。

2002年，美国Linden实验室推出了一款应用Second Life（第二人生）。在这里，人们可以通过数字技术化身交往互动，甚至做交易。Second Life里有3份销量可达到10万份的报纸，这些报纸十分注重与用户的互动，从事新闻生产的人大都是匿名的，身份多元化。路透社一度试水Second Life的虚拟业务，在其中开设虚拟总部（陈昌凤，黄家圣，2022）。这可以被看作传媒机构试水虚拟世界的最早尝试之一。

随着VR/AR、3D、人工智能等的发展，元宇宙成为了继互联网之后的下一个风口媒介形态。Facebook改名的初衷一是业务变更，涉及了元宇宙业务，二是为了重塑品牌形象。Facebook早前陷入操控舆论、炮制虚假新闻、侵犯用户隐私等一系列丑闻，遭到部分公众抵制。Meta则能够让公众淡忘其与Facebook品牌的关联。

元宇宙带来社交联系（social connections）的变革。用户可以在3D空间中进行互动和社交。Metaverse通过创造具身体验来改变社交方式，打破屏幕的限制，使用户获得更加真实的体验感。相较以往的媒介形态，元宇宙更加侧重体验价值、创意价值。体验感是进入元宇宙的必要条件，只有深度沉浸，第一视角第一现场的真实体验，才能带来流量。创意则是产生二次甚至N次传播的必要条件，新奇特的创意将会吸引、留住更多的用户，并且促进信息的传播、扩散，进而带来传播价值以及经济效益。

就在Facebook更名为Meta后不久，微软宣布将在2022年将其协作虚拟平台Mesh的功能引入微软团队。Mesh——一个"混合现实"MR平台，它能让人们在现实世界的空间里变身为"虚拟人物"，一起工作和娱乐。微软表示，随着时间的推移，虚拟人物将开始通过网络摄像头发出的信号做出更逼真的面部表情。Facebook/Meta也在关注企业领域，将Horizon工作室与自己的Oculus VR头戴式设备连接起来。虚拟角色可以在白板上互动和画画，而定向音频将增加真实感。

多人在线3D创意社区Roblox拥有自己的虚拟货币，并计划将业务从游戏扩展到购物等其他虚拟活动。部分科技公司则专注于从硬件上赚钱。Meta凭借Oculus VR头戴设备处于领先地位，微软也有混合现实

HoloLens，而苹果预计将在2022年晚些时候推出其VR和混合现实头戴设备，并将其整合到现有的应用生态系统中。许多大公司都在争夺市场，跨平台兼容性的问题将变得更加紧迫（Newman，2022）。

体育和新闻事件报道最早采用元宇宙技术。广播公司正在采用混合真人秀演播室，如欧洲体育（Eurosport）的Cube，主持人可以看到周围的内容并与之互动，还可以把不同地点的名人带进演播室。所有这些都使体育（和新闻）报道更具真实感与可看性，但弊端在于其可能混淆真实和虚拟创造之间的界限。

元宇宙的发展与虚拟货币以及数字对象和体验可以以一种安全可靠的方式进行买卖的理念密切相关。这种转变与网络发展的阶段有关，这个阶段见证了控制权从旧的守门人转移到技术平台和中介，现在可能转移到个人用户和创造者本身，也就是Web 1.0到Web 2.0，再转向Web 3.0。不过很显然，像Meta这样的大平台在去中心化的公共区块链上构建其新系统，其最终目的还是为了赚钱，不太可能放弃抽取提成的机会（Newman，2022）。

2021年，非同质化代印（Non-Fungible Token，NFT）击败加密货币（crypto）成为《柯林斯词典》年度词汇，2021年也被称为NFT元年。这个术语描述的是一种独特的证书，可以记录任何数字物品的所有权，如艺术品、照片，甚至是原创新闻故事。这是一个分散的公共区块链，作为所有权的记录。它为数字艺术品的巨大价值打开了大门，其中一件艺术品在2021年以6900万美元的价格售出。另一个例子是，莱昂国王乐队（Kings of Leon）发行了新专辑，收录了数字NFTs，配有独家插图和限量版黑胶唱片，收入超过200万美元。这个过程是Web 3.0的一个典型案例，在Web 3.0原则中，创建者能够绕过传统的把关人直接向公众销售。

传媒机构也在试水NFT。由于具有独家内容和相应的版权，传媒机构在推出NFT方面具有天然优势。2021年，美国商业新闻网站Quartz率先以1800美元的价格出售了一篇新闻文章，同年《纽约时报》专栏作家凯文·鲁斯（Kevin Roose）的一篇文章被迪拜制作公司3F music以562891美元的成交价获得。美国《时代》杂志则独辟蹊径，收集了40位世界各地艺术家的4676件作品，推出了名为"TIMEPiece"系列的NFT作品。2022年，该杂志又推出一份完全去中心化的NFT《时代》杂志，允许持有者通过交互式NFT阅读其中的内容。2022年初，美联社也宣布进军NFT，推出NFT新闻摄影市场AP's NFT marketplace。收藏家可在其中购买美联社具有独家版权的新闻摄影作品。特纳体育（Turner Sports）在将NFT整合到电子竞技应用中，希望让更多的普通用户参与到数字资产的交易中，并在此过程中产生忠诚度。

传媒机构入局NFT，一是增加了内容变现的途径；二是内容为王的理念再次得到重视，新闻作品因为内容优质而具有了收藏价值；三是由于在NFT上公开作品生产的全流程，增加了传媒业的透明度，有利于提高整个行业的信任度；四是通过购买作品，用户与传媒机构的联系将更加紧密。不过，NFT也给传媒机构带来诸多挑战。首先是如何保持内容的公正客观，不在交易市场中损害媒体自身的声誉；其次NFT有一定的技术门槛性，当下国际媒体进军NFT市场的主要是大中型传媒机构。

元宇宙的快速发展也引发了针对信任危机的担忧，很多人依然认为加密货币是一个巨大的庞氏骗局。例如，马斯克依靠对狗狗币的热捧与棒杀，赚得盆满钵满，却让很多投资者血本无归。要想建构良性生态，仍有许多问题需要解决。

6.1.2 挑战——传媒机构"马太效应"愈演愈烈

6.1.2.1 转型步调不一，传媒机构实力差距扩大

许多传媒机构对业务方面的信心持续走高，订阅模式取得了可观的回报，在线广告开始反弹，但纸媒收入出现了断崖式下跌，广播收入也停滞或

下降,没有及时进行数字化、智能化转型的传媒机构面临严重的生存危机。《2020年数字新闻报道》显示,在"赢家拿走最多"的环境下,在用户付费方面,往往是少数国内和国际知名传媒品牌获得了最大份额的收入。例如,《华盛顿邮报》成功转型,计划进一步将业务做大做强,在2021年新增150多个工作岗位,创建一个超过1000人的新闻编辑部。与之相反的是,中小型传媒机构挣扎在裁员的边缘线上(Newman,2022)。

前几年,BuzzFeed和Vox,Vice等其他几个数字原生品牌被认为是新闻业的未来,但近来也出现入不敷出以及融资难的现象,主要是因为传统传媒机构对业务板块的改革与科技平台公司对算法的调整使得数字原生公司逐渐丧失了核心优势。

与此同时,一些国家出现了民众对新闻的关注度下降的趋势,年轻一代更喜欢体验感十足的游戏与娱乐应用,老一代与中青代对当下的政治气候与负面新闻太多逐渐产生了厌倦感,尤其是疫情期间,虚假新闻满天飞。这意味着原本就艰难生存的传媒机构还面临着生存空间被压缩的困境。

6.1.2.2 发展瓶颈待破除,创新遇到诸多阻碍

虽然传媒机构的诸多创新举措收到了很好的效果反馈,但还存在一些创新阻碍。第一,最大的制约因素是投入不足。初创企业建立在像Substack这样的综合平台上,有助于降低技术和基础设施成本。然而,由于竞争激烈,收入持续下滑或没有实现强劲的增长,部分传媒机构削减了在创新方面的预算,没有足够的资金进行高风险投资,来开发新的产品或技术。更多的是选择稳妥的路线,即更新、改进现有产品,替换传统应用、优化订阅渠道和升级数据基础设施,确保现有的数字产品与技术平台生产的产品能够吸引更多用户。例如,《纽约时报》通过品牌扩展和收购加强自己的业务模式,在烹饪、填字游戏和购物方面获得了增长,其他报纸也在寻求采用类似的方法。其次,技术有一定的门槛性,传媒机构缺乏相关方面的人才。随着以人工智能技术为代表的智能技术集群深度嵌入传媒业,新业态新模式

对传媒从业者提出了新的要求。然而,高等教育的人才培养模式改革需要一定时间才能见到成效,传媒机构从业者更新知识与技能也需要一定的适应性,因而出现了新式人才荒。第二,传媒从业者亟待提高人工智能报道素养(AI reporting literacy)。人工智能引发了许多关于算法偏见、道德和监管的问题,但大多数记者不具备追究大公司责任所需的专业知识,传媒工作者科技素养也亟待提升。国际传媒机构几乎达成共识,记者既要做通才,又要做专才,尤其对科学技术要有深刻的理解。第三,顶层设计问题。目前传媒机构针对如何适应新技术带来的诸多革命性变化,尚未有统一明确的思路,更多的是机构自身摸着石头过河,领导层无法做出清晰的战略规划,使得执行层面的员工工作没有抓手。第四,不同部门无法形成一股绳。路透社研究院在进行调查时发现,41%的受访者表示,编辑、技术、营销等不同部门之间不能通力合作是阻碍创新的重要因素之一,跨部门、跨职能合作,除了要突破制度障碍,还需要充分调动人的积极性(Newman,2022)。

　　人工智能技术的深度嵌入引发了人们对人工智能鸿沟的担忧。一是语言霸权。目前自然语言处理和生成的最佳模型均为英语版本,瑞典语、阿拉伯语、西班牙语等小语种则需要创建额外的版本,或对相关从业人员进行培训。二是费用问题。会员付费订阅模式可能会推动传媒业向更富有、受教育程度更高的读者提供超级服务,而将其他人排除在服务范围外。目前业界提出了开放获取协议,希望为弱势群体提供更多服务,以尽力消除信息不平等,缩小鸿沟。例如,南非的 Daily Maverick 放弃订阅付费模式,转而主攻会员模式,只要注册成为该网站会员,即可免费获取网站新闻。该项措施吸引了大量民众加入,Daily Maverick 依靠巨大的会员数量开始探索新的盈利模式,如举办线下培训,与知名品牌合作,为其活动导流。三是传媒从业者在社交媒体上该如何定位。如今的记者大都在 Facebook 和 Twitter 等社交平台有自己的账号,一方面是从社交媒体上采集新闻,另一方面也能够增加机构影响力。然而,记者该如何扮演好自己的角色,符合机构定位,却让很多机构陷入两难。有鲜明党派色彩的传媒机构支持从业者发表个人观点,以打造个人品牌,进而提升其所在机构的影响力,但以公共广播公为代表的传媒机构为了保持中立与客观,会要求从业人员谨慎发言。例如,BBC 的新指导方针包括禁止"发出道德信号",如不能在社交媒体帖子中添加表情符号,因为该行为足以代表从业者对某一问题的个人意见。然而,随着智能技术的发展,传媒从业者要在重大新闻事件或政治议题中保持观点平衡越来越难。

与此同时,依靠智能追踪掌握用户信息遇到挑战。苹果 iOS 15 增加了邮件隐私权保护,可防止邮件使用情况被第三方获取,并停止指纹和缓存检查等其他机制。谷歌拥有颇受欢迎的浏览器 Chrome,其也承诺从 2023 年开始停止对第三方 cookie 的支持,如果搜集不到相关数据,无法对用户进行精准画像,则会影响整个传媒生态(Newman,2022)。不过也有人指出,科技平台只是用类似 FLOC、TOPICS API 和其他"cookie 替代品"改变了数据收集的方式方法,并没有彻底阻止第三方收集用户信息。分析人士认为,传媒需要通过互动功能、活动等多种方式构建第一方数据。例如,通过发布电子邮件建立新的信息反馈渠道。

6.2 政策战略

6.2.1 政府介入,出台支持性政策

6.2.1.1 美国力争全球领导地位,科技创新势能强劲

美国从国家和经济安全角度,加大相关投入,力争保持全球领导地位。2016 年,美国将人工智能上升至国家战略层面,出台了《为人工智能的未来

做好准备》《国家人工智能研究和发展战略计划》《人工智能、自动化与经济报告》三份报告,分析了发展人工智能技术的必要性。特朗普政府执政后,于2019年2月发布了《维持美国在人工智能领域领导地位的倡议》,从国家战略层面提出美国发展人工智能的指导原则,并在美国国家科学与技术委员会下设专门的人工智能分委员会,负责相关政策设计、落实,相关资源的整合等。2021年,美国更是进入人工智能政策密集发布期,从国家安全、社会发展、人才培养等多方面推出多项政策(丁立江,2022)。人工智能在媒体业的应用也是其战略规划的一部分。在政策红利的刺激下,以订阅和在线广告为主要收入的数字新闻媒体进入发展机遇期,以奈飞(Netflix)与迪士尼旗下平台Disney+为代表的流媒体影视平台异军突起,抢占了传统电影市场份额,以Zoom为代表的线上视频会议软件和以Clubhouse为代表的音频社交软件兴起则标志着社交媒体市场出现新图景(史安斌,王沛楠,2021)。

与此同时,美国政府亦开始重视人工智能安全问题。2023年6月,美国商务部宣布,美国国家标准与技术研究院(National Institute of Standards and Technology,NIST)拟成立人工智能公共工作组,应对生成式AI可能带来的风险与挑战。

6.2.1.2 欧盟综合策略取得先机,争夺全球伦理规则制高点

欧洲构建可信任人工智能框架,抢占全球伦理规则主导权。欧洲,尤其是欧盟,主要着手从法律与伦理方面建构可信任人工智能框架。2014年,欧盟发布《欧盟人脑计划》,在人工智能相关领域投入10亿欧元。2015年,"数字欧洲计划"标志着欧盟开始从法律层面规范人工智能发展。2019年,欧盟发布《人工智能伦理准则》,率先提出多项伦理准则,从伦理层面呼吁可信任的人工智能技术。2021年,欧盟推出全球首部人工智能法律《人工智能法》提案,运用前瞻性战略思维提出应对人工智能潜在风险的各项策略(丁立江,2022)。受到整体宏观大环境影响,欧洲的传媒机构或从业者基于

大数据可追踪且不能轻易篡改的特性,尝试利用 AI 技术打造新闻信用数据库,以确保新闻的真实可信。英国的全国性综合内容日报《卫报》前记者纳菲兹·阿恩斯联合印度数字内容管理平台 Quintype 的创始人阿米特·拉索尔在美国成立了一个名为 PressCoin 的基于区块链技术的加密数字货币新闻聚合阅读平台。新闻机构的信息记录在区块链上,一旦发现其发布虚假新闻,系统可以迅速定位到发布源。依据该种制约,系统最大程度上确保了新闻的真实性。此外,用户还可以在平台上阅读新闻,并通过互动来赚取虚拟货币 PressCoin(吴果中,李泰儒,2018)。无独有偶,波兰的初创科技企业 Userfeeds 依靠区块链技术,打造了一个公开透明的新闻内容平台和与之相配套的排名算法。Userfeeds 上新闻内容的排名来自"评估证明"。该证明是 Userfeeds 系统里类似区块链矿工角色的内容生产者的"工作量证明",能够反映新闻内容的可信度。内容生产者获得的"评估证明"越多,则其信度越高。此外,Userfeeds 上的新闻内容都被要求打包成数据区块(包括作者信息、评估证明等),以便于事实核查。用户的点赞、评论也是决定新闻排名的要素之一。在 Userfeeds 上,用户的反馈是高度透明且不可篡改的,因而其被看作新闻质量高低的判定标准之一(吴果中,李泰儒,2018)。

6.2.1.3 日本打造超智能社会,虚拟主播多点开花

日本也是较早布局人工智能的国家之一。2016 年,日本便成立了人工智能技术战略委员会,成员分别来自学术界、产业界和政府。2017 年,日本发布《人工智能技术战略》,2019 年推出《AI 战略 2019》,并在第 5 次科学技术基础计划中首次提出"Society 5.0(社会 5.0)"的概念。日本政府认为,在经历了狩猎社会(社会 1.0)、农业社会(社会 2.0)、工业社会(社会 3.0)和信息社会(社会 4.0)四个阶段后,未来社会形态应是社会 5.0。社会 5.0 实现了网络空间(虚拟空间)和物理空间(现实空间)的高度融合。在社会 4.0 中,人们通过互联网访问网络空间中的云服务(数据库),对信息或数据进行搜索、检索和分析。在社会 5.0 中,来自物理空间的传感器收集各种信息,

在网络空间中形成海量大数据。使用人工智能对这些大数据进行分析,分析结果将以各种形式反馈给物理空间中的人类。此外,日本在顶层设计人工智能发展战略的同时,还十分注重行业标准化规范的制定。政策红利释放最明显的领域之一是机器人,尤其是虚拟主播。

日本的传媒业较早使用 AI 技术,并在虚拟主播应用方面积累了丰富的经验。2016 年,《朝日新闻》就开始引入 AI 自动校对系统;2017 年,使用 AI 技术治理虚假新闻。公共广播机构日本广播协会(NHK)早在 2017 年就采用 AI 声音辨识技术,将影片中人物的对白自动转换为文字稿,用于支持新闻等节目制作。2018 年,NHK 率先在日本使用人工智能新闻主播 Yomiko 模拟真人主播播报新闻稿件(高昊,薛建峰,2019)。NHK 还为其开设了智能手机专用网站,访问网站时 Yomiko 会出现在手机屏幕上,用户可以通过增强现实技术与之合影(环球科技,2018)。

第一代虚拟网红、虚拟主播的鼻祖是 2D 人物绊爱,其于 2016 年刚进军 YouTube 时,迅速获得追捧。随着技术的发展,现如今的虚拟主播已经是 3D 高度仿真模型,并且深入渗透到传媒生态的各个环节,如足球解说、新闻播报等。2021 年,日本虚拟主播事务所彩虹社推出 Vox Akuma(人物设定是来自日本的英国人),在 YouTube 上线不到一个月,频道订阅量就超过了 20 万。2022 年,Vox 进驻哔哩哔哩账号第一天,粉丝就突破 50 万。Vox 并不像其他虚拟主播,单独出道,而是以 Luxiem 的名字,和其他 4 位虚拟主播组团出道。鉴于虚拟主播已经在全世界打响名气,日本地方政府开始利用它们进行宣传。2022 年,《蝙蝠侠》主演罗伯特·帕丁森和佐伊·克罗维兹还接受了日本头部虚拟主播的采访。

6.2.1.4　印度扶持智能媒体发展,媒体融合进度缓慢

印度政府高度重视科技创新,大力扶持人工智能等前沿技术的发展。2022 年,印度政府发布了《国家人工智能战略》,提出到 2030 年使印度成为全球人工智能创新中心。该战略为智能媒体发展提供了政策支撑。同时,

印度还设定了国家广播数码任务,致力于推动印度的广播媒体实现数字化转型,力争2023年实现印度的广播信号完全数字化。这有利于媒体应用新技术提高工作效率。

在政策支持下,印度涌现出一批智能媒体创业公司。例如,人工智能初创公司 Using AI 开发的假新闻检测系统通过自然语言处理和机器学习算法,能够有效检测出潜在的假新闻;事实核查初创公司 Factly 建立的新闻实时事实核查平台,可以帮助记者、编辑和普通读者验证新闻报道的准确性等。这些公司应用人工智能技术,为媒体提供了新工具。与此同时,印度政府还鼓励开发支持本土语言的智能媒体内容,以更好地服务印度基层群众。

印度在智能媒体内容审查方面较为宽松,这为技术创新提供了空间,但也存在管理风险。此外,印度传统媒体与新兴智能媒体之间存在明显脱节,需要加强渠道沟通与协调。印度主流传统媒体对新技术应用比较谨慎,数字化转型缓慢。近年来,传统报纸、杂志、电视台逐步建设数字平台,但整体上数字化程度不高。新兴数字媒体和自媒体广泛采用人工智能、大数据等技术,但用户规模和影响力仍有限。India Today、Scroll 等数字先行媒体具有一定竞争力。传统媒体与新兴媒体之间合作比较有限。印度媒体生态尚未形成融合互补的局面。印度媒体监管体系不健全,新旧媒体之间存在不公平竞争。这些阻碍了传统媒体数字化进程。

印度政府的政策支持为智能媒体发展提供了良好土壤,但仍需加强监管,促进传统媒体与新兴媒体的有效融合,实现协同发展。印度智能媒体发展潜力巨大,但还需持续推进数字基础设施建设,培育人才,完善法规体系,方能加快实践落地。

6.2.1.5 韩国全面布局智能媒体技术应用,产业发展迅猛

在全球化与数字化的双重背景下,韩国对于智能媒体发展表现出了前瞻性的策略视角。其政府在政策层面,通过发布《人工智能国家战略》与《数

字政府革新推进计划》等文件,构建了以"人工智能＋传媒"为核心的产业创新框架,致力于推动人工智能技术与媒体领域的深度融合。

受益于这一系列政策红利,韩国媒体产业逐渐实现了技术驱动的变革。一方面,媒体创新的形态多样化,如自动生成的文本、基于 AI 技术的虚拟主播和智能剧本的诞生。以智能剧本为例,此类系统可以依据预设的剧情框架和人物角色,自动生成具备结构完整性的剧本,从而协助编剧实现更加高效和创新的内容输出。另一方面,算法技术对于电影和电视剧的制作方向提供了数据支持,使得作品如《鱿鱼游戏》《雪滴花》等得以综合考虑大众需求与文化价值,进而取得国际上的广泛关注与赞誉。

然而,随着智能媒体的盛行,算法的不透明性及其可能带来的社会偏见问题开始浮现。这暴露出韩国在技术应用与伦理监管之间的平衡尚待加强。为了确保智能媒体的持续与健康发展,韩国正在探索建立技术伦理与监管框架。

6.2.1.6 巴西对智能媒体发展持开放态度,监管不足

近年来,伴随着人工智能技术的进步,巴西智能媒体呈现出蓬勃发展的态势。作为全球第四大数字媒体市场,巴西拥有庞大的互联网和社交媒体用户群,这为智能媒体的创新提供了充裕的土壤。一批人工智能新媒体初创企业应运而生,试图通过应用 AI 技术来优化新闻生产流程、个性化新闻推荐和商业变现模式。

与此同时,主流媒体机构也开始尝试使用自动文本生成、机器翻译、虚假新闻检测等人工智能技术,提高新闻生产的自动化和效率。例如,巴西圣保罗州立大学开发的 Maria 算法,能够自动生成基于数据的新闻文字,已经被多个媒体平台使用。学术界也围绕算法偏见、伦理规范等展开了一些前瞻性研究。

巴西政府对人工智能技术本身持积极支持态度,已着手制定促进 AI 发展的政策措施。2021 年,巴西成立国家人工智能战略委员会,被视为可能

推出相关发展战略的信号。这表明政府有意扶持 AI 等前沿科技,为智能媒体发展创造有利环境。与此同时,巴西政府也倾向于鼓励媒体进行数字化转型,以适应移动互联网时代的需求。相关政策包括为技术创新提供税收减免等优惠。但是,巴西在智能媒体发展方面的监管规范还比较薄弱。目前还没有针对人工智能技术的专门媒体监管政策,存在一定的安全风险。此外,传统媒体对新技术的适应和接受也不尽相同,数字化转型进程仍面临许多挑战。总体来看,巴西智能媒体发展势头良好,但在监管和产业化方面还需进一步完善。

6.2.1.7 南非鼓励创新应用,算法本地化亟待加强

南非是非洲大陆上经济较发达的国家,也是非洲大陆智能媒体发展较快的国家之一。南非政府高度重视科技创新,于 2019 年发布了《人工智能国家战略》,提出要把南非建设成为人工智能技术的区域中心。

在政策支持下,南非出现了多家智能媒体创业公司,如 Using AI、Media Hack Collective 等,它们为传统媒体提供了自动新闻写作、假新闻检测等智能媒体解决方案。南非主流媒体如 Media24 集团通过与外部 AI 初创公司合作的方式,探索新闻生产与分发的智能化,以及机构的转型升级。

但是,南非智能媒体发展也面临一定挑战。算法模型缺乏对非洲语言和文化背景的适应性,导致智能产品本地化存在困难。目前大多数智能媒体算法和模型的训练数据集及预设参数,主要基于英语及东亚语言环境。这导致现有智能媒体产品直接应用于非洲国家时,效果并不理想。

具体来说,包括南非在内的非洲国家,绝大多数人使用的都是本土非洲语言,如南非有 11 种官方语言。现有智能算法对这些语言的支持不足,无法有效处理非洲语言文本。此外,不同地区的文化背景也会影响文本的语义和理解。算法模型缺乏对非洲文化背景的适应,导致其处理非洲内容的效果大打折扣。

因此,要推动非洲国家智能媒体的发展,建立适配非洲语言及文化背景

的数据集和模型是关键所在,这需要算法提供商进行本地化调整,才能真正解决非洲市场的痛点。

6.2.1.8 多国重视版权保护,变相补贴传媒机构

科技平台或免费或以极低的价格转发传媒机构的文章导致后者利润急剧下降,引发了传媒机构的强烈不满。2021年,欧盟推出《版权指令》,旨在保护数字时代的创造力。其中的第15条新闻出版商权利条款与第17条网络服务,对传媒机构来说是一大利好,此举有利于更多原创性与高价值的内容创造与传播(李欣洋,2021)。2020年,澳大利亚推出《新闻媒体谈判法规》(News Media Bargaining Code),规定传媒机构以个体或集体的方式与谷歌和Facebook等科技巨头进行谈判,要求其为传媒机构的内容付费。该法案旨在解决新闻业与头部数字平台之间议价能力不平衡的问题,以实现对新闻内容的公平支付(胡锡远,2020)。通过上述法案,欧盟和澳大利亚的一些大型新闻机构获得了可观的内容许可费用。引入强制性的谈判代码,预计新闻出版商每年将从Facebook和谷歌获得6亿澳元(Newman,2022)。然而,批评人士认为,版权保护举措增强了老牌传媒机构的议价能力,但对于小型或本土传媒机构来说,受益不大。

此外,多个国家和地区推出数字订阅税收减免优惠政策,甚至有政府直接支持公共新闻和新的传媒机构组织。2021年,美国《更好地重建》法案提出未来5年提供17亿美元公共补贴的措施。该法案将为当地报纸、数字网站或广播机构的传媒从业者提供高达50%的工资税抵免。此举被解读为美国传媒业的重大转向,从原来的坚持财政独立转向有条件接受政府资助,并为其他国家起到了典型示范作用(Newman,2022),不过该举措被质疑会影响媒体的公正客观。

6.2.2 监管力度加大，执行层面遭遇前所未有困境

6.2.2.1 达成共识，加强监管成为主流趋势

随着智能媒体快速发展，整个生态已不再是由既得利益集团（包括平台本身和许多传统媒体公司）的游说推动监管，而是大势所趋。即便是鼓励技术创新与市场调控为主的美国，也开始要求加强监管。

2021年，在爆料门事件中，Facebook前产品经理弗朗西丝·豪根（Frances Haugen）透露，公司一直将利润置于公共利益（如消除偏激言论、虚假信息）之上。"对公众有利的事情和对Facebook有利的事情之间存在利益冲突，而Facebook一次又一次地选择优化自己的利益，如赚更多的钱……更可怕的是，除了Facebook，几乎没有人知道Facebook内部发生了什么。"豪根抨击Facebook在世界各地创建了一个"放大分裂、极端主义和两极分化的系统"，必须为美国国会暴乱事件负责（Iyengar,2021）。此外，疫情期间，关于疫苗的虚假新闻在YouTube、Instagram、WhatsApp和TikTok等各大社交平台上疯传，在社会上产生了极大的负面作用。上述乱象加大了采取行动的呼声。

早在2020年，美国政府针对Facebook和谷歌、苹果、亚马逊等平台的反垄断调查力度就在不断升级。其中，美国联邦贸易委员会（Federal Trade Commission,FTC）指责谷歌利用算法进行不正当竞价排名，影响关键词搜索结果，并起诉Facebook，指责该公司使用购买兼并或打压战略来伤害竞争对手，要求其对包括Instagram和WhatsApp在内诸多资产进行拆分剥离，并在开展合并收购业务时需要提前向联邦政府申报。2022年，美国颁发《数据隐私与保护法》，以增强用户对个人数据的控制权，要求数据处理者减少非必要个人数据的收集、处理。

欧洲在监管方面走在了前头,通过制定多项法规,强化标准制定权和规则话语权。《通用数据保护条例》(General Data Protection Regulation,GDPR)、《数字服务法案》(Digital Services Act,DSA)、《数字市场法案》(Digital Market Act,DMA)共同组成了欧盟数字治理新阶段的"数字治理法案包"。其中,《通用数据保护条例》规定了数据的收集、处理、使用和存储等事项,提出了包括知情权、访问权、更正权、删除权等在内的一系列数据主体的权利,《数字服务法案》限制对定向广告的投放和特定内容的推送,并重点整治跨国科技企业的网络行为,其中包括"超大型在线平台"(Very Large Online Platforms,VLOP)和"超大型在线搜索引擎"(Very Large Online Search Engines,VLOSE),其中"超大"特指每月活跃用户超过4500万。《数字市场法案》旨在限制谷歌、苹果、亚马逊等科技巨头的垄断行为。该法案将这些具有绝对垄断优势的企业定义为"网守企业"(Gatekeeper)(吴桐,2022),并为其设定了严格的规范标准,一是保护欧洲用户的数据权利,二是捍卫"数字主权"(姚旭,2022)。

2022年,英国政府推出《网络安全法案》,针对诸如Meta、谷歌和Twitter等社交媒体服务、搜索引擎及内容分享平台制定了一些强制性规定,由媒体监管机构英国通信办公室(Ofcom)负责监管,对未能遏制非法(和其他有害)内容的网络平台进行制裁。如果科技平台高管不配合Ofcom调查,或者提供虚假信息等,将面临巨额罚款(赛博研究院,2022)。

6.2.2.2 技术升级,监管面临新挑战

虽然加强监管日益成为各国共识,但是智能技术对监管提出了新挑战。

以人工智能为代表的智能技术集群对旧有法律体系(以人为中心设定的规则框架)提出挑战,如法律主体资格的确定、著作权的归属、侵权责任的认定、人格权的保护、隐私保护等(臧阿月,2019)。例如,如何对元宇宙虚拟世界进行监管?2022年5月,一名Meta女性用户自称在玩元宇宙《地平线世界》时,其虚拟形象被男性虚拟人物"性侵"。如何界定虚拟世界的"性侵"

行为成为该起案件一大难点。隐私保护陷入困境。虽然各国纷纷推出隐私保护法案,但是在执行层面却遭遇诸多可实施性问题。美国于2022年颁发的《数据隐私与保护法》被质疑将增加用户使用的不便性,如需阅读更多的政策,同意更多的cookie等。

如何确保传媒机构的公正客观?像BBC这样的老牌媒体公司一再强调新闻报道的公正性,并不断根据形势的变化重新发布指导方针。BBC现任总裁蒂姆·戴维(Tim Davie)将公正置于BBC愿景的核心,并计划控制员工在社交媒体上发表意见。然而,在大多数国家,大多数年轻人并不偏爱中立和客观的新闻,而是更喜欢与自己观点一致的新闻,这也带来党派在线视频的兴起。在美国大选中,Newsmax等党派网站再度兴起,它们现在越来越多地通过YouTube和Facebook在网上传播自己的内容。这些以意见为主导的频道以GB News的形式进入英国。虽然它们会受到Ofcom的监管,被要求政治观点要保持适度平衡——但公正性规则不适用于在线视频。Spotify新增的视频播客也被认为会进一步推动党派新闻的发展。此外,随着大型科技公司继续打击虚假信息,可能会让党派社交网络变得更加活跃。其中的受益者可能是Parler,一个类似Twitter的应用程序,其自称是世界上最重要的言论自由社交网络,以及像MeWe和Rumble这样专门欢迎保守派的网站,它们可能会成为包括新纳粹分子和白人至上主义者在内的极端分子的天堂。

针对智能媒体的监管对监管机构的人才配备提出挑战。监管人才必须了解智能技术,且是该方面的专家,才能高效落实相关政策举措。然而,目前以美国为代表的西方国家面临严重的人才短缺问题。

第 7 章
中国智能媒体发展的前景研判

7.1 技术与研发

7.1.1 更新迭代,新一代算法崛起

随着人工智能、机器学习和深度学习技术的持续进化,中国的智能媒体行业正呈现出一系列革命性的变革。

一是 AI 在多领域的无缝融合。人工智能不再只是媒体领域的一个增值工具,而是成为媒体生态的核心驱动力。例如,新闻机构可以利用 AI 技术分析全网的社交媒体动态,基于大语言模型为读者自动生成并实时更新新闻,保持内容的实时性和相关性。

二是机器学习实现内容的极度定制。传统的内容推荐系统将被更智能、更精准的算法替代。这种新型推荐系统可以深入了解每位用户的兴趣和需求,为他们提供独一无二的媒体体验,这意味着每个人都将享有几乎定制化的新闻和娱乐内容。

三是深度学习推动创意边界的拓展。通过深度学习,AIGC 技术不仅可以创作出高质量的作品,而且能够在某些领域实现超越人类的创新。不

远的将来,可能会有大量由机器独立完成的文学、艺术和影视作品,这些作品在某些方面甚至可能超越了传统的人类创作者。

四是人机交互模式出现新形态。新一代算法驱动下的基于语音和多模态交互的新型人机交互模式正在快速成熟和普及,传统的键鼠输入模式将加速被智能语音交互所取代,实现更自然、智能的人机沟通。

总的来说,新一代的算法技术将极大助推中国的智能媒体行业的发展,创造一个更加智能、个性化的未来。

7.1.2 强力支撑,硬件与网络更加完备

面对智能媒体行业的蓬勃发展,先进和适应性强的基础设施已成为支撑其发展的核心元素。

首先是云计算的无界延展。云计算的普及降低了媒体机构与企业的运营成本。传统的媒体存储和分发需要大量的硬件设备和人力资源,而现在,媒体内容可以在云端存储、处理和分发,极大地提高了效率。云计算不仅将成为未来数据的存储与处理中枢,更将蜕变为一个综合性的平台,为各种应用和服务提供强大支撑。此外,中国在云计算领域的技术和服务也达到了国际先进水平,使得国内的智能媒体企业更具竞争力。

其次是 5G 及其后续演进。5G 通信技术的商用落地使得实时、高清的多媒体传输成为可能。相比于其他国家,中国在 5G 技术的布局和部署上展现出了前瞻性的策略,从基础设施建设到技术研发,都处于全球前列。这为智能媒体提供了坚实的技术支撑,使得 AR、VR 及 4K、8K 等高清内容的实时传输和交互式体验得以广泛推广。尽管 5G 技术已经大规模应用,但这只是数字通信技术的冰山一角。随着 6G、7G 等更为先进的通信技术的研发和推广,未来的媒体应用将能够为用户带来前所未有的沉浸式体验。

最后是边缘计算成为新标杆。随着对数据实时处理和安全性的需求不断增加,边缘计算的重要性日益凸显。通过将数据处理分布到网络各处,不

仅可以提高数据处理速度，还能更有效地确保用户数据的隐私和安全。

硬件与网络技术的创新和进步正在为智能媒体行业发展提供强力支撑。为了在这一波技术变革中赢得先机，媒体行业必须不断进行技术革新和策略调整，以确保在激烈的市场竞争中占得上风。

7.1.3 技术引领，国际竞争力增强

以人工智能技术的全球领先地位为后盾，中国的智能媒体发展展现出强大的国际竞争力，并在一系列技术突破的推动下迅速崛起。

第一，在视频领域，中国拥有丰富的创作资源和庞大的用户群体，短视频、网络电影等创新应用正在蓬勃发展。随着视频 AI 的进一步发展，从制作到传播的全链条智能化将成为可能，中国企业在定制化、互动式视频领域将占据优势。中国自主可控的数字视频技术也将加速成熟，进一步增强视频创新的后劲，以及智能的视觉模式的重新塑造。

第二，中国在语音技术、自然语言理解等语音 AI 核心技术领域具有深厚的积累，机器翻译水平稳步提升，将助力进一步打开海外市场。未来有望打造出符合本土语言文化特点的智能语音服务，进一步提高相关技术在不同语言环境下的适应能力，这将助推中国智能媒体产品"走出去"。

第三，虚拟数字人技术日臻成熟。虚拟数字人不仅具备生成精细化音视频形象的能力，还可以进行情绪化交互，中国已在该领域处于世界领先地位。数字人可能成为新的媒体入口和内容传播载体，与传统媒体形态展开竞争与融合。

第四，元宇宙作为智能媒体可能的未来拓展方向，中国也在积极布局，尤其在游戏、社交等关键领域技术创新方面表现卓越。未来元宇宙有可能成为中国智能化竞争的新制高点。

同时，中国在大语言模型的原创性研发方面取得了显著成就。中国研发的多个原创大规模预训练语言模型在多项自然语言处理任务上达到国际

先进水平，展现了中国在模型创新能力方面的实力。在模型落地实现方面，中国进行了软硬件协同创新、开发专用芯片、模型压缩等技术创新。在模型落地应用方面，中国企业将自主研发的大语言模型成功应用于搜索、推荐、客服等领域，并产生了明显效果。例如，百度在搜索引擎中应用大模型，使查询结果更加智能和人性化。中国的技术社区也积极为开源的大语言模型项目贡献代码、数据集、多语言能力等，展现了中国参与国际大模型技术社区合作的积极姿态。在 AIGC 技术的推动下，中国的智能媒体不仅能够更好地满足本土用户的需求，同时也能够准确地理解和生成其他语言，从而更好地服务全球用户。这将进一步提升中国智能媒体的国际竞争力，推动其在全球市场上的发展。

得益于技术创新的持续推进，中国智能媒体产业将持续增强国际竞争力和影响力，有望在多项关键技术和产业方向实现领先，为全球传媒业发展做出更大贡献。

7.2　市场与经济

7.2.1　优中求优，消费者需求升级

消费者需求的变迁主要体现在对新技术的渴求增多、内容多元化，以及对隐私与数据安全保护的意识增强。

消费者对新技术的渴求将更加强烈，一是因为增长的科技意识。在信息爆炸的时代，中国的"80 后""90 后"甚至"00 后"，已经成为了科技和媒体消费的主力军。他们成长在数字化时代，对新技术有着天然的好奇和接受度。二是因为多样化的内容消费习惯。消费者希望通过多种设备、平台和

应用获取信息和娱乐。从传统的电视、广播到社交媒体、短视频平台,他们的消费渠道日益多样化。三是因为对即时性的追求。在5G、云计算等技术的加持下,消费者期待即时获得所需信息。这种即时性的需求促使智能媒体行业不断地创新,以满足消费者的期待。

内容多元化成为大势所趋。消费者不仅仅满足于单一媒体形式的内容,他们期望跨平台、跨媒体获得连贯和一致的体验。例如,一个故事可能最先在社交媒体上发布,然后才在电视上播出,再通过音频平台进行播放。在全球化的背景下,消费者亦希望看到与他们文化、背景和兴趣相关的国际化的内容。消费者对机器生成的内容持开放态度,但他们同时也期望这些内容能够具有创意性和人性化的元素。AI与创意的结合向内容创作者提出了挑战,也带来了机会。

隐私与数据安全方面,一是数据使用的透明性。消费者希望了解自己的数据如何被使用,这要求媒体公司提供更加透明的数据使用和收集政策。二是控制权的归还。随着数据隐私意识的增强,消费者希望对自己的数据有更大的控制权,这意味着他们可以选择分享哪些数据,以及如何分享。三是技术与法规的结合。为确保数据安全,智能媒体公司需要在技术上做出努力,如使用加密技术、建立安全的数据存储和传输机制。同时,完善的法规和政策也是保障消费者数据隐私的关键。

综合看来,消费者的需求和期望正在塑造智能媒体行业的未来。面对这些挑战,媒体公司需要不断地创新和适应,以满足日益变化的市场需求。

7.2.2 多点开花,行业格局重塑

新型主流媒体与头部互联网平台成为中坚力量。随着移动互联网的蓬勃发展,传统主流媒体面临巨大冲击。为适应形势,传统主流媒体正在加速改造,通过构建新型主流媒体的路径实现移动化转型。新型主流媒体将传

统媒体与新兴媒体的优势有机结合,形成全新的媒体形态。

在新闻生产上,新型主流媒体以数字化、融合化的中央厨房为核心,打通新闻采编各环节壁垒,实现报道主体多元参与、采编流程跨界整合、信息传播定制推送、服务功能多重满足(刘帅 等,2020)。在组织架构上,新型主流媒体需要升级专门组建的融合新闻生产部门,深度推进跨部门、跨平台合作。

在商业模式上,需要从依赖传统广告转向有偿服务、定制服务等创新模式。在资本运营上,通过并购重组构建跨媒体集团,增强综合实力。例如,广电媒体建立"广电+新媒体+N"的产业链模式,产业链向电商、直播、教育、旅游等领域延伸,打造"优质原创内容+平台增值服务"产业链,增加用户黏性,将互联网平台作为实现内容价值增值的重要平台。同时,借助资本市场造船出海,推动媒体与其他产业深度融合,增强各产业之间的战略协同,建立互相补充、互相融合的产业链、价值链和生态链。例如,四川广播电视台与腾讯公司在广电节目、纪录片等节目版权方面展开合作,凭借各自在内容和渠道方面的优势,实现传统媒体与新兴媒体的互动双赢。

智能媒体时代,头部效应凸显。一方面,在信息过载的环境下,用户关注高度集中在少数头部平台,形成路径依赖。另一方面,由于头部互联网平台流量优势明显,也更能吸引资本和广告投入,形成正反馈效应,不断强化头部地位。同时,基于大数据和算法的推荐系统,也使得头部互联网平台更容易通过高质量内容聚合用户眼球,获得更多点击。加之口碑传播的网络效应扩大了头部互联网平台的影响力。因此,头部互联网平台在智能媒体时代具有先发优势。阿里、腾讯、百度等巨头拥有大量的用户基础、资本、技术和数据,使它们在多个媒体领域都保持着领先地位。这种规模效应使它们能够更容易地试验新的技术和应用,同时维持其对市场的控制。尽管它们拥有资源和市场地位,但巨头公司往往在面对快速变化的市场环境时反应较慢,特别是在面对小而灵活的创业公司时,庞大规模也可能导致内部创新受阻。

许多小型、创新型公司和初创公司正在快速崭露头角,它们在某些领域甚至可能超越传统巨头。在广泛的智能媒体市场中，仍然存在许多尚未被充分利用的细分市场。这为创业公司提供了独特的机会，使它们能够专注于特定的用户群体或应用，从而实现快速增长。与大公司相比，创业公司往往更加灵活和敏捷，可以迅速适应市场的变化，并对其产品或服务进行快速迭代。

新型主流媒体、头部互联网平台以及初创公司等将依托各自优势，共同构建智能媒体发展新的生态格局。

7.2.3 用户本位，商业模式多元转向

商业模式的创新与多元化主要体现在广告模式的转型与多样化、付费内容与高端服务，以及直接面向消费者(D2C 模式)与个性化体验。

广告模式的转型与多样化方面。一是广告的革新。虽然广告仍是媒体的主要盈利手段，但随着用户对广告的反感和技术如广告拦截器的出现，广告模式需要不断创新。例如，增加互动性、使用增强现实技术或定向与个性化广告。二是多元化的收入来源。除传统广告外，媒体开始探索其他的盈利模式，如付费订阅、内容电商、直播打赏等，这为媒体提供了更稳定、多样化的收入来源。此外，使用 AIGC 技术丰富商业变现手段成为大势所趋，AIGC 能够打造出不同类型、不同风格的大量作品。这为创造更多衍生 IP 提供了可能。例如，可以通过算法生成大量不同性格的虚拟偶像，进而开发动画、漫画、游戏等一系列衍生产品；还可以生成设定各异的虚拟世界，延伸出小说、影视等衍生作品。

付费内容与高端服务方面。一是高质量内容具有较高吸引力。消费者愿意为高质量、独家或深入的内容付费，媒体将升级迭代既有收费模式，设置更多层级、更加个性化的付费壁垒或会员专享。二是增值服务提高竞争力。除内容本身外，媒体还将转型智库与服务平台，提供如深度分析、行业研究报告或在线课程等增值服务，吸引高端用户和企业客户。

D2C 模式与个性化体验方面。一是数据驱动的精准定位。利用大数据和 AI 技术，媒体能够深入了解每个消费者的兴趣和行为，从而提供更为个性化的内容和服务。二是直接的交互与忠诚度提高。D2C 模式不仅能够减少中间环节，提高盈利率，还可以与消费者建立更为紧密的关系，提高用户的忠诚度和留存率。三是垂直领域的深入发展。D2C 模式鼓励媒体深入某一垂直领域或细分市场，为特定群体提供更为专业和深入的服务。

未来的智能媒体市场不仅需要技术创新，更需要商业模式的革新。随着消费者习惯和市场环境的变化，灵活、创新并始终以用户为中心的媒体机构与公司将更有可能在激烈的竞争中脱颖而出。

7.3 政策与法规

7.3.1 政策先行，驱动产业腾飞

中国正在从战略高度重视智能媒体的发展，制定系统而前瞻的政策，以政策引领推动智能媒体产业快速发展。

首先，将与智能媒体密切相关的人工智能核心技术的发展纳入科技创新和产业政策战略布局，提升其在科技和产业发展中的战略地位。在顶层设计上，有望制定智能媒体中长期发展规划，明确核心目标和主攻方向。同时，完善法规体系，制定智能媒体管理条例，明确技术企业、内容创作者和政府监管部门的权利义务。

其次，加大智能媒体关键共性技术的组织研发力度。例如，成立国家智能媒体技术创新中心，集中优势资源开展图像理解、多模态认知等核心技术

突破,提供技术支撑。此外,建立算法安全评测中心,开展算法审计和风险评估,推动算法的负责任开发应用。

再次,积极推动构建开放共赢的智能媒体生态。鼓励不同机构开放核心接口与数据,组建智能媒体标准化联盟,研究制定行业数据、接口、安全等标准,推动形成开放共享的技术生态环境。

最后,加强智能媒体国际合作,吸收融合全球创新成果,并向全球传播中国方案与经验。在全球化的时代背景下,单一地依赖自身的资源和市场已经不再是唯一的选择,而是需要与国际合作伙伴共同分享资源、技术和经验。中国已经并将继续与多个国家和地区的智能媒体企业、研究机构建立合作关系,共同研发智能媒体颠覆性创新技术。

综上,中国的智能媒体产业政策将兼具系统性与前瞻性、开放性与自主性,以政策引领产业快速发展。

7.3.2 法规守护,确保健康发展

随着 5G、大数据、人工智能等数字化革命深入推进,智能媒体正快速崛起并逐渐成为主流媒体形态。这既为内容生产和传播带来了前所未有的效率,也使安全治理成为重点。面向未来,可以从以下七个方面入手:

一是加快建立针对算法生成内容的监管规则体系。编制智能写作软件监管规定,明确内容提供方、训练方、使用方等主体的审查责任。持续完善相关法规,增设算法内容的版权归属与使用规定,保护原创者权益。同时,加大算法生成内容的安全风险评估力度,防止产生非法及有害信息。2023年7月10日,国家网信办联合国家发展改革委、教育部、科技部、工业和信息化部、公安部、广电总局七部门发布了《生成式人工智能服务管理暂行办法》,标志着全球 AIGC 领域的首个监管框架的诞生。除此之外,中国已在科技创新、网络安全、个人隐私保护和互联网信息内容等领域推出了众多法律和行政法规,为智能媒体行业构建了全方位、多层次的规范治理

结构。

二是构建智能媒体内容全链条监管和追责体系。对源头数据的采集、标注,模型的训练,以及内容的分发传播环节实施分级分类监管,实现源头治理。建立内容生产和传播的责任追溯机制,对各环节责任主体进行监督约束。

三是推进平台企业主体责任落实。引导企业加强用户审核与内容审核系统建设,防控有害信息扩散。建立内容生成的负责任体系,形成规范自律。持续开展行业信用评价,督促企业落实主体责任。

四是发挥行业组织及第三方机构作用。行业组织制定内容审核标准与准则,开展自律。鼓励第三方开展模型安全检测、算法审计等,提供专业支持。建立内容生成服务认证制度,引入社会监督。

五是加强国际交流合作。智能媒体内容监管需处理好公平竞争与数据流通,建立国际规则体系。在世贸组织、联合国等框架内,推动签订算法生态治理国际公约。

六是加大科技创新支撑。积极开发语义识别、因果关系分析等前沿监测技术。依托智能审核系统实现内容监测全覆盖和主动监管。建立内容生成及传播全过程数据监测机制。

七是完善法规政策保障。将智能媒体内容纳入相关法律法规调整范围。制定算法安全管理办法,提升法治化水平。建立健全标准规范体系,实现制度化监管。

中国政府对智能媒体发展的系统性和前瞻性政策设计,不仅将推动产业创新,也将为全球智能媒体的发展提供重要引领。在法规层面,中国已经开始构建全链条的智能媒体内容监管和追责体系,以确保产业的健康发展。通过政策引领和法规保障,中国的智能媒体产业将迎来一个充满机遇的黄金发展期。

7.4 文化与社会

7.4.1 伦理观瞻，主流价值观引领智能媒体发展

智能媒体迅速发展的同时，也带来算法歧视、算法偏见、深度伪造等诸多经济社会与法律伦理问题。人民日报社与四川封面传媒等率先提出"主流算法"的概念，尝试用主流价值纾解"算法焦虑"和流量焦虑，从供给端与用户端出发，推出正能量、主旋律的内容，构建健康的舆论生态。

人民日报客户端7.0版本的突出特点是其主流算法推荐系统，该系统通过优质内容质控、智能化的分发方式和反馈机制，利用主流价值观提升了对公共舆论的引导能力。在内容质量控制方面，主流算法利用内容审核系统实现人工智能与人力的结合，以此推动内容产生正面的价值观。在智能分发环节，基于机器学习的智能推荐系统，通过数据输入、召回算法、模型排序和列表生成等步骤，实现个性化推荐、相关推荐和热门推荐等多场景推荐，构建以主流价值观为导向的推荐系统，赋予机器主流价值观。在传播反馈环节，依托机器学习算法和实时动态监测，全面检测内容的传播力，快速关注热门事件，精确进行在线浏览和分发，并智能分析舆情传播路径及其影响力。

封面新闻经过多年的实践探索与理论研究，摸索出一套适合主流媒体应用的算法模型。封面推出的主流媒体算法包括内容质量、内容分发、内容传播、内容生产四大类算法模型，目前已经在封面的各个业务场景中稳定运行（徐桢虎 等，2020）。

为了净化内容，字节跳动旗下视频平台抖音亦推出监管算法，严格管控

视频内容，要求视频创作者不得上传涉及裸露、血腥等负面信息的视频；对于出现辱骂攻击、传播不实信息等违规账号和评论进行及时处置，如删除评论、禁言账号等；通过算法推荐等手段，加大对宣扬正能量、传递正面信息的视频内容的流量支持和推荐力度；鼓励视频创作者多创作正面健康内容，加强平台社区建设，营造积极向上的环境氛围；建立用户举报反馈机制，及时处理问题信息；建立内容审核标准，并配备专门审核人员，遏制负面内容的传播。

主流价值观在智能媒体的发展中起到了关键的引领作用。它不仅能够引导用户的内容需求和消费习惯，还为媒体企业提供明确的方向和标准。主流价值观确保了智能媒体在追求技术进步的同时，不偏离社会责任和文化底蕴的核心。

7.4.2 又破又立，人才培养模式迎来颠覆性变革

随着人工智能技术的快速发展，人才培养模式正在经历深刻的变革。人工智能不仅改变了各行各业的生产方式，也对教育领域产生了颠覆性的影响。为适应人工智能发展的需求，培养模式必须进行重构，以培养出既谙熟人工智能，又具备人文素养的复合型人才。

人工智能对传统培养模式的冲击主要表现在：一是对知识传授模式的冲击。传统的人才培养过于强调知识的传授和记忆，忽视能力的培养。而人工智能系统能够迅速获取和处理大量信息，并生成新的知识，对人类的记忆优势形成冲击。培养模式需要从注重知识传授转向强调创新思维和解决复杂问题的能力。二是对标准化培养的冲击。传统教育注重标准化的知识和技能培养，而人工智能需要解决的问题具有更强的不确定性。培养模式需要鼓励个性化发展，注重培养学生的独创能力。三是对专业化培养的冲击。以往的专业化人才培养模式面临人工智能时代跨学科综合解决问题的需求，无法适应复杂工作要求。培养模式需转向培养复合型人才，复合型人

才应具备宽广知识结构和多学科思维。

人工智能时代人才培养需要探求新的路径。第一,重构课程体系,增加人工智能和人文社科课程,增加人工智能相关课程,加强学生算法思维和数据处理能力的培养;同时,加强人文素养教育,培养学生的社会责任感和价值观念。第二,创新培养模式,注重能力和素质培养。在教学过程中,增强案例教学、项目学习、模拟等,加强动手实践能力的培养,并注重互联网思维、团队协作、创新意识等综合素质的培育。第三,构建持续学习机制,实现终身发展。面对知识更新速度的加快,不能再以校园教育阶段结束人才培养,要建立学习型组织,构建持续学习的长效机制,实现人才的终身发展。第四,优化人才选拔机制,注重综合评价。人工智能时代需要各类人才协同配合,不能过分强调学历或唯一维度的考试成绩,要建立全面的综合评价体系,选拔适应时代需求的人才。

7.4.3 多元共生,文化发展进入新纪元

智能媒体对文化的影响主要体现在对传统文化的现代呈现、跨文化交流的推动和新文化形式的创造。

1. 传统文化的现代呈现

一是传统文化的数字化复兴。通过智能技术,许多历史遗留和文化经典得到数字化保护和再创作,如古老的书法、绘画通过 AR 技术能在现代都市中重新展现其魅力。二是非物质文化遗产的传承。利用 VR、AI 技术,传统艺术如京剧、舞蹈等,使其被更多年轻一代所熟知,使其传统得到现代传承。三是古代故事与现代交融。通过智能媒体技术,古代的传说和故事被赋予现代语境,与当代观众产生共鸣。

2. 跨文化交流的推动

一是全球内容的共享与交流。智能媒体使得不同文化的内容更易于传

播,为中国观众提供了一个窗口,了解外部世界的文化和艺术。二是跨文化的融合创新。受众不再满足于单一的文化内容,而是希望看到文化的交融和碰撞,如欧洲音乐中融入中国风元素。三是语言障碍的消除。智能翻译技术让跨文化交流变得更为简单,使得文化交融更为紧密。

3. 新文化形式的创造

一是机器创作的文化产品。AI技术在音乐、绘画、写作等领域中的应用,开创了全新的艺术形式。二是互动性内容的兴起。借助于智能技术,传统的单向传播模式转变为双向互动,观众不再是被动接受者,而是参与者。三是虚拟与现实的结合。VR、AR技术为文化体验带来了前所未有的沉浸感,打破了物理限制,让受众可以身临其境地体验各种文化。

总体而言,智能媒体正在与文化深度融合,为文化的传承、交流和创新提供了无限可能。面对这些机会,文化创作者和机构应抓住机遇,不断创新,以满足现代受众的多元需求。

7.5　产业链与创新生态

7.5.1　产业联动,共创共赢

在智能媒体的产业链中,各个环节都紧密相连,形成了一个完整的生态体系。从内容的创作者(如编剧、导演、制片人),到技术的研发团队(如软件开发者、算法工程师),再到平台的运营者和广告商,每一个参与者都在为这个生态作出贡献。为了在这个快速发展的行业中获得更大的市场份额,各环节的参与者需要更深入地合作,共同研究市场趋势,争取为消费者提供更高质量、更具吸引力的产品和服务。例如,内容创作者可以与技术团队合作,利用最新的技术手段,如虚拟现实或增强现实,为观众创造更加沉浸式的体验。而技术团队则可以利用内容创作者的专业知识,为他们的产品提供更符合市场需求的功能。

随着科技的进步和消费者需求的变化,智能媒体行业也面临着不断的挑战。为了在竞争中保持领先地位,各环节的参与者都需要不断地创新。这不仅包括技术创新,也包括内容创新、商业模式创新等。例如,为了满足年轻人对短视频的热衷,内容创作者可以尝试创作更加精练、有趣的短视频内容;技术团队则可以研发更加先进的视频编辑工具,帮助创作者更容易地制作出高质量的内容;而平台运营者则可以开发出更加用户友好的界面和推荐系统,帮助用户更容易地找到他们感兴趣的内容。

为了鼓励协同创新,各环节的参与者还可以建立更加紧密的合作关系,如共同举办技术或内容的研讨会,互相分享最新的研究成果和市场趋势。这样,可以更好地了解市场需求,为消费者提供更满意的产品和服务。

7.5.2 行业交融,释放多元价值

随着科技的进步,智能媒体的潜能已经超越了传统的边界,与各种行业发生了深度的交互和融合。例如,在健康领域,如虚拟现实和增强现实等智能媒体技术可以为医生提供手术模拟和培训,或者帮助患者进行康复训练;在旅游行业,通过智能媒体,旅行者可以事先体验目的地的景观和文化,从而做出更加明智的决策。这样的深度融合意味着各行各业都可以从智能媒体中受益,无论是通过提高工作效率、增加客户满意度还是创造全新的商业机会。

智能媒体与其他行业的结合不仅仅是简单的 1+1=2 的数学逻辑,它们可以相互激发、促进创新,从而实现更大的价值。例如,在教育领域,通过使用智能媒体技术,老师可以创建更加生动、互动的课堂,使学生更容易理

解和吸收知识;而学生的反馈和互动数据又可以帮助内容制作者和技术团队进一步完善其产品和服务。

此外,随着5G、物联网和人工智能等新技术的发展,这种跨行业的合作和创新还有很大的发展空间。只要各行各业都持开放的心态,积极探索和实验,他们都可以从中找到自己的机遇,实现共赢。

7.5.3 创新生态,塑造未来

随着中国创新驱动发展战略的深入实施,国家层面正在大力打造开放协同的创新生态系统。在这一背景下,要实现智能媒体核心技术的自主创新和突破,需要进一步优化技术创新生态。这包括加大科研投入力度,建设一流的人工智能和通信技术研发平台,鼓励企业与高校研究院所开展紧密合作,支持初创企业,提供政策和资金扶持。

技术创新生态建设方面,在中国构建创新驱动的大背景下,智能媒体技术的创新生态建设显得尤为关键。这不仅关乎媒体本身的技术进步,更影响到整个国家的数字化和信息化进程。为此,中国需规划并布局一系列国家级的新兴产业实验室,并确保充足的研发资源用于关键技术的攻关。此外,通过设立如人工智能等创新中心,可以集结顶尖的科研人才和资源,有效地突破技术瓶颈。加上与国际先进研究机构的深度合作,既可共享资源、提高研发效率,也有利于促进国内外的技术交流和融合。深化产学研的协作是另一个关键,能加速技术的转移和转化,确保研究成果被实际应用。

应用创新生态培育方面,应用创新同样是智能媒体发展的重要组成部分。首先,通过设立智能媒体内容创新基金,可以更好地支持并孵化原创、优质的媒体作品,从而丰富整个内容生态。其次,建立沙盒环境能为新兴技术提供一个在实际应用场景中的试验平台,而完善的数字版权制度则确保创作者的权益得到应有的保障。再次,通过开展创新应用大赛,我们不仅可以鼓励和挖掘更多的创新潜力,还能调动社会各方,尤其是青年团队的创业和创新热情。最后,鼓励媒体与其他行业的交叉融合,并积极吸纳用户反馈,使得创新更以市场为导向,更能满足用户需求。

持续优化创新生态方面,持续的优化和进步是确保任何产业长远发展的关键。对于智能媒体产业而言,未来的发展方向应着重于提高自主创新能力,并始终保持对用户需求的敏感和响应。只有这样,技术和应用才能真正符合市场需求,得到广大用户的认可。建立开放的创新文化和鼓励各方的合作交流,不仅可以汇聚更多的智慧,还能有效地推动产业的快速发展。同时,在追求技术和应用的创新进步时,也必须确保其伦理性,尊重用户隐私,保障算法的公正和透明,确保技术不被滥用。

要实现智能媒体的技术和应用双轮驱动,需要在国家创新战略指引下,持续优化技术和内容创新的生态系统建设。这需要政府、企业、科研机构、创意社区等方面共同努力,培育开放协作的创新文化,为智能媒体的快速发展提供源源不断的动力。

参考文献

REFERENCE

爱分析,2021. 新基建助推,人工智能应用迈入新阶段[EB/OL]. (2021-01-18)[2022-06-04]. https://baijiahao.baidu.com/s?id=16889760969852709838&wfr=spider&for=pc.

毕文佳,2021. 智能媒体新闻生产的伦理困境及对策[J]. 青年记者(6):43-44.

蔡津津,2023. AIGC对全媒体生产传播体系的影响及对策建议[J]. 传媒(10):16-20.

蔡霖,任锦鸾,2021. 智能媒体技术集群演变和国际竞争态势分析[J]. 科研管理,42(12):100-107.

曹钺,骆正林,王飔濛,2018."身体在场":沉浸传播时代的技术与感官之思[J]. 新闻界(7):20-26.

陈昌凤,黄家圣,2022."新闻"的再定义:元宇宙技术在媒体中的应用[J]. 新闻界(1):55-63.

陈华珊,王呈伟,2019. 茧房效应与新闻消费行为模式:以腾讯新闻客户端用户评论数据为例[J]. 社会科学(11):73-87.

陈凯华,2022. 我国科技人才政策十年发展与面向高水平科技自立自强的优化思路[EB/OL]. (2022-05-18)[2022-06-17]. http://cn.chinagate.cn/news/2022-05/18/content_78224425_2.htm.

陈小平,2019.人工智能伦理体系:基础架构与关键问题[J].智能系统学报,14(4):605-610.

陈小燕,陈龙,2020.智媒时代新闻传播教育的转型[J].传媒(9):17-21.

程明,程阳,2020.论智能媒体的演进逻辑及未来发展:基于补偿性媒介理论视角[J].现代传播(中国传媒大学学报),42(9):2.

程明,程阳,2021.5G时代智能媒体发展逻辑再思考:从技术融合到人媒合一[J].现代传播(中国传媒大学学报),43(11):1-5.

褚建勋,2018.国家创新生态系统:多维视野下的创新模式[M].合肥:中国科学技术大学出版社:Ⅳ.

创新研究,2023.我国人工智能国际科技竞争力及未来发展路径分析[EB/OL].(2023-05-24)[2023-06-19].https://mp.weixin.qq.com/s/z-fXKOTZWlrTx-ZUPm8nlrA.

CSDN,2018.知识图谱的概念[EB/OL].(2018-08-03)[2022-06-03].https://blog.csdn.net/qingwuh/article/details/81392629.

崔保国,1999.媒介变革与社会发展[M].南京:南京师范大学出版社:30-50.

德勤咨询,2019.德勤中国创新生态发展报告2019[EB/OL].(2019-10-09)[2022-06-17].https://www.vzkoo.com/read/8309acacad45915ed2bc6b274184d0c7.html.

刁基诺,2021.人工智能在媒介基础设施建设中的实践与辩证思考:以人工智能在电影产业的应用为例[J].当代电影(11):89-95.

丁立江,2022.人工智能时代下的战略布局图景:基于各国(区域)战略布局的比较分析[J].科技智囊(2):5-13.

丁小凤,2022.人工智能技术在新闻传播领域的应用研究[J].中国传媒科技(4):59-61.

段鹏,2018.智能媒体语境下的未来影像:概念、现状与前景[J].现代传播(中国传媒大学学报),40(10):1-6.

段伟文,2023.积极应对 ChatGPT 的伦理挑战[N].中国社会科学报,2023-03-07(7).

方晴,2021.拓展"新闻+政务服务"搭建政府市民数字纽带[EB/OL].(2021-05-11)[2022-06-15].https://baijiahao.baidu.com/s?id=16994032061307675 60&wfr=spider&for=pc.

冯小桐,肖欢容,2020.智能媒体的五项技术挑战[J].青年记者(9):68-69.

高存玲,2018.作为物种的媒介:Media Ecology 被湮没的一个维度[J].新闻界(5):55-66.

高芳,张翼燕,2018.日本和韩国加快完善人工智能发展顶层设计[J].科技中国(8):5.

高昊,薛建峰,2019.人工智能在日本传媒业的应用及功能探析[J].编辑之友(10):101-106.

光明网,2023.惊喜与发展,机遇与挑战[EB/OL].(2023-01-20)[2023-06-19].https://epaper.gmw.cn/lx/html/2023-01/20/nw.D110000lx_20230120_2-04.htm.

郭全中,2016.智媒体的特点及其构建[J].新闻与写作,32(3):60.

郭小平,秦艺轩,2019.解构智能传播的数据神话:算法偏见的成因与风险治理路径[J].现代传播(中国传媒大学学报),41(9):23.

国务院发展研究中心国际技术经济研究所,2022.2021 年数字科技发展趋势分析[EB/OL].(2022-05-20)[2023-06-19].https://baijiahao.baidu.com/s?id=1733316733607532519&wfr=spider&for=pc.

韩君,颜小凤,韦楠楠,2022.人工智能对中国就业技能结构影响的区域差异研究[J].西北人口,43(3):45-57.

郝春涛,2021.智媒时代欠发达地区新闻传播人才培养模式探究[J].山西大同大学学报(社会科学版),35(5):132-135.

郝雨,李夕冉,2021.资本逻辑与新媒体共谋:女性"身体焦虑"理论探析及应对[J].

新媒体与社会(1):319-336.

何勤,朱晓妹,2021.人工智能焦虑的成因、机理与对策[J].现代传播(中国传媒大学学报),43(2):24-29.

贺艳,刘晓华,2020.算法推荐机制建构的双重拟态环境[J].西南政法大学学报,22(2):50-58.

黄楚新,邵赛男,2021.跨越与突破:媒体融合纵深发展的路径[J].中国编辑(3):4-9.

黄楚新,常湘萍,2022.非凡十年:2012—2022年我国媒体融合发展与实践[J].中国传媒科技(11):7-10.

黄楚新,许可,2021.人工智能技术驱动传媒业发展的三个维度[J].现代出版(3):43-48.

黄旦,李暄,2016.从业态转向社会形态:媒介融合再理解[J].现代传播(中国传媒大学学报),38(1):13-20.

黄宇彤,2022.人工智能在高等教育中的场景应用[J/OL].哈尔滨工程大学学报(7):1066-1072.

胡锡远,2020.澳大利亚强硬起草,要求谷歌、脸书为当地新闻媒体内容付费[EB/OL].(2020-09-02)[2022-06-11].https://baijiahao.baidu.com/s?id=1676733983908105636&wfr=spider&for=pc.

胡正强,2002.论西方新闻传播中的公正性原则[J].学海(2):178-181.

胡正荣,2020.主流媒体如何进行体制机制改革?[J].中国广播(10):79.

胡正荣,2022."三链"齐全才能赋能媒体 IP[J].青年记者(8):4-5.

胡正荣,李荃,2020.创新体制机制,培养全媒体人才:媒体融合迈向纵深发展的"任督二脉"[J].青年记者(27):21-22.

胡正荣,李荃,2022.深化体制机制改革:主流媒体纵深融合的内在动能源泉[J].青年记者(10):15-17.

环球科技,2018.日本NHK电视台要用人工智能主播念新闻[EB/OL].(2018-04-02)[2022-06-09]. https://www.cnbeta.com/articles/tech/712711.htm.

黄升民,刘珊,2022.重新定义智能媒体[J].现代传播(中国传媒大学学报),44(1):126-135.

江海蓉,2020.解构融媒体时代短视频的发展路径[J].新闻传播(13):31-32.

江晓,2021.有声阅读平台的运营策略研究:以喜马拉雅FM为例[J].新闻世界(9):19-24.

江作苏,刘志宇,2019.从"单向度"到"被算计"的人:"算法"在传播场域中的伦理冲击[J].中国出版,41(2):3-6.

蒋佳妮,堵文瑜,2020.促进人工智能发展的法律与伦理规范[M].北京:科学技术文献出版社:63-68.

鲸平台,2022.人民日报、新华社等20家媒体发布社会责任报告,鲸平台梳理58个看点[EB/OL].(2022-03-24)[2022-06-14]. https://www.sohu.com/a/556731784_121322206.

孔德明,2015.网络新闻信息伤害的应对与规制[N].中国新闻出版广电报,2015-12-17(4).

莱文森,2014.数字麦克卢汉:信息化新千纪指南[M].何道宽,译.北京:北京师范大学出版社.

雷丽莉,朱硕,2022.人工智能生成稿件权利保护问题初探:基于Dreamwriter著作权案的分析[J].传媒观察(5):62-69.

李恒威,王昊晟,2019.人工智能威胁论溯因:技术奇点理论和对它的驳斥[J].浙江学刊(2):2,53-62.

李键江,2020.技术演化的本质、趋势和动力研究[J].华南理工大学学报(社会科学版),22(2):84-90.

李林容,2018.网络智能推荐算法的"伪中立性"解析[J].现代传播(中国传媒大学学报),40(8):82-86.

李明德,王含阳,张敏,等,2020.智媒时代新闻传播人才能力培养的目标、困境与出路[J].西安交通大学学报(社会科学版),40(2):123-130.

李康跃,果凤春,闫晓阳,2022.媒体融合趋势下智能内容生产平台的可供性探析[J].新媒体研究,8(2):72-74.

李青文,2022.科技伦理视阙下人工智能法律主体地位之否定:以机器能否具备自由意志能力为分析路径[J].科学管理研究,40(2):40-48.

李鹏,2020.智媒体:新物种进化论[N].中国新闻出版广电报,2020-11-17(8).

李伟,2022.从身体美学视角看"赛博格身体"的逻辑生成及身份建构[J].广州大学学报(社会科学版),21(3):105-118.

李晓静,朱清华,2018.智媒时代新闻传播学硕士培养:业界的视角[J].现代传播(中国传媒大学学报),40(8):160-165.

李欣洋,2021.欧盟作者、表演者公平报酬制度研究:从"畅销条款"到《数字化单一市场版权指令》[J].东南大学学报(哲学社会科学版),23(S2):77-80.

李智,张子龙,2022.算法赋权与价值隐喻:智媒时代算法扩张的异化风险与规则调和[J].编辑之友(3):48-54.

林升梁,叶立,2019.人机・交往・重塑:作为"第六媒介"的智能机器人[J].新闻与传播研究,25(10):87.

林阳,徐树华,2021.马克思技术哲学视野下的人工智能主播[J].当代电视(9):96-99.

林尧瑞,马少平,1999.人工智能导论[M].北京:清华大学出版社:3.

廖秉宜,谢雪婷,2020.平台型智能媒体建设的核心问题与创新路径[J].中国编辑(5):68-73.

廖秉宜,姚金铭,余梦莎,2021.智能媒体的伦理风险与规制路径创新[J].中国编辑(2):29-34.

廉士勇,刘忠涛,2022.人工智能技术在现代媒体资产管理系统中的应用[J].现代电视技术(1):3.

刘宝杰,2015.价值敏感设计方法探析[J].自然辩证法通讯(2):96-100.

刘鸿宇,彭拾,王珏,2021.人工智能心理学研究的知识图谱分析[J].自然辩证法通讯,43(2):10-19.

刘建华,刘帅,2022.智能思想政治教育的赋能风险与应对[J].理论导刊(5):110-115.

刘萌,2021.人工智能技术在媒体融合中的运用研究[J].中国传媒科技(11):154-147,156.

刘瑞琳,2014.价值敏感性的技术设计探究[D].沈阳:东北大学:2.

刘三女牙,周子荷,李卿,2022.再论"计算教育学":人工智能何以改变教育研究[J].教育研究,43(4):18-27.

刘帅,李坤,王凌峰,2020.从主流媒体到新型主流媒体:概念内涵及其实践意义[J].新闻界(8):24-30.

刘伟军,孙玉文,2008.逆向工程原理、方法及应用[M].北京:机械工业出版社:Ⅲ.

刘宪权,2018.人工智能时代刑事责任与刑罚体系的重构[J].政治与法律(3):89-99.

刘兴云,刘晓倩,向媛媛,等,2019.人工智能大数据之于心理学[J].科技导报,37(21):105-109.

刘玉书,2022.中美人工智能战略及政策的比较研究[J].云南行政学院学报,24(1):101-124.

鲁玉,2019.流量时代下自媒体人的借助式营销思路[J].北京印刷学院学报,27(8):1-3,10.

罗静,2021.媒体商业模式如何随传播生态而"变"[EB/OL].(2021-02-09)[2022-06-19].https://baijiahao.baidu.com/s?id=16912189548115323828&wfr=spider&for=pc.

罗凯,邓聪,2018.陈肇雄:促进人工智能与经济社会发展深度融合[J].通信世界(30):1.

罗昕,肖恬,2019.范式转型:算法时代把关理论的结构性考察[J].新闻界,3(3):10-19.

罗自文,熊庚彤,马娅萌,2021.智能媒体的概念、特征、发展阶段与未来走向:一种媒介分析的视角[J].新闻与传播研究,28(S1):59-75,127.

吕尚彬,黄荣,2022.论智能媒体演进的复杂性维度[J].山东社会科学,2022(2):125-133.

吕尚彬,刘奕夫,2016.传媒智能化与智能传媒[J].当代传播(4):4-8.

马开轩,刘振轩,2021.人工智能法律主体地位的法哲学反思[J].学习论坛(6):122-130.

马立德,程怡,李韬,2021.平台型媒体对传播权力的重构与治理之道[J].青年记者(3):9-12.

莫宏伟,2018.强人工智能与弱人工智能的伦理问题思考[J].科学与社会,8(1):14-24.

尼克·波斯特洛姆,2015.超级智能[M].张体伟,张玉青,译.北京:中信出版社.

宁鹏莉,王苑丞,2021.智媒趋势下视频内容生产的研究[J].中国广告(6):78-83.

宁丽丽,2017.新媒体时代的媒介伦理倡导与道德干预:对克利福德·G.克里斯琴斯的访谈[J].国际新闻界,39(10):45-54.

潘晓婷,2018.未来已来:智媒时代需要怎样的新闻传播人才?[J].中国编辑(9):45-50.

彭兰,2020.导致信息茧房的多重因素及"破茧"路径[J].新闻界(1):30-38,73.

澎湃新闻,2023.首个全国性媒体 AIGC 研究机构在广西成立[EB/OL].(2023-04-14)[2023-06-17].https://m.thepaper.cn/baijiahao_22701955.

彭增军,2019.老谋何以深算?计算新闻的是与非[J].新闻记者(11):30-34.

彭子胭,田宏明,2020.媒体融合"一体化"的含义、维度与路径[J].传媒(24):70-72.

漆亚林,陆佳卉,2015.人机协同:媒体智能演化路向[J].中国报业(23):24-26.

前瞻产业研究院,2022.中国人工智能行业市场前瞻与投资战略规划分析报告[R].

秦丽娟,2021.自媒体时代网络直播现状分析与展望[J].无线互联科技,18(24):27-28.

卿清,2021.智能媒体:一个媒介社会学的概念[J].青年记者(4):29-30.

邱伟怡,2015.新媒体环境下媒介话语权的失控与平衡[EB/OL].(2015-03-17)[2022-06-03]. http://media.people.com.cn/n/2015/0317/c150617-26707153.html.

人民网,2022.人民日报社社会责任报告(2021年度)[EB/OL].(2022-05-31)[2022-06-14]. http://gongyi.people.com.cn/BIG5/n1/2022/0531/c151132-32435313.html.

赛博研究院,2022.英国《网络安全法案》有望2个月内成效,高管违规或被判监禁[EB/OL].(2022-03-18)[2022-06-11]. https://www.sohu.com/a/530682599_120076174.

桑斯坦,2003.网络共和国[M].黄维明,译注.上海:上海人民出版社:2-8.

邵成圆,2019.重新想象隐私:信息社会隐私的主体及目的[J].国际新闻界,41(12):44-57.

邵国松,黄琪,2019.算法伤害和解释权[J].国际新闻界,58(12):27-43.

邵培仁,2001.论媒介生态的五大观念[J].新闻大学(4):20-22,45.

申楠,2020.算法时代的信息茧房与信息公平[J].西安交通大学学报(社会科学版),40(2):139-144.

深圳市人工智能行业协会,2021.2021我国人工智能三大展望:政策红利更加多样,技术应用更加成熟,生态环境更加完善[EB/OL].(2021-01-11)[2022-06-17]. http://www.saiia.org.cn/?p=3082.

沈健,2007. 量子纠缠、突现、还原的复杂性[C]//科技工作者的社会责任与和谐社会建设研究:第二届全国"科技与社会发展"中青年南方论坛论文集:175-180.

史安斌,崔婧哲,2015. 传感器新闻:新闻生产的"新常态"[J]. 青年记者(19):82-83.

史安斌,王沛楠,2019. 2019 全球新闻传播新趋势:基于五大热点话题的全球访谈[J]. 新闻记者(2):37-45.

史安斌,王沛楠,2021. 2020 年美国传媒产业发展报告[EB/OL]. (2021-04-09)[2022-06-09]. https://www.163.com/dy/article/G75SV4U505259M1U.html.

时盛杰,2021. 算法传播中偏差与偏见:再析算法偏见[J]. 科技传播,13(7):140-142.

斯图亚特·霍尔,2000. 编码解码[M]. 罗钢,刘象愚,译. 北京:中国社会科学出版社:355.

宋华盛,2022. 科学应对新形势下我国外部经济环境的深刻变化[EB/OL]. (2022-03-18)[2022-06-17]. https://baijiahao.baidu.com/s?id=1727566822672684510&wfr=spider&for=pc.

苏鑫,2019. 区域创新网络中产业关键共性技术创新涌现机理研究[D]. 哈尔滨:哈尔滨工程大学.

孙利军,高金萍,2021. 道德规约与行业变迁的同构性:《中国新闻工作者职业道德准则》的修订逻辑考察[J]. 现代传播(中国传媒大学学报),43(3):70-75.

孙硕,2020. 浅析新媒体背景下新闻传播形式的转变[J]. 文化产业(27):110-111.

腾讯研究院,2021. 什么是涌现[EB/OL]. (2021-07-30)[2022-06-03]. https://baijiahao.baidu.com/s?id=1706639173041779822&wfr=spider&for=pc.

腾讯研究院,2023. 你的 AI 侵犯了我的版权:浅谈 AIGC 背后的版权保护问题[EB/OL]. (2023-03-07)[2023-06-03]. https://mp.weixin.qq.com/s?__biz=Mz UyMTY0NjExMg==&mid=2247490646&idx=1&sn=9296298e25a767b4f4c2c1f70c3a3da9&chksm= a5e126a528dcc9c03f90cc33c7c61435eabbeb

82b865b7121e5a81662b67106cc4f745190b0c&scene=27.

谭天,张冰冰,2016.知变求新:走进媒介融合2.0[J].广西师范学院学报(哲学社会科学版),37(2):154-158.

汤书昆,韦琳,2009.当代媒介融合新趋势与科技传播模式的演化[J].理论月刊(12):5-10.

童清艳,2017.新媒体现状及未来媒体发展趋势的分析研究:用户自主传播的媒体创意效应[J].今传媒,25(3):6-9.

王斌,张雪,2022.双向融合:互联网环境下平台媒体与传统媒体的关系建构[J].中国编辑,148(4):24-28,35.

王超凡,2019.智能媒体时代短视频平台发展策略研究[J].新媒体研究,5(13):65-68.

王娟,叶斌,2020."负责任"的算法透明度:人工智能时代传媒伦理建构的趋向[J].自然辩证法研究,394(12):68-74.

王棋,2018.基于产品创新的媒体深度融合发展路径及成果研究:以华西都市报-封面新闻融合发展为例[J].中国传媒科技(7):20-24.

王爽,2021.智能媒体时代高校新闻专业的人才培养转向[J].教育观察,10(41):107-109.

王思文,2022.人工智能生成内容的著作权研究[J].出版广角(5):64-68.

王天恩,2022.人工智能的存在论意蕴[J].社会科学战线(5):10-21.

王卫华,杨俊,2022.人工智能发展之人学价值的经济哲学反思[J].西安财经大学学报(3):54-64.

王羽菲,和震,2022.人工智能赋能职业教育:现实样态、内在机理与实践向度[J].中国远程教育(5):1-8,76.

王宇明,2020.MCN模式下广电媒体的转型与发展[J].青年记者(32):100-101.

魏屹东,苏圆娟,2021.认知涌现论:一种新的意识整体论[J].科学技术哲学研究,

38(2):1-6.

韦路,左蒙,2021.中国智能媒体的使用现状及其反思[J].当代传播(3):73-78.

文娟,崔玉洁,车莹,2020.我国新型主流媒体大众认同困境及其破解策略研究[J].西南师范大学学报(自然科学版),45(5):93-97.

吴果中,李泰儒,2018.用区块链技术打击虚假新闻:Userfeeds 与 PressCoin 模式介绍[J].新闻战线(7):3.

吴桐,2022.欧盟《数字市场法案》会改变什么[EB/OL].(2022-05-27)[2022-06-11].http://www.xinhuanet.com/globe/2022-05/27/c_1310594643.htm.

希林,2011.文化、技术与社会中的身体[M].北京:北京大学出版社:6.

夏佳志,李杰,陈思明,等,2021.可视化与人工智能交叉研究综述[J].中国科学:信息科学,51(11):1777-1801.

肖奎,刘鸣筝,2022.身体与社交媒体:作为媒介的社会空间实践[J].青年记者(8):36-38.

肖叶飞,2020.新型主流媒体的基本特征、构建路径与价值实现[J].编辑之友(7):52-57.

新华社,2021.中华人民共和国国民经济和社会发展第十四个五年规划和2035年远景目标纲要[EB/OL].(2021-03-13)[2022-06-17].http://www.gov.cn/xinwen/2021-03/13/content_5592681.htm.

新华社,2022.自然指数:中国科研产出激增 中美科研合作保持韧性[EB/OL].(2022-03-13)[2022-06-17].http://www.gov.cn/xinwen/2022-03/13/content_5678792.htm.

熊琦,2017.人工智能生成内容的著作权认定[J].知识产权(3):3-8.

许加彪,韦文娟,高艳阳,2019.技术哲学视角下机器人新闻生产的伦理审视[J].当代传播(1):89-91,99.

许静,2007.传播学概论[M].北京:北京交通大学出版社:14.

许丽霞,张华,2019.媒介生态视域下媒介演化现象研究:论人、媒介技术的"浮士德"式交易[J].未来传播,26(5):25-31.

徐琦,赵子忠,2020.中国智能媒体生态结构、应用创新与关键趋势[J].新闻与写作(8):51-58.

徐桢虎,张华,余欣,2020.智媒体时代的价值观构建:深入主流媒体算法的研究与实践[J].中国传媒科技(12):13-17.

许志强,2021.新文科视域下应用型传媒人才的智能素养教育[J].传媒(23):82-84.

许勇,黄福寿,2020.人工智能哲学研究述评[J].上海交通大学学报(哲学社会科学版),28(1):116-123.

薛宝琴,2020.人是媒介的尺度:智能时代的新闻伦理主体性研究[J].现代传播(中国传媒大学学报),42(3):66-70.

严三九,袁帆,2019.局内的外人:新闻传播领域算法工程师的伦理责任考察[J].现代传播(中国传媒大学学报),41(9):1-5,12.

鄢霞,2020.全媒体时代主流意识形态媒介话语权的提升[J].江苏工程职业技术学院学报,20(4):6.

颜永才,2013.产业集群创新生态系统的构建及其治理研究[D].武汉:武汉理工大学:22-23.

杨保军,杜辉,2019.智能新闻:伦理风险•伦理主体•伦理原则[J].西北师范大学学报(社会科学版),56(1):27-36.

叶健,张宁宁,2020.打造内容新基建,AI+大数据为媒体报道打开新视界:以媒体大脑"两会机器人"助力2020全国两会报道为例[J].传媒(14):34-35.

杨博,赵鹏飞,2011.推荐算法综述[J].山西大学学报(自然科学版),34(3):337-350.

央广网,2020.央视网智慧媒体学院正式成立并揭牌[EB/OL].(2020-10-23)[2022-06-14].https://baijiahao.baidu.com/s?id=1681355874697760581&wfr=spider&for=pc.

杨洸,佘佳玲,2020.算法新闻用户的数字鸿沟:表现及影响[J].现代传播(中国传媒大学学报),42(4):145-154.

杨立新,2018.人工类人格:智能机器人的民法地位:兼论智能机器人致人损害的民事责任[J].求是学刊,45(4):84-96.

杨庆峰,2007.物质身体、文化身体与技术身体:唐·伊德的"三个身体"理论之简析[J].上海大学学报(社会科学版),14(1):12-17.

姚旭,2022.《数字服务法》要来了,欧盟将替代美国成为硅谷实际监管者?[EB/OL].(2022-04-29)[2022-06-11].https://www.thepaper.cn/newsDetail_forward_17865821.

于烜,2021.知识+数据+算力:算法进化升级的路径是什么?[EB/OL].(2021-05-14)[2021-06-17].https://mp.weixin.qq.com/s/2msDxm0M9XWXmiycR1IC5g.

于雯雯,2022.再论人工智能生成内容在著作权法上的权益归属[J].中国社会科学院大学学报,42(2):89-100,146-147.

元战略报告,2023.技术评估与预见分析方法[EB/OL].(2023-01-04)[2023-06-11].https://mp.weixin.qq.com/s/A-M-VoJqz7YPN2Z6ttqDmQ.

袁媛,2018.智能媒体时代用户的个人信息隐私权[J].青年记者(9):103-104.

臧阿月,2019.人工智能发展的社会风险及监管路径研究[J].安徽商贸职业技术学院学报(社会科学版),18(2):47-51.

曾红宇,颜家水,叶奕,2021.人工智能背景下传媒专业课程教学"泛在化"创新策略[J].传媒(22):91-93.

曾丽红,李萍,2021.人工智能时代传媒教育改革研究[J].传媒观察(9):69-74.

曾祥敏,刘日亮,杨丽萍,2022.我国主流媒体深度融合发展进路[EB/OL].(2022-01-19)[2022-06-14].https://view.inews.qq.com/a/20220119A001YK00?startextras=0_fdc10fcc5d0b7&from=ampzkqw.

詹德华,2022.主流媒体"直播带货"的双赢之路[EB/OL].(2022-05-19)[2022-06-

15]. http://finance.sina.com.cn/jjxw/2022-05-19/doc-imcwipik0635435.shtml.

张爱军,师琦,2019.人工智能与网络社会情绪的规制[J].理论与改革(4):34-46.

张博,2022.新黄河调查人工智能洗稿乱象,洗稿、伪原创工具泛滥[EB/OL].（2022-03-24）[2022-06-14]. https://new.qq.com/omn/20220314/20220314A04LO700.html.

张超,2018.作为中介的算法:新闻生产中的算法偏见与应对[J].中国出版,40(1):29-33.

张菲菲,2019.深度推进AI+媒体应用,打造智媒体:封面新闻的融合发展探索[J].青年记者(18):23-25.

张贵红,2019.价值敏感设计与大数据伦理[J].伦理学研究(2):114-119.

张华,周琪,张发扬,2017.智媒体的创新与探索:以封面新闻为例[J].新闻与写作(12):85-87.

张洪忠,段泽宁,韩秀,2019.异类还是共生:社交媒体中的社交机器人研究路径探讨[J].新闻界(2):12.

张静,2021.人工智能新闻采编模式的认知科学哲学探究[J].中国广播电视学刊(8):33-36.

张凌寒,2019.算法权力的兴起、异化及法律规制[J].法商研究(4):63-75.

张霞,2022.我国近十年经济发展成就与经验总结[EB/OL].(2022-06-07)[2022-06-17]. http://sky.cssn.cn/jjx/jjx_xzyc/202206/t20220607_5411482.shtml.

张宇,宫学源,2021.世界主要国家AI战略[EB/OL].(2021-09-22)[2022-06-03]. https://ai.supergenius.cn/article/11/1268.

张允若,2003.外国新闻事业史教程[M].北京:高等教育出版社:11.

张志安,刘杰,2017.人工智能与新闻业:技术驱动与价值反思[J].新闻与写作(11):5-9.

赵楠,谭惠文,2021.人工智能技术的发展及应用分析[J].中国电子科学研究院学报,16(7):737-740.

赵珊珊,李君,冯晴,2022.县级融媒体中心发展路径研究[J].广播电视网络,29(4):110-112.

赵志强,2022.大数据技术对新闻传播领域的影响探讨[J].中国传媒科技(4):62-64.

郑宁,2018."人工智能+媒体"时代的法律问题[J].青年记者(13):24-26.

郑宗汉,郑晓明,2017.算法设计与分析[M].3版.北京:清华大学出版社:3.

《智能时代:媒体重塑》课题组,2020.智能时代:媒体重塑[M].北京:新华出版社:139-140.

智能计算芯世界,2020.人工智能产业链深度解读(基础层)[EB/OL].(2020-09-13)[2022-06-03].https://mp.weixin.qq.com/s/-ZlRNUdJPriGKK1xfI6SLA

智研咨询,2022.2021年中国人工智能产业及其重点企业分析.[EB/OL].(2022-01-21)[2022-06-04].https://baijiahao.baidu.com/s?id=17225260544 91309141&wfr=spider&for=pc.

中国报业,2023.重庆成立国内首个AIGC智能新闻编辑部[J].城市党报研究(6):2.

中国传媒大学新媒体研究院,新浪AI媒体研究院,2019.中国智能媒体发展报告(2019—2020)[EB/OL].(2020-04-28)[2020-10-24].https://nmi.cuc.edu.cn/2020/0427/c2509a169855/page.htm.

中国传媒大学新媒体研究院,新浪AI媒体研究院,2021.中国智能媒体发展报告(2021—2022)[EB/OL].(2022-04-09)[2022-06-19].https://nmi.cuc.edu.cn/2020/0427/c2509a169855/page.htm.

中国经济网,2022.这十年我国科技投入成绩单发布[EB/OL].(2022-06-06)[2022-06-17].https://baijiahao.baidu.com/s?id=1734851711766260832&wfr=spider&for=pc.

中国新闻网,2023. 浙江建起"传播大脑"以技术赋能媒体深度融合[EB/OL]. (2023-01-08)[2023-06-17]. https://baijiahao. baidu. com/s? id＝1755359598176891315&wfr＝spider&for＝pc.

中国新一代人工智能发展战略研究院,2020. 中国新一代人工智能科技产业发展报告[EB/OL]. (2020-06-24)[2022-06-05]. https://cingai. nankai. edu. cn/2020/0626/c9371a281042/page. htm.

周丽昀,2011. 现代技术与身体伦理研究[M]. 上海:上海大学出版社:80.

周开拓,罗梅,苏璐,2020. 智能推荐在新媒体内容分发中的应用[J]. 人工智能(2):105-115.

朱建军,2020. 人工智能心理战及其应对策略:基于中国传统文化资源独特优势的思考[J]. 人民论坛・学术前沿(1):52-59.

朱彦明,2020. 奇点理论:技术"复魅"世界？批判地阅读库兹韦尔《奇点临近》[J]. 科学技术哲学研究,37(6):83-88.

朱廷劭,2019. 人工智能助力心理学研究的应用场景[J]. 人民论坛・学术前沿(20):48-53.

Adner R,2017. Ecosystem as structure：an actionable construct for strategy[J]. Journal of Management,43(1):39-58.

Alan R,Castro C,Pham A,2019. Agency laundering and information technologies[J]. Ethical Theory and Moral Practice,22(4):1017-1041.

Alex P,Gabriela Z,2015. Who and what do journalism? [J]. Digital Journalism,3(1):38-52.

Allen C,Smit I,Wallach W,2005. Artificial morality：top-down,bottom-up,and hybrid approaches[J]. Ethics and Information Technology,7(3):149-155.

Andras P,Esterle L,Gucker M,et al. ,2018. Trusting intelligent machines：deepening trust within socio-technical systems[J]. IEEE Technology and Society Magazine,37(4):76-83.

Andreas T, Nikita A, Josh C, et al., 2021. The ethics of algorithms: key problems and solutions[J]. AI & Society(3).

Andrews M, 2001. Cognitive wheels: the frame problem of AI[EB/OL]. (2001-10-15)[2020-10-28]. https://www.cs.sfu.ca/~vaughan/teaching/415/papers/dennett-cognitivewheels.html.

Armstrong S, Sotala K, Ó hÉigeartaigh S, 2014. The errors, insights and lessons of famous AI predictions and what they mean for the future[J]. Journal of Experimental & Theoretical Artificial Intelligence, 26(3):317-342.

Badano G, 2018. If you're a rawlsian, how come you're so close to utilitarianism and intuitionism? A critique of Daniels's accountability for reasonableness[J]. Health Care Analysis, 26(1):1-16.

Beer D, 2009. Power through the algorithm? Participatory web cultures and the technological unconscious[J]. New Media & Society, 11(6):985-1002.

Ben G, Viljoen S, 2020. Algorithmic realism: expanding the boundaries of algorithmic thought[C]//Proceedings of the 2020 conference on fairness, accountability, and transparency. Barcelona Spain: ACM, 1:19-31.

Bill K, Tom R, 2014. The elements of journalism: what newspeople should know and the public should expect[M]. 3rd ed. New York: Three Rivers Press.

Binns R, 2018. Fairness in machine learning: lessons from political philosophy[J]. Journal of Machine Learning Research (81):1-11.

Borland J, Coelli M, 2017. Are robots taking our jobs?[J]. Australian Economic Review(4):377-397.

Bostrom N, 2011. Information hazards: a typology of potential harms from knowledge[J]. Review of Contemporary Philosophy, 10:44-79.

Botsman R, 2017. Who can you trust? How technology brought us together-and why it could drive us apart[M]. London: Penguin.

Bozdag E, 2013. Bias in algorithmic filtering and personalization[J]. Ethics and Information Technology, 15(3):209-227.

Braga A, Logan R, 2017. The emperor of strong AI has no clothes: limits to artificial Intelligence[J]. Information, 8(4):156.

Bryson J, 2018. AI & global governance: no one should trust AI[EB/OL]. (2018-11-13)[2020-12-28]. https://cpr.unu.edu/ai-global-governance-no-one-should-trust-ai.html.

Buechner J, Tavani H, 2011. Trust and multi-agent systems: applying the "diffuse, default model" of trust to experiments involving artificial agents[J]. Ethics and Information Technology, 13(1):39-51.

Bughin J, Zeebroeck N, 2018. "AI divides"and what we can do about them[EB/OL]. (2018-09-10)[2022-06-03]. https://www.weforum.org/agenda/2018/09/the-promise-and-pitfalls-of-ai.

Burrell J, 2015. How the machine "hinks" understanding opacity in machine learning algorithms[J]. Social Science Electronic Publishing, 3(1).

Butler S, 2019. AI privacy: will it destroy our privacy, or protect it? [EB/OL]. (2019-09-17)[2022-06-03]. https://www.technadu.com/ai-privacy/80159/.

Caswell D, Anderson C, 2019. Computational journalism[M]// Vos T, Hanusch F. The international encyclopedia of journalism studies. New Jersey:John Wiley & Sons, Inc.

Char D, Shah N, Magnus D, 2018. Implementing machine learning in healthcare-addressing ethical challenges[J]. New England Journal of Medicine, 378:981-983.

Chesbrough H, 2006. Open innovation: the new imperative for creating and profiting from technology[M]. Harvard:Harvard Business Press.

Chesney B, Citron D, 2019. Deep fakes: a looming challenge for privacy, democracy, and national security[J]. California Law Review, 107:1753-1820.

Christensen L,Cheney G,2015. Peering into transparency: challenging ideals, proxies, and organizational practices[J]. Communication Theory,25(1): 70-90.

Christensen L,Cornelissen J,2015. Organizational transparency as myth and metaphor[J]. European Journal of Social Theory,18(2):132-149.

Coeckelbergh M,2009. Artifcial intelligence, responsibility attribution, and a relational justification of explainability[J]. Science and Engineering Ethics, 26: 2051-2068.

Coeckelbergh M, 2011. Moral responsibility, technology, and experiences of the tragic: from kierkegaard to offshore engineering[J]. Science and Engineering Ethics,18(1):35-48.

Dafoe A,2018. AI governance: a research agenda[EB/OL]. (2018-08-27)[2021-02-17]. https://www. fhi. ox. ac. uk/wp-content/uploads/GovAI-Agenda. pdf.

Dahl R,1990. After the revolution? Authority in a good society[M]. revised edition. New Haven: Yale University Press.

Daniels N,Sabin J,2008. Setting limits fairly: learning to share resources for health [M]. 2nd edition. New York: Oxford University Press.

David M,2015. The correspondence theory of truth. Stanford encyclopedia of philosophy[EB/OL]. (2015-05-28)[2022-02-17]. http://plato. stanford. edu/entries/truth-correspondence/.

David W,2009. Transparency is the new objectivity[J/OL]. (2009-07-19)[2020-10-21]. http://www. hyperorg. com/blogger/2009/07/19/transparency-is-the-new-objectivity.

Deuze M,2005. What is journalism? Professional identity and ideology of journalists reconsidered[J]. Journalism, 6(4):422-464.

Diakopoulos N,Johnson D,2020. Anticipating and addressing the ethical implications of deepfakes in the context of elections[J]. New Media & Society(3).

Diakopoulos N, Koliska M, 2016. Algorithmic transparency in the news media[J]. Digital Journalism:1-20.

Diakopoulos N, 2010. A functional roadmap for innovation in computational journalism[J/OL]. [2020-10-28]. http://www.nickdiakopoulos.com/2011/04/22/a-functional-roadmap-for-innovation-in-computational-journalism/.

Diakopoulos N, 2015. Algorithmic accountability: journalistic investigation of computational power structures[J]. Digital Journalism, 3(3):398-415.

Diakopoulos N, 2019. Automating the news: how algorithms are rewriting the media [M]. Cambridge: Harvard University Press.

Dignum V, 2019. Responsible artificial intelligence: how to develop and use AI in a responsible way[M]. Switzerland: Springer Nature Switzerland AG.

Dilmegani C, 2022. Synthetic data guide: what is it? How does it enable AI? [EB/OL]. (2022-05-13)[2022-06-03]. https://research.aimultiple.com/synthetic-data/.

Doshi-Velez F, Kortz M, Budish R, et al., 2017. Accountability of AI under the law: the role of explanation[J/OL]. (2017-11-03)[2020-10-28]. https://arxiv.org/abs/1711.01134.

Dubois E, Blank G, 2018. The echo chamber is overstated: the moderating effect of political interest and diverse media[J]. Information Communication & Society, 21(5):729-745.

Edson T, Lim Z, Richard L, 2018. Defining "fake news"[J]. Digital Journalism, 6(2):137-153.

Fazelpour S, Lipton Z, 2020. Algorithmic fairness from a non-ideal perspective[C]// AAAI/ACM Conference on Artificial Intelligence, Ethics, and Society (AIES), 1-14.

Fenster M, 2006. The opacity of transparency[J]. Iowa Law Review, 91(3):

885-949.

Floridi L,2014. The fourth revolution: how the infosphere is reshaping human reality[M]. Oxford: Oxford University Press UK.

Floridi L,2016a. Should we be afraid of AI? [J/OL]. (2016-05-09) [2021-03-29]. https://aeon.co/essays/true-ai-is-both-logically-possible-and-utterly-implausible.

Floridi L,2016b. Faultless responsibility: on the nature and allocation of moral responsibility for distributed moral actions[J]. Philosophical Transactions of the Royal Society A: Mathematical, Physical & Engineering Sciences,374(2083): 1-12.

Floridi L,2019. What the near future of artificial intelligence could be[J]. Knowledge Technology & Policy, 32(1):1-15.

Floridi L, Cowls J, King T, et al. ,2020. How to design AI for social good: seven essential factors[J]. Science and Engineering Ethics, 26:1771-1796.

Fox J,2007. The uncertain relationship between transparency and accountability[J]. Development in Practice, 17(4-5):663-671.

Friedler S, Scheidegger C, Venkatasubramanian S,2016. On the (Im)possibility of fairness[J/OL]. (2016-09-23) [2020-12-29]. https://arxiv.org/pdf/1609.07236.pdf.

Friedman B, Kahn P, Borning A,2002. Value sensitive design: theory and methods [J]. UW CSE Technical Report(12):1-8.

Gabriel I, 2020. Artificial intelligence, values, and alignment[J]. Minds and Machines,30:411-437.

Gasser U, Almeida V,2017. A layered model for AI governance[J]. IEEE Internet Computing,21(6):58-62.

Geneva O,2004. The inadequacy of objectivity as a touchstone. [J]. Nieman Reports, 58(4):53.

Geurts A, Gutknecht R, Warnke P, et al., 2022. New perspectives for data-supported foresight: the hybrid AI-expert approach[J/OL]. Futures & Foresight Science, 4(1). (2021-07-21)[2023-02-17]. https://onlinelibrary.wiley.com/doi/full/10.1002/ffo2.99.

Gillath O, Ai T, Branicky M, et al., 2021. Attachment and trust in artificial intelligence[J]. Computers in Human Behavior, 115:106607.

Goel K, 2022. What is big data? [EB/OL]. (2022-05-13)[2022-06-03]. https://intellipaat.com/blog/tutorial/hadoop-tutorial/big-data-overview/.

Graham S, 2004. The software-sorted city: Rethinking the "digital divide"[M]//Graham S. The Cybercities Reader. London:Routledge, 324-332.

Grote T, Berens P, 2020. On the ethics of algorithmic decision-making in healthcare[J]. Med Ethics, 46(3):205-211.

Hamilton K, Sandvig C, Karahalios K, et al., 2014. A path to understanding the effects of algorithm awareness[J]. Proceedings of CHI EA "14: CHI"14 Extended Abstracts on Human Factors in Computing Systems, 4:631-642.

Hansen M, Birkinshaw J, 2007. The innovation value chain[J]. Harvard business review, 85(6):121-130.

Heald D, 2006. Varieties of transparency[M]//Hood C, Heald D. Transparency: the Key to Better Governance? Oxford: Oxford University Press:25-43.

Henriques A, 2007. Corporate truth: the limits to transparency[M]. London: Earthscan.

Hermann I, 2020. Beware of fictional AI narratives[J]. Nature Machine Intelligence, 2(11):654.

Hjarvard S, 2012. Doing the right thing: media and communication studies in a mediatized world[J]. Nordicom Review, 34(2):27-34.

Hunt A, Gentzkow M, 2017. Social media and fake news in the 2016 election[J]. Journal of Economic Perspectives, 31(2):211-236.

Hyunjin K, Bae K, Zhang S, et al., 2011. Source cues in online news: is the proximate source more powerful than distal sources? [J]. Journalism & Mass Communication Quarterly, 88(4):719-736.

Iyengar R, 2021. What we know about the Facebook whistleblower[EB/OL]. (2021-10-05) [2022-06-11]. https://edition.cnn.com/2021/10/04/tech/facebook-whistleblower-frances-haugen-what-we-know/index.html.

Jean-Christophe P, Aswin P, 2019. Digital media infrastructures: pipes, platforms, and politics[J]. Media, Culture & Society, 41(2):163-174.

Joseph W, 2016. Teaching fairness in journalism[J]. Journalism & Mass Communication Educator, 71(2):163-174.

Keller B, 2013. Is Glenn Greenwald the future of news? [N/OL]. (2013-10-28) [2020-10-28]. http://www.nytimes.com/2013/10/28/opinion/a-conversation-in-lieu-of-a-column.htmlr=0.

Kelly K, 2006. The technium: the singularity is always near[J/OL]. (2006-02-15) [2020-10-28]. https://kk.org/thetechnium/the-singularity/.

Kevin M, 2012. Unblinking eyes: the ethics of automating surveillance[J]. Ethics and Information Technology, 14(2):151-167.

Kohring M, 2004. Vertrauen in journalismus[M]. Konstanz: UVK.

Lash S, 2007. Power after hegemony: cultural studies in mutation[J]. Theory, Culture & Society, 24(3):55-78.

Latour B, 1992. Where are the missing masses? The sociology of a few mundane artifacts[C]// Wiebe B, John L. Shaping Technology/Building Society: Studies in Sociotechnical Change. Cambridge, MA: MIT Press:150-157,225-258.

Leitch S, Davenport S, 2003. Strategic ambiguity in communicating public sector change[J]. Journal of Communication Management,7(2):129-139.

Lewis S,Usher N,2013. Open source and journalism: toward new frameworks for imagining news innovation[J]. Media, Culture & Society,5:602-619.

Leydesdorff L, Etzkowitz H,1996. Emergence of a triple helix of university—industry—government relations[J]. Science and Public Policy, 23(5):279-286.

Lyons B, Henderson K,2005. Leadership in a computer-mediated environment[J]. Journal of Consumer Behavior,4(5):319-329.

MacKinnon E, King J,2022. Regulating AI through data privacy[EB/OL]. (2022-01-11)[2022-06-03]. https://hai.stanford.edu/news/regulating-ai-through-data-privacy.

Maclure J,2020. The new AI spring: a deflationary view[J]. AI & Society,3:747-750.

Mager A,2014. Defining algorithmic ideology: using ideology critique to scrutinize corporate search engines[J]. Triple C,12(1):28-39.

Marconi F,Siegman A,2017. The Future of augmented journalism: a guide for newsrooms in the age of smart machines[M]. New York:The Associated Press.

Martin K,2019. Ethical implications and accountability of algorithms[J]. SSRN Electronic Journal,Journal of Business Ethics,160:835-850.

Matthias A,2004. The responsibility gap: ascribing responsibility for the actions of learning automata[J]. Ethics and Information Technology, 6(3):175-183.

McIntyre L,2018. Post-truth[M]. Cambridge:MIT Press.

McKnight H, Choudhury V, Kacmar C, 2002. Developing and validating trust measures for e-commerce[J]. Information Systems Research,13(3):344-359.

Mecacci A,2016. Aesthetics of fake,an overview[J]. Aisthesis,9(2):59.

Medeiros M, Yi D, Chalmers W,2022. IP monitor: copyright protection for AI-created work? [EB/OL]. (2022-03-24)[2022-06-12]. https://www.nortonrosefulbright. com/en-ca/knowledge/publications/68947aaf/copyright-protection-for-ai-created-work.

Meyers C,2020. Partisan news, the myth of objectivity, and the standards of responsible journalism[J]. Journal of Media Ethics(2):1-15.

Mike A,2015. Toward an ethics of algorithms[J]. Science, Technology & Human Values,41:93-117.

Millett L, Friedman B, Felten E,2001. Cookies and web browser design: toward realizing informed consent online[M]//Proceedings of CHI 2001. New York: ACM Press.

Mindich D,1998. Just the facts: how objectivity came to define american journalism [M]. New York: New York University Press.

Mittelstadt D, Patrick A, Mariarosaria T, et al. ,2016. The ethics of algorithms: mapping the debate[J]. Big Data & Society:1-21.

Newell S, Marabelli M,2015. Strategic opportunities (and challenges) of algorithmic decision-making: a call for action on the long-term societal effects of datification[J]. The Journal of Strategic Information Systems,24(1):3-14.

Newman N,2022. Journalism, media, and technology trends and predictions 2022 [EB/OL]. https://reutersinstitute. politics. ox. ac. uk/journalism-media-and-technology-trends-and-predictions-2022.

Neyland D, Möllers N,2016. Algorithmic IF … THEN rules and the conditions and consequences of power[J]. Information Communication & Society,20(1):1-18.

Nyholm S,2018. Attributing agency to automated systems: reflections on human-robot collaborations and responsibility-loci[J]. Science and Engineering Ethics,24(4):1201-1219.

Oliver R,2004. What is transparency? [M]. New York: McGraw-Hill.

Osburg T, Heinecke S, 2019. Media trust in a digital world: communication at crossroads[M]. Cham: Springer Nature Switzerland AG.

Ptaszek G, 2020. From algorithmic surveillance to algorithmic awareness[M]. Warszawa: Academy of Fine Arts in Warsaw.

Rawlins B, 2008. Give the emperor a mirror: toward developing a stakeholder measurement of organizational transparency[J]. Journal of Public Relations Research, 21(1): 71-99.

Robin H, 2015. What an algorithm is[J]. Philosophy & Technology, 29(1): 35-59.

Ryan M, 2020. In AI we trust: ethics, artificial intelligence, and reliability[EB/OL].(2020-06-10)[2020-12-27]. https://doi.org/10.1007/s11948-020-00228-y.

Samanth S, 2017. Inside the macedonian fake-news complex[J/OL].(2017-02-25)[2020-10-25]. https://www.wired.com/2017/02/veles-macedonia-fake-news/.

Schnackenberg A, Tomlinson E, 2015. Organizational transparency: a new perspective on managing trust in organization-stakeholder relationships[J]. Journal of Management, 42(7): 1784-1810.

Schudson M, Tifft S, 2005. American journalism in historical perspective[M]//Overholser G, Jamieson H. New York: Oxford University Press: 27-28.

Schudson M, 2012. The sociology of news[M]. New York: W. W. Norton & Company.

Schudson M, 2007. Lippmann and the news[EB/OL].(2007-12-13)[2021-05-17]. http://www.thenation.com/article/lippmann-and-news#.

Scolari C, 2012. Media ecology: exploring the metaphor to expand the theory[J]. Communication Theory, 22(2): 204-225.

Selbst A, Boyd D, Friedler S, et al., 2019. Fairness and abstraction in sociotechnical systems[C]//Proceedings of the Conference on Fairness, Accountability, and Transparency:59-68.

Shin D, Park Y,2019. Role of fairness, accountability, and transparency in algorithmic affordance[J]. Computers in Human Behavior,98(9):277-284.

Shneiderman B,2020. Bridging the gap between ethics and practice: guidelines for reliable, safe, and trustworthy human-centered AI systems[J]. The ACM Transactions on Interactive Intelligent Systems,10(4):1-31.

Siau K, Wang W Y,2018. Building trust in artificial intelligence, machine learning, and robotics[J]. Cutter Business Technology Journal,31(2):47-53.

Srinivasan A, de Boer M,2020. Improving trust in data and algorithms in the medium of AI[J]. Maandblad Voor Accountancy en Bedrijfseconomie, 94(3/4): 147-160.

Stahl B, Wright D,2018. Ethics and privacy in AI and big data: implementing responsible research and innovation[J]. IEEE Security and Privacy Magazine,16(3):26-33.

Sundar S,2008. The MAIN model: a heuristic approach to understanding technology effects on credibility[C]//Metzger M, Flanagin A J. Digital media, youth and credibility. Cambridge: The MIT Press:73-100.

Tal Z,2016. The trouble with algorithmic decisions an analytic roadmap to examine efficiency and fairness in automated and opaque decision making[J]. Science, Technology & Human Values,41(1):118-132.

Tetyana L, Diakopoulos N,2016. News bots: automating news and information dissemination on Twitter[J]. Digital Journalism,4(6):682-699.

Tigard D,2020a. There is no techno-responsibility gap[J/OL]. Philosophy & Technology. [2020-10-12]. https://doi.org/10.1007/s13347-020-00414-7.

Tigard D,2020b. Responsible AI and moral responsibility: a common appreciation[J/

OL]. AI and Ethic. [2021-01-20]. https://www.researchgate.net/publication/346110145_Responsible_AI_and_moral_responsibility_a_common_appreciation.

Tuchman G,1972. Objectivity as strategic ritual: an examination of newsmen's notions of objectivity[J]. American Journal of Sociology,77(4):660-679.

Turilli M,Floridi L,2009. The ethics of information transparency[J]. Ethics & Information Technology,11(2):105-112.

Valentini L,2012. Ideal vs. non-ideal theory: a conceptual map[J]. Philosophy Compass,7(9):654-664.

Van de Poel I,Martin S,2021. Varieties of responsibility:two problems of responsible innovation[J]. Synthese (198):S4769-4787.

Vernor V,1993. The coming technological singularity: how to survive in the posthuman era[J]. Whole Earth Review,81:88-95.

Vincent J,2021. California bans "dark patterns" that trick users into giving away their personal data[EB/OL]. (2021-03-16)[2022-06-03]. https://www.theverge.com/2021/3/16/22333506/california-bans-dark-patterns-opt-out-selling-data.

Vosoughi S, Roy D, Aral S,2018. The spread of true and false news online[J]. Science,359(3):1146.

Walker M,2006. Moral repair: reconstructing moral relations after wrongdoing [M]. Cambridge: Cambridge University Press:85,334-336.

Williams C,2005. Trust diffusion: the effect of interpersonal trust on structure, function, and organizational transparency[J]. Business and Society,44(3):357-368.

Winston P,2010. The singularity is always steep[EB/OL]. (2010-07-29)[2021-02-17]. https://www.kmeme.com/2010/07/singularity-is-always-steep.html.

Wong P H, 2019. Democratizing algorithmic fairness[J]. Philosophy&Technology (612):1-20.

Yeung K, 2018. Five fears about mass predictive personalization in an age of surveillance capitalism[J]. International Data Privacy Law, 2018, 3:1-15.

Zhong Y G, Bellingham J, Dupont P, et al. , 2018. The grand challenges of science robotics[J/OL]. Science Robotics. (2018-01-31)[2021-03-05]. https://doi.org/10.1126/scirobotics.aar7650.

Zimmer M, 2005. Media ecology and value sensitive design: a combined approach to understanding the biases of media technology[J]. Proceedings of the Media Ecology Association, 6:1-15.

Zuboff S, 2015. Big other: surveillance capitalism and the prospects of an information civilization[J]. Journal of Information Technology, 30(1): 75-89.

后记

EPILOGUE

本书全方位地解析了智能媒体的发展脉络、模式特征、动力机制、产业态势、应用案例和发展前景。

第一,智能媒体正在重构传媒生态。基于大数据、云计算、人工智能等新技术,智能媒体在新闻采写、分发、互动反馈等方面实现了高度智能化,催生了新的商业模式。可以说,智能技术的广泛应用使传媒业进入了智能时代。

第二,中国传媒业起步较晚但发展迅猛,在智能媒体建设方面展现出极大潜力。在政府层面,中国高度重视科技创新体系建设,为智能媒体技术研发和产业化应用创造了良好环境,创新资源得以聚集,产学研用实现深度链接融合。在企业层面,中国智能媒体建设则呈现出技术引领、协同发展等特征。

第三,在推动智能媒体发展的进程中,不能忽视技术可能引发的诸多伦理、法律风险等,如算法偏见与歧视、信息茧房、群体极化、隐私侵犯等。因此,需要从伦理、技术、监管等多个方面入手,实现科技创新与规范管理并重,多方合作,协同共治。

第四,智能媒体的未来发展潜力巨大。随着核心技术的不断突破和商业模式的极大丰富,它将进一步助力传媒业向更深层次的变革迈进。其中,元宇宙作为一个可能的新扩展,为传媒业带来了前所未有的发展机遇。

第五,展望未来,中国有条件在智能媒体领域实现新的突破。这需要国家持续优化创新环境,企业专注技术创新,高校强化人才培养,监管部门积极而稳妥地推进监管工作和制度创新,形成智能媒体健康有序发展的强大合力。

第六,从国家创新生态系统的视角看,智能媒体的产业化发展离不开整体环境的激励和支撑。中国正在加快构建中国式现代化国家创新生态系统,以更好地汇聚创新资源、激发创新活力,这为智能媒体技术研发和产业化应用提供了有力保障。具体来看,中国在顶层设计、科技投入、政策支持、人才培养等方面,积极推动国家创新生态系统建设,这将助力智能媒体及相关产业实现更高质量发展。同时也要清醒地看到,国家创新生态系统建设仍存在一些短板。例如,科研成果产业化能力还需提升,高校与产业界联动机制有待完善等。针对这些不足,中国正在采取积极举措予以应对,完善国家创新生态系统,将更好地激发智能媒体发展的内生动力,让其成为中国传媒业转型升级的新引擎。

本书内容或有不足,但力求在笔者当前认知与研究水平上尽可能客观全面地描绘中国语境下智能媒体发展的基本图景。可以预见,在技术创新与实践应用的双轮驱动下,智能媒体必将推动中国传媒业开启新征程,成为构建中国式现代化发展新格局的重要建设者。

中国科学技术大学秦庆、陈雅迪、谭美娟全程参与了书稿撰写,在此表示感谢!